www.ingramcontent.com/pod-product-compliance
Lightning Source LLC
LaVergne TN
LVHW010338070526
838199LV00065B/5758
* 9 7 8 9 3 6 9 0 8 5 2 0 0 *

اردو ادب اور خواتین

(حصہ : 1)

(سہ ماہی 'ثالث' کے خصوصی شمارے سے ماخوذ تانیثی ادب پر مضامین)

مرتب:

اقبال حسن آزاد

© Eqbal Hasan Azad
Urdu Adab aur Khawateen - Part-1 *(Essays)*
by: Eqbal Hasan Azad
Edition: February '2025
Publisher :
Taemeer Publications LLC (Michigan, USA / Hyderabad, India)

ISBN 978-93-6908-520-0

9 789369 085200

مرتب یاناشر کی پیشگی اجازت کے بغیر اس کتاب کا کوئی بھی حصہ کسی بھی شکل میں بشمول ویب سائٹ پر اَپ لوڈنگ کے لیے استعمال نہ کیا جائے۔ نیز اس کتاب پر کسی بھی قسم کے تنازع کو نمٹانے کا اختیار صرف حیدرآباد (تلنگانہ) کی عدلیہ کو ہوگا۔

© اقبال حسن آزاد

کتاب	:	**اردو ادب اور خواتین (حصہ:1)**
مرتب	:	**اقبال حسن آزاد**
صنف	:	تحقیق و تنقید
بہ تعاون	:	ثالث پبلی کیشنز (مونگیر، بہار ، انڈیا)
ناشر	:	تعمیر پبلی کیشنز (حیدرآباد، انڈیا)
سالِ اشاعت	:	۲۰۲۵ء
صفحات	:	۱۴۲
سرورق ڈیزائن	:	تعمیر ویب ڈیزائن

اردو ادب اور خواتین (حصہ:1) 5 مرتب : اقبال حسن آزاد

فہرست

(۱)	اردو کا نسائی ادب۔۔۔۔۔ ایک جائزہ	افشاں ملک	6
(۲)	پالولر فکشن کے حوالے سے۔۔۔ ادبی رجحانات و تضادات	نور العین ساحرہ	16
(۳)	تانیثیت۔۔۔ ایک نظریہ	نسترن احسن فتیحی	34
(۴)	تانیثیت کیا ہے؟	مشتاق احمد نوری	42
(۵)	عورت اور معاشرہ	شموئل احمد	45
(۶)	اردو ادب میں تانیثیت	ریاض احمد	48
(۷)	بولیں اماں محمد علی کی	شکور پٹھان	54
(۸)	نوشابہ خاتون کی افسانہ نگاری۔۔۔	منظر اعجاز	58
(۹)	قرۃ العین حیدر اور 'آگ کا دریا'	اقبال حسن آزاد	69
(۱۰)	قرۃ العین حیدر تہذیب و تاریخ کی داستان	سید احمد قادری	81
(۱۱)	شبلی اور عطیہ فیضی	محمد جعفر احراری	88
(۱۲)	موضوع اور مواد	ممتحنہ اختر	92
(۱۳)	خدیجہ مستور کا افسانہ 'محاذ سے دور' ایک جائزہ	عرش کاشمیری	100
(۱۴)	بانو قدسیہ اور معاصر خواتین افسانہ نگار	مہناز کوثر	107
(۱۵)	ظفر کمالی کے تحقیقی تبصرے	افشاں بانو	115
(۱۶)	زاہدہ زیدی کی شاعری کے چند امتیازی پہلو	نکہت پروین	120
(۱۷)	شکیلہ اختر کی افسانہ نگاری	قسیم اختر	127
(۱۸)	افشاں ملک کا افسانہ 'سمندر جہاز اور میں'	ریاض توحیدی	132
(۱۹)	'چوتھی کا جوڑا' اور غریب طبقے کی عکاسی	توصیف مجید لون	137

● ڈاکٹر افشاں ملک

اردو کا نسائی ادب......ایک مختصر جائزہ

کسی بھی ملک کے افراد کی تہذیبی و تمدنی صورت حال، علمی و ادبی کاوشیں، فنی خصوصیات اور سیاسی و سماجی کارناموں کی تاریخ خواتین کا تذکرہ کیے بغیر مکمل نہیں ہو سکتی اور یہ تذکرہ بھی برائے نام نہیں خواتین کی صلاحیتوں کے اعتراف کے ساتھ کیا جانا چاہیے۔ کسی بھی عہد کا ادب ہو یا زبان اس کی ترقی میں خواتین کی حصہ داری چاہے براہ راست ہو یا بالواسطہ ناگزیر ہے۔ جب بات ہو نسائی ادب کی تو ہمیں ذرا پیچھے مڑ کر دیکھنے کی ضرورت ہے کہ آیا خواتین کا تخلیقی ادب کب اور کس طرح وجود میں آیا اور اس کی ابتدائی شکل کیا تھی؟

اب جب کہ عالمی سطح پر اس فکر کو تقویت مل چکی ہے کہ ''ادب'' کی قدیم شکل ''لوک ادب'' (folk literature) ہے تب یہ مان لینے میں کوئی مضائقہ نہیں کہ ''نسائی ادب'' کے ابتدائی خدوخال بھی لوک ادب میں صدیوں سے موجود تھے۔ لوک گیت، لوریاں، اور کہانی قصے سننے اور سنانے والی سخت گیر مرد معاشرے کی پروردہ سہمی ہوئی عورت، توہمات اور فرسودہ رسوم و روایات میں جکڑی ہوئی عورت، جاہل اور کم عقل ہونے کے طعنے سن سن کر خود کو واقعی جاہل سمجھ لینے والی غیر تعلیم یافتہ عورت اس وقت تخلیقی اظہار کی متحمل تو ہو ہی نہیں سکتی تھی، تشخص کی بحالی ہی اس کا پہلا مسئلہ تھا۔ لہٰذا زبانی اظہار و بیان ہی اس کے کیتھارسس کا وسیلہ بن سکتا تھا، یہی اس کا فن تھا اور یہی اس کا داخلی اظہار تھا۔ رفتہ رفتہ جب علم و تعلم کے دروازے عورتوں پر وا ہوئے اور ان کا رشتہ کاغذ قلم سے استوار ہوا انہیں تخلیقی اظہار کا سلیقہ بھی آ گیا۔ خواتین کی اس ابتدائی دور کی تخلیقات میں گھر آنگن کے معاملات اور ذاتی دکھ سکھ کے ساتھ ہی ہندوستانی تہذیب و تمدن کے رنگ بھی دیکھے جا سکتے ہیں۔ یہ الگ بات کہ ان کی تخلیقات کو قابل اعتنا نہیں سمجھا گیا، علاوہ ازیں سماجی نظریات اور صنفی امتیاز کی بنا پر مرد معاشرے میں نسائی ادب کی اہمیت سے بھی انکار کیا گیا۔ اس کے برعکس یہ حقیقت ہے کہ ''نسائی ادب'' کی صدیوں پر محیط ایک مکمل تاریخ ہے اور اس کی سماجی، لسانی، ادبی، تاریخی اور تہذیبی حیثیت مسلّم ہے۔

تاریخ پر نظر ڈالیں تو ہم اس حقیقت سے آشنا ہوتے ہیں کہ برصغیر کے سماجی نظام میں ایک لمبے

عرصے تک ادبی افق پر خواتین کی تخلیقی حصے داری درج نہیں کی گئی تھی۔ سچ تو یہ ہے کہ مرد معاشرہ عورت کی تخلیقی صلاحیتوں کا معترف ہی نہیں تھا۔ بالخصوص شعر گوئی تو عورت کے لیے معیوب ہی تصوّر کی جاتی تھی۔ لیکن مزے دار بات یہ ہے کہ خواتین نے ادب تخلیق کرنے کی ابتدا ہی شاعری سے کی، نثری تخلیقات کی طرف خواتین کا رجحان انیسویں صدی کی آخری دہائیوں میں ہوا اور بیسویں صدی کی اولین دہائیوں میں افسانہ نگار خواتین ادبی افق پر نظر آنے لگیں جب کہ اردو شاعری میں خواتین سترہویں صدی سے ہی نظر آتی ہیں۔

اردو ادب کی دنیا میں ایک ایسا دور بھی گزرا ہے جب خواتین کی تخلیقات ادبی رسائل و جرائد میں شائع تو ہونے لگی تھیں لیکن ان کے اصل ناموں کے ساتھ نہیں۔ جس کا نتیجہ یہ ہوا کہ ادبی حلقوں اور قارئین کے درمیان خواتین کی (بحیثیت تخلیق کار) کوئی ذاتی شناخت قائم نہ ہو سکی۔ ان کی پہچان صرف ''والدہ فلاں''، ''زوجہ فلاں''، ''بنت فلاں'' اور ''ہمشیرہ فلاں'' سے ہی بن سکی۔ وہ کیا لکھیں اور کیا نہ لکھیں اس کا فیصلہ بھی ان کے کفیلوں (جو بلا شبہ باپ بھائی شوہر اور بیٹے ہی تھے) نے ہی کیا۔ دراصل اس عہد میں خواتین کے داخلی جذبات کے اظہار کو برصغیر کا معاشرہ ناپسندیدگی کی نگاہ سے دیکھتا تھا اور خاندان کے وہ مرد جو اپنی عورتوں کی صلاحیتوں کے معترف بھی تھے ان کے داخلی جذبات کے اظہار سے شرمندگی محسوس کرتے تھے، خواہ اس کا اظہار ادب کے حوالے سے ہی کیوں نہ ہوں۔ پھر بھی تمام سماجی اور خاندانی بندشوں کے باوجود خواتین تخلیقی اظہار کرتی رہیں۔ لیکن ان کا تخلیقی سرمایہ اشاعت کے لیے مرد کی اجازت کا ہی محتاج رہا۔

خواتین کی تحریروں کے شائع نہ ہونے کی ایک اور وجہ جو مبنی بر حقیقت ہے، اس پر بھی غور کر لینا چاہیے۔ مشہور محقق عینی زیدی نے اپنی مرتب کردہ کتاب ''ان باؤنڈ'' (2,000 years of indian women's writing ''UN BOUND'') میں دو ہزار سال کی (کئی زبانوں کی) ہندوستانی خواتین کی تحریروں کا تحقیقی جائزہ پیش کیا ہے جس میں انہوں نے لکھا ہے کہ ''انیسویں صدی کے آخر تک تو لکھنا انہیں کے لیے تھا جن کے پاس پیسے ہونے کے سبب وقت تھا اور یہ عورتوں اور مردوں کے لیے یکساں تھا۔'' عینی نے یہ بھی لکھا ہے کہ ''پہلے لکھنا اور اس کو محفوظ رکھنا یہ سب بہت مہنگا تھا، لیکن جیسے ہی اشاعت کے وسائل سامنے آئے، یہ یکسر بدل گیا۔ لکھنے اور اشاعت کے نئے مواقع پیدا ہو گئے۔''

عینی کے مذکورہ بیان کی روشنی میں اگر اردو ادب کے حوالے سے دیکھا جائے تو اس سچ سے ہمارا سامنا ہوتا ہی ہے کہ پچھلی صدیوں میں اردو زبان و ادب کے حوالے سے ابتدائی دور کی جو تخلیق کار خواتین ادبی افق پر دکھائی دیتی ہیں وہ عام گھرانوں سے نہیں تھیں۔ یا تو یہ بادشاہوں، نوابوں، امراء اور رؤسا کی بیٹیاں اور بیگمات تھیں یا ان سب کا تعلق سماج کے اعلیٰ تعلیم یافتہ طبقے اور علمی گھرانوں سے تھا۔ علاوہ ازیں

شاعری کے حوالے سے اگر دیکھیں تو متمول طوائفیں بھی اسی زمرے میں آتی ہیں۔یعنی پیسہ اور وقت ہونے کے سبب ہی مخصوص طبقے کی خواتین تعلیم یافتہ بھی تھیں اور ادبی تخلیقی شعور بھی رکھتی تھیں۔عام گھرانوں کی خواتین میں تخلیقی بیداری نہ ہونے کا اصل سبب ان کا غیر تعلیم یافتہ ہونا بھی تھا۔ماضی قریب میں بھی امراء، نوابین اور اعلیٰ طبقے کے مسلم گھرانوں میں بہنوں بیٹیوں کی تعلیم کے لیے کئی علوم پر دسترس رکھنے والے اساتذہ مقرر کیے جانے کا رواج رہا ہے۔یعنی اعلیٰ طبقے کے گھرانوں میں گھر پر ہی خواتین کی معیاری تعلیم کا نظم کیا جاتا تھا۔لیکن یہاں بھی ایک بہت دلچسپ حقیقت سے ہمارا سامنا ہوتا ہے کہ ان خواتین کو تعلیم حاصل کرنے کی آزادی تو دی جاتی تھی لیکن بحثیت فنکار تخلیقی اظہار کی آزادی انہیں میسر نہیں تھی۔مثال کے طور پر بیسویں صدی کی پہلی دوسری دہائی میں شاعری کے بام عروج پر پہنچنے والی جوانمرگ شاعرہ ز۔خ۔ش (زاہدہ خاتون شروانیہ) کے والد کو ان کا غزلیں کہنا پسند نہیں تھا سو خود ان کا مرتب کردہ ''دیوان نزہت الخیال'' شائع ہونے سے پہلے ہی والد کے حکم پر ضائع دیا گیا۔اسی ضمن میں چودھویں صدی کی کشمیری شاعرہ' للیشوری عرف للد یدیا للاّ عارفہ'، سولہویں صدی کی کشمیری زبان کی مشہور شاعرہ'حبّہ خاتون'، سولہویں صدی میں ہی راجستھان کی ہندی زبان کی شاعرہ'میرابائی'، سترھویں صدی میں مغل شہزادی زیب النساء مخفی وغیرہ وہ خواتین ہیں جن کو ادبی تخلیقی آسمان کی وہ کھلی فضا میسر نہ ہوسکی جس میں ان کا تخیل آزادانہ پرواز کرتا اور وہ خود مختارانہ انداز میں تخلیق فن کرتیں۔زیب النساء مخفی کا اس کے عہد میں بطور شاعرہ نام لینا بھی ممکن نہ تھا۔ خود میر تقی میر جیسے بڑے شاعر تک نے اپنی بیٹی ''بیگم'' کا ذکر بطور شاعرہ کہیں نہیں کیا ہے جب کہ بعد کے تذکروں میں اس کا ذکر ہے اور کلام کے نمونے بھی دستیاب ہیں۔

وقت آگے بڑھا، معاشرہ بدلا، اقدار بدلیں، اصولوں اور روایتوں کی جکڑ ڈھیلی پڑی اور خواتین کی شناخت ان کے اصلی ناموں سے بننے لگی۔شاعری، فکشن، مضمون نگاری، سفر نامہ نگاری، صحافت، تنقید اور تحقیق گویا ہر میدان میں خواتین نظر آنے لگیں۔لیکن یہاں تک پہنچنے میں بڑا وقت لگا نیز یہ ماحول بھی ایک دم یا اچانک نہیں بنا۔متوسط طبقے کی مسلم خواتین میں تعلیمی بیداری اور فکری شعور پیدا کرنے میں سرسید کی تہذیبی تحریک اور ڈپٹی نذیر احمد کے اصلاحی ناولوں کے ساتھ ہی اس عہد کے دانشوران ادب، مفکرین اور صحافی حضرات نے بہت اہم رول ادا کیا۔ان عظیم شخصیات نے عام مسلم گھرانوں کی خواتین کے لیے اردو کے اخبار، رسائل اور جرائد نکالے۔خواتین کو یہ نہیں بھولنا چاہیے کہ یہ مفکرین وقت اگر خواتین کی تعلیم اور اصلاح کے لیے اقدام نہ کرتے تو عام عورتوں کے لیے تحریر و تخلیق کی دنیا میں قدم رکھنے کا دورانیہ بڑھ بھی سکتا تھا۔

ہندوستان میں انیسویں صدی کا آخری دور اور بیسویں صدی کا اوائل عورتوں کے لیے کی گئی اصلاحی

کوششوں کا دور ہے۔ شمس العلماء مولوی سید ممتاز علی نے خواتین میں علمی و ادبی ذوق پروان چڑھانے کے لیے اردو کا پہلا زنانہ ہفت روزہ اخبار ''تہذیب نسواں'' لاہور سے جاری کیا اور اس اخبار کی اولین مدیرہ اپنی اہلیہ 'محمدی بیگم' کو بنایا۔ یہ وہ وقت تھا جب پردہ داری کا عالم یہ تھا کہ خواتین کے ناموں تک کا پردہ رکھا جاتا تھا۔ اخبار پر مدیرہ 'محمدی بیگم' کے نام کی جگہ یہ جملہ لکھا ہوتا تھا'' تہذیب نسواں جو ہر شنبہ کو ایک شریف بی بی کی ایڈیٹری میں لڑکیوں کے لیے شائع ہوتا ہے۔'' اس کا پہلا شمارہ یکم جولائی ۱۸۹۸ء کو منظر عام پر آیا اور بہت جلد ہندوستان کے متوسط طبقے کے اردوداں مسلم گھرانوں میں مقبول ہوگیا۔ اس اخبار کو جاری تو کر دیا گیا تھا لیکن اس وقت کے معاشرے میں جب خواتین کی تعلیم اور ان کی اصلاح کے لیے کی گئی کوششوں کو نہ صرف شک کی نگاہ سے دیکھا جاتا تھا بلکہ عام مسلم مرد حضرات ان کوششوں کو تاراج کرنے کے بھی درپے تھے اسے زندہ رکھنا بہت بڑا چیلنج تھا۔ ان صبر آزما حالات میں لاکھ مخالفت کے باوجود مولوی سید ممتاز علی نے دور اندیشی سے کام لیتے ہوئے اخبار بند نہیں کیا اور بالآخر اپنے مقصد میں کامیاب ہوئے۔ اس اخبار کے حوالے سے قرۃ العین حیدر نے اپنی خود نوشت ''کارِ جہاں دراز ہے'' میں لکھا ہے کہ ''......اس (اخبار) کی وجہ سے معمولی تعلیم یافتہ پردہ نشیں خواتین میں تصنیف و تالیف کا شوق پیدا ہوا اور دیکھتے ہی دیکھتے انہوں نے بڑی خود اعتمادی کے ساتھ ناول لکھنے شروع کر دیے......'' اس کے علاوہ خواتین کے لیے نکلنے والے اخبارات اور رسائل میں ''اخبار النساء'' دہلی، ''شریف بیبیاں'' لاہور، ''عصمت'' دہلی، ''خاتون'' علی گڑھ اور ''اُستانی'' دہلی وغیرہ وہ ادبی رسائل ہیں جنہوں نے متوسط مسلم طبقے کی خواتین کی اصلاح کے ساتھ ہی ان میں پڑھنے لکھنے کا شوق پیدا کیا۔

ذیل میں اب ایک نظر ان تخلیق کار خواتین پر بھی ڈال لی جائے جن کو اردو کی اولین شاعرہ ،اولین افسانہ نگار، اولین ناول نگار یا اولین تنقید نگار ہونے کا شرف حاصل ہے۔ دراصل یہی وہ معتبر نقوش ہیں جن پر آگے چل کر نسائی ادب کی عمارت تعمیر ہوئی۔

محققین نے اردو شاعری کی پہلی صاحب دیوان شاعرہ ''لطف النساء امتیاز'' کو قرار دیا ہے جبکہ اس سے پہلے بہت عرصے تک ''مہ لقاء بائی چندا'' کو پہلی صاحب دیوان شاعرہ مانا جاتا رہا ہے۔ لطف النساء امتیاز کا دیوانِ شاعری ۱۷۹۶ء میں مرتب ہو چکا تھا اور مہ لقاء بائی چندا کے دیوان کا سنہ ۱۷۹۸ء ہے۔ مسلم دور حکومت کی شاعرات میں گلنار بیگم، گنا بیگم شوخ اور ملکہ زینت محل کا تذکرہ بعض مورخین اور تذکرہ نگاروں نے کیا ہے۔ اردو کی تیسری اور اہم صاحب دیوان شاعرہ ''شاہجہاں بیگم شیریں'' ہیں۔ اسی ابتدائی دور کی بہت اہم شاعرہ ز۔خ۔ش (زاہدہ خاتون شروانیہ، پیدائش ۱۸۹۴ بمقام علی گڑھ، وفات ۱۹۲۲ء) کو معتبر ناقد شان الحق حقی نے اپنے مضمون ''ز۔خ۔ش'' میں اردو کی پہلی ترقی پسند شاعرہ قرار دیا ہے۔ پروفیسر قمر رئیس نے اپنے ایک

مضمون مشمولہ ''اردو میں نسائی ادب کا منظرنامہ، مرتبہ قیصر جہاں،۲۰۰۳ء'' میں ز۔خ۔ش کے حوالے سے لکھا ہے کہ ''جدید اردو شاعری کے قافلے میں شامل ہونے والی وہ پہلی ذہین اور ممتاز شاعرہ تھیں۔'' دراصل ابتدائی دور کی شاعرات کے یہاں شعری اظہار روایتی انداز کا ہے، یہاں تک کہ ان شاعرات کا محبوب بھی مرد شاعروں کی طرح عورت ہی ہے۔اس کے بعد انیسویں صدی کے اواخر اور بیسویں صدی کے اوئل میں مشہور ہونے والی شاعرات میں صفیہ شمیم ملیح آبادی،عزیز جہاں، کنیز فاطمہ حیا لکھنوی، رابعہ خاتون پنہاں بریلوی ،بلقیس جہاں بریلوی، حجاب دہلوی، حور میرٹھی، حیا میرٹھی، غزالہ اشفاق، نیلوفر ناہید، ناز بلگرامی، وفا ٹونکی، اختر حیدر آبادی، بشیر النساء بیگم بشیر، سیدہ سردار اختر وغیرہ کے نام قابل ذکر ہیں۔

اردو شاعری میں آزادی کے بعد سے عہد حاضر تک مقبول ہونے والی شاعرات میں ادا جعفری، زاہدہ زیدی، ساجدہ زیدی، فہمیدہ ریاض، زہرہ نگاہ، مسعودہ حیات، شفیق فاطمہ شعریٰ، شاہجہاں بانو یاد، کشور ناہید، پروین شاکر، سارہ شگفتہ، شائستہ حبیب، پروین فنا سید، عرفانہ عزیز، عذرا عباس، بانو داراب وفا ،بالقیس ظفیر الحسن، رفیعہ شبنم عابدی نگار عظیم نسیم سید، ناہید قاسمی، شاہین کاظمی، شاہدہ حسن، حمیدہ شاہین، نسیم نکہت، سیدہ شان معراج، ترنم ریاض، زرینہ ثانی، عذرا پروین، شائستہ یوسف، شہناز نبی، نسرین نقاش، تبسم فاطمہ، روبینہ شبنم، روبینہ میر، نور جہاں ثروت، حمیرا رحمٰن، عشرت آفریں، عفت زریں، نفیس بانو شمع، ملکہ نسیم ،شبنم عشائی، نصرت مہدی، قمر قدیر ارم، شفیقہ فرحت، کہکشاں تبسم، تسنیم جوہر، صبیحہ سنبل، نفیسہ سلطانہ عیاں، نینا عادل اور عارفہ شہزاد وغیرہ کے نام آتے ہیں۔

نعت نگاری اردو شاعری کی ایک اہم صنف ہے، اس صنف کے حوالے سے بھی خواتین نے طبع آزمائی کی ہے۔لیکن حقیقت یہ ہے کہ نعت گوئی میں شاعر حضرات ہی نمایاں نظر آتے ہیں۔ پھر بھی اگر تلاش کریں تو دو چار نعوت یا چند اشعار ہر شاعرہ کے کلام کا حصہ ضرور ہونگے لیکن ۱۹۱۱ میں حیدآباد میں پیدا ہونے والی نعت گو شاعرہ ''تہنیت النساء'' اپنے تین مجموعوں ''ذکر و فکر'' (۱۹۵۵)، ''صبر و شکر'' (۱۹۵۶) اور ''تسلیم ورضا'' (۱۹۵۹) کے ساتھ اردو کے نعتیہ ادب میں اپنی موجودگی درج کراتی ہیں۔

اردو میں ناول نگاری کا آغاز انیسویں صدی کے اواخر میں ڈپٹی نذیر احمد کے ناول ''مراۃ العروس ۱۸۶۹، ''بنات النعش ۱۸۸۸'' اور ''توبۃ النصوح'' وغیرہ سے ہوتا ہے۔خواتین میں پہلی ناول نگار رشیدۃ النسا ہیں اور ان کا ناول ''اصلاح النسا'' جس کا سنہ ۱۸۸۱ ہے۔ اس کے بعد جو خواتین اس میدان میں نظر آتی ہیں ان میں محمدی بیگم ،طیبہ بیگم ،عباسی بیگم ،مسز۔ض حسن بیگم ،اکبری بیگم ،صغرا ہمایوں مرزا، بیگم شاہنواز، مسز عبدالقادر، مسز عباس طیب جی اور نذر سجاد وغیرہ کے نام آتے ہیں۔اس دور کی ناول نگار خواتین

کے ناول گھریلو زندگی کے عکاس ہیں۔ابتدائی دور کی ان ناول نگاروں میں ''اکبری بیگم'' کے ناول ''گودڑ کا لال'' بہت اہم اور مشہور ناول ہے۔درحقیقت یہ روایتی انداز کا ناول نہ تھا اور اس کا شمار (اس کے موضوع کی وجہ سے) ترقی یافتہ ناولوں میں کیا گیا، کیونکہ اس ناول میں پہلی بار آزادئ نسواں پر زور دیا گیا تھا، پردے کی مخالفت کی گئی تھی اور مخلوط تعلیم کا تصور پیش کیا گیا تھا۔اس کے علاوہ مسلم متوسط طبقے کی خواتین کو درپیش دیگر خانگی مسائل پر بھی اس ناول میں روشنی ڈالی گئی تھی۔ ''گودڑ کا لال'' موضوع اور فنی تکنیک کے اعتبار سے بھی ایک اہم ناول گردانا گیا ہے،اس کے علاوہ اسی دور کی نذر سجاد نے بھی اپنے ناولوں میں روایت سے ہٹ کر عورتوں کی تعلیم ،ان کی آزادی اور حقوق کی آواز اٹھائی۔

ترقی پسند تحریک کے ابتدائی دور میں تعلیم یافتہ اور روشن خیال ادیبہ حجاب امتیاز علی نے رومانی ناول لکھ کر ناول نگاری میں اپنی منفرد شناخت قائم کی۔حجاب کے یہاں تخیل کی ایک حسین کائنات آباد ہے ،ان کا بنیادی موضوع حسن و عشق ہے۔اس کے بعد ترقی پسندی کے عروج کے زمانے میں بہت سی ناول نگار خواتین نے ادبی دنیا میں خود کو منوالیا۔تقسیم وطن کے بعد جن خواتین کے بہت اچھے ادبی ناول سامنے آئے ان میں عصمت چغتائی ،خدیجہ مستور، جمیلہ ہاشمی ،قرۃالعین حیدر، صالحہ عابد حسین ،خالدہ حسین ،رضیہ فصیح احمد ، آمنہ ابوالحسن ، الطاف فاطمہ ،فردوس حیدر، رضیہ سجاد ظہیر، واجدہ تبسم ،ہاجرہ مسرور ،صغریٰ مہدی ،زاہدہ زیدی ،ساجدہ زیدی ،مسرور جہاں ،اور رفیعہ منظورالامین وغیرہ اہم اور قابل ذکر خواتین ہیں۔اردو میں معاشرتی ناول لکھنے والی خواتین کو بھی نظر انداز نہیں کیا جانا چاہیے،مثلاً اے۔آر۔خاتون ، رضیہ بٹ ، سلمیٰ کنول ، بشریٰ رحمٰن ،عفت موہانی،عطیہ پروین ، ہاجرہ نازلی اور شہناز کنول وغیرہ نے بہترین معاشرتی ناول لکھے ہیں۔معاصر ناول نگار خواتین میں جہاں تک مجھے علم ہے جیلانی بانو کے بعد انجم بہار شمسی، نفیس بانو شمع ،نعیمہ جعفری پاشا ،صادقہ نواب سحر،شائستہ فاخری ،ترنم ریاض ،ثروت خان ،نسترن فتیحی اور نصرت شمسی ،نوشابہ خاتون وغیرہ کے ناول منظر عام پر آکر مقبول ہو چکے ہیں۔

اردو کے افسانوی ادب میں بحیثیت اولین افسانہ نگار خواتین میں عباسی بیگم ''گرفتار قفس'' ،نذر سجاد ''خون ارماں'' ،''آصف جہاں ''شش و پنج'' اور انجمن آرا ''ریل کا سفر'' یہ چاروں خواتین بیسویں صدی کی دوسری دہائی کے وسط میں اپنے پہلے طبع شدہ افسانوں کے ساتھ شامل ہوتی ہیں۔۱۹۱۶ میں امت الوحی اپنے افسانوں کے ساتھ ''تہذیب نسواں'' لاہور اور ''عصمت'' دہلی میں وارد ہوتی ہیں۔1918 سے ۱۹۲۰ تک کے عرصے میں افسانہ نگار'خاتون اکرم' کے افسانے سامنے آتے ہیں، خاتون اکرم وہ افسانہ نگار ہیں جنہوں نے مختصر افسانہ لکھنے کے ساتھ طویل مختصر افسانوں کی بنیاد ڈالی۔۱۹۱۹ میں سعیدہ اختر ،زبیدہ زری

۱۹۲۰۔۱۹۲۱۔ آمنہ نازلی افسانہ نگار ہونے کے ساتھ ہی ڈرامہ نگار بھی تھیں۔ ابتدائی دور کی دیگر اہم افسانہ نگار خواتین میں رابعہ سلطان بیگم، خیر النساء بیگم، سیدۃ النساء، بیگم بھوپالی، صغریٰ ہمایوں مرزا، مسز عبد القادر ،نسیم ایوب، زبیدہ سلطانہ اور عزیز النساء کے نام اہمیت کے حامل ہیں۔

آزادی سے قبل افسانہ نگاری کے میدان میں شہرت حاصل کرنے والی خواتین میں حجاب امتیاز علی اور رشید جہاں کا نام خصوصیت سے قابل ذکر ہے۔ حجاب نے رومانی افسانوں میں ایک خوبصورت خیالی دنیا آباد کی اور اپنے نیم حقیقی اور نیم رومانی افسانوں کی بدولت خوب شہرت حاصل کی۔ ڈاکٹر رشید جہاں کی افسانہ نگاری کا دور ۱۹۲۲ سے ۱۹۵۰ تک ہے اور ان کا شمار ترقی پسند تحریک کے بنیاد گزاروں میں ہوتا ہے۔ وہ انقلابی ذہن رکھنے والی حقیقت پسند فنکار تھیں۔ بیسویں صدی کے اوائل میں تانیثیت کی علمبردار بن کر سامنے آئیں۔ افسانوی مجموعے ''انگارے'' میں شامل اپنے دو افسانوں ''دلی کی سیر'' اور پردے کے پیچھے'' کی وجہ سے معتوب ٹھہرائی گئیں۔ دراصل یہ دونوں افسانے فحش قرار دیے گئے تھے جب کہ حقیقت یہ تھی کہ ان افسانوں کی بے باک اور چبھتی ہوئی زبان سے اس وقت کے مرد معاشرے کو اعترض تھا ساتھ ہی کسی خاتون سے ایسی کھلی ڈلی زبان کی توقع اس وقت نہیں کی جاسکتی تھی۔ سچ تو یہ ہے کہ یہ افسانے معاشرے کے کھوکھلے پن، عورت کی سماجی آزادی، مرد کے سخت گیر رویوں، اس کے حاکمانہ تسلط اور ہوس پرستی پر انگلی اٹھاتے تھے اور بطور احتجاج لکھے گئے تھے۔ یوں اردو افسانے میں پہلی احتجاجی آواز رشید جہاں نے بلند کی اور بعد میں آنے والی افسانہ نگار خواتین کے لیے ایک جہت متعین کردی۔ یعنی رشید جہاں کا ورود اردو افسانے کی دنیا میں قدم رکھنے والی دیگر خواتین افسانہ نگاروں کے لیے ٹرننگ پوائنٹ ثابت ہوا۔

عصمت چغتائی کا پہلا افسانہ ''کافر'' رسالہ ''ساقی'' میں ۱۹۳۸ میں شائع ہوا۔ عصمت اپنے ابتدائی تخلیقی دور میں ہی رشید جہاں کی پر اعتماد شخصیت سے مرعوب ہوگئی تھیں۔ عام مظلوم ومحکوم انسانوں بالخصوص عورتوں کے مسائل کو ادب میں جگہ دینے اور نڈر ہوکر صدائے احتجاج بلند کرنے کے رشید جہاں کے حوصلے اور جذبے سے عصمت اتنی متاثر ہوئیں کہ ان کے نقش قدم پر چلتے ہوئے اپنے افسانوں میں بے باک اور تلخ اسلوب اپنایا نیز عوتوں کے مسائل اور جنسی موضوعات پر بے خوف ہوکر لکھا۔ مولانا صلاح الدین نے عصمت چغتائی کو ''بصیرت کی ایک نہایت بے باک اور صداقت شعار ترجمان'' قرار دیا تھا۔ رشید جہاں کی روش پر چلنے والی افسانہ نگار خواتین میں عصمت چغتائی کے بعد خدیجہ مستور، ہاجرہ مسرور، صدیقہ بیگم اور صالحہ عابد حسین وغیرہ کے نام آتے ہیں۔

آزادی کے بعد خواتین افسانہ نگاروں کی جس نسل نے برصغیر میں نمایاں شناخت قائم کی ان

اردو ادب اور خواتین (حصہ 1:)　13　مرتب : اقبال حسن آزاد

میں عصمت چغتائی، صالحہ عابد حسین، رضیہ سجاد ظہیر، بانو قدسیہ، شکیلہ اختر، سرلا دیوی (ہمشیرہ کرشن چندر)، اختر جمال، تسنیم سلیم چھتاری، آمنہ نازلی، ممتاز شیریں، جمیلہ ہاشمی، صدیقہ بیگم سیوہاروی، قرۃ العین حیدر، جیلانی بانو، خالدہ حسین، واجدہ تبسم، آمنہ ابوالحسن، سلمیٰ صدیقی، زاحدہ حنا، صغرا مہدی وغیرہ کے نام امتیازی حیثیت رکھتے ہیں۔ مذکورہ خواتین افسانہ نگاروں میں سے بیشتر نے ترقی پسند تحریک کے دور میں ہی اپنی منفرد شناخت قائم کر لی تھی، اس نسل کی افسانہ نگار خواتین کی انفرادیت فن کی پختگی اور وسیع کینوس میں مضمر ہے۔

معاصر افسانہ نگاروں کے موجودہ منظر نامہ نیلم احمد بشیر، جیلانی بانو، ذکیہ مشہدی، رفیعہ شبنم عابدی، قمر جمالی، نجمہ محمود، صبیحہ انور، قمر جہاں، عائشہ صدیقی، اشرف جہاں، نگار عظیم، رینو بہل، نسیم سید، کوثر جمال، نعیمہ جعفری پاشا، عذرا نقوی، عصمت آراء، شمیم صادقہ، نزہت نوری، نزہت پروین، سیمیں کرن، سبین علی، فرحین چودھری، شہناز شورو، نگہت نسیم، دلشاد نسیم، صادقہ نواب سحر، ثروت خان، ترنم ریاض، غزال ضیغم، زنفر کھوکھر، تبسم فاطمہ، نسترن احسن فتیحی، ھما فلک، گل ارباب، شاہین کاظمی، سلمیٰ جیلانی، نوشابہ خاتون، آصف اظہار، غزالہ قمر اعجاز، تسنیم کوثر، عشرت ناہید، آشا پربھات، کہکشاں انجم، کہکشاں پروین، صبوحی طارق، فرحین جمال، سیمیں درّانی، اسماء حسن، مریم ثمر، ثمینہ سید، نصرت شمسی، نصرت طارق ظہیری، عنبریں رحمٰن، رخسانہ صدیقی، نکہت فاروق، انجم قدوائی، شبینہ فرشوری، شہناز رحمٰن، نشاط پروین، سرفراز جہاں وغیرہ کے ناموں پر ختم نہیں ہوتا۔ اردو میں خواتین افسانہ نگاروں کے ورود کا یہ سلسلہ ہنوز جاری ہے۔ عرض کرتی چلوں کہ راقم السطور (افشاں ملک) بھی افسانہ نگار خواتین کے اسی قافلے میں پچھلی دو دہائیوں سے شامل ہے۔

۱۹۸۰ کے بعد سے عہد حاضر تک افسانہ نگار خواتین کے جس قافلے کا ذکر درج بالا سطور میں کیا گیا ہے اس کی نمائندگی بلاشبہ ذکیہ مشہدی کرتی ہیں۔ حالانکہ تعداد میں ان سے زیادہ افسانوں کی خالق بھی اسی قافلے میں موجود ہیں لیکن جس خلاقانہ بصیرت سے وہ افسانہ بنتی ہیں اور زبان پر جس بلا کا عبور رکھتی ہیں نیز جس فنی مہارت سے کرداروں کی تحلیل نفسی کرتی ہیں وہ انہیں کا خاصہ ہے۔

اردو ڈرامہ نگاری میں بھی خواتین نے اپنا حصہ ڈالا ہے نیز دوسری زبانوں کے ڈراموں کے اردو میں تراجم بھی کیے ہیں۔ ڈرامہ نویسی میں قدسیہ زیدی، صالحہ عابد حسین، بانو قدسیہ، حجاب امتیاز علی، جیلانی بانو، عصمت چغتائی آمنہ نازلی، رفیعہ منظور الامین، زاہدہ زیدی اور ساجدہ زیدی کے نام قابل ذکر ہیں۔ ان خواتین کے علاوہ یک بابی ڈرامہ لکھنے والی بھی کئی خواتین ہیں جن کا ذکر پھر کبھی......!!!

تحقیق و تنقید کے میدان میں خواتین بہت کم نظر آتی ہیں۔ اردو تنقید میں ممتاز شیریں کا ہمسر کوئی نہیں۔ ممتاز شیریں کے بعد صفیہ اختر اور ڈاکٹر رفیعہ سلطانہ کے نام بے حد اہم ہیں۔ ان خواتین کے علاوہ

صالحہ عابد حسین، زرینہ ثانی، رضیہ اکبر، صغیرہ نسیم، عطیہ نشاط، پروین عالم، حمیرا جلیلی، شفیق النساء قریشی، ڈاکٹر زرینہ عقیل، ثریا حسین اور ڈاکٹر ام ہانی اشرف وغیرہ کے نام اہمیت کے حامل ہیں۔

تنقید کے مقابلے تحقیقی میدان میں خواتین زیادہ نظر آتی ہیں۔ زیادہ تر تحقیقی مقالے پی۔ ایچ۔ ڈی کی ڈگری کے حصول کے لیے لکھے گئے ہیں لیکن کئی خواتین کی ذاتی شوق میں لکھی گئی تحقیقی کتابیں بھی منظر عام پر آچکی ہیں۔ تحقیق و تنقید کی دنیا کا ایک اہم اور بہت بڑا نام سیدہ جعفر کا ہے جنہوں نے اپنے وقیع (تحقیقی و تنقیدی) کارناموں سے ملک گیر شہرت حاصل کی۔ محقق خواتین کے کچھ اہم ناموں میں صالحہ عابد حسین، ڈاکٹر میمونہ دلوی، صغریٰ مہدی، ڈاکٹر زرینہ ثانی، بیگم انیس قدوائی، ڈاکٹر شمیم نکہت، ڈاکٹر صابرہ سعید، ڈاکٹر قیصر جہاں، ڈاکٹر کشور سلطان، ڈاکٹر انجمن آرا، ثریا حسین، ڈاکٹر عبیدہ بیگم، رضیہ سلطان علوی، داکٹر رضیہ حامد، نگار عظیم، ڈاکٹر وسیم بیگم، ثروت خان، آمنہ تحسین اور نسترن ف احسن فتیحی وغیرہ کے نام اعتبار قائم کرتے ہیں۔ تحقیق و تنقید کے حوالے سے خاکسار بھی اپنی ہم عصروں کے ساتھ اس دشت کی سیاحی میں مصروف ہے۔

اردو میں سفر نامہ نویسی اور خودنوشت نگاری بھی اصناف ادب کا حصہ ہے۔ اس میدان میں بھی خواتین نے لائق تحسین کام کیا ہے اور کئی خواتین اس حوالے سے مشہور بھی ہوئی ہیں۔ ہندوستان میں سفر نامہ نگاری میں قرۃ العین حیدر کا نام امتیازی حیثیت رکھتا ہے۔ دیگر سفر نامہ نگاروں میں صالحہ عابد حسین، پروفیسر ثریا حسین، صغریٰ مہدی، بیگم تاج یاسین علی وغیرہ کے سفر نامے مقبول ہوئے ہیں۔ پاکستان کی کئی خواتین نے اچھے سفر نامے لکھے ہیں، ان میں اختر ریاض الدین ایسی سفر نامہ نگار ہیں جن کے بارے میں ناقدین ادب کا کہنا ہے کہ انہوں نے سفر نامے کی صنف کو اعتبار بخشا ہے۔

اردو کی قلم کار خواتین نے خودنوشتیں بھی تحریر کی ہیں، یہاں سب کے نام اور کام کا احاطہ کرنا تو ناممکن ہے پھر بھی کچھ نام پیش ہیں مثلاً عصمت چغتائی، قرۃ العین حیدر، ادا جعفری، خدیجہ مستور، صالحہ عابد حسین، صغریٰ مہدی، بیگم انیس قدوائی، بانو سرتاج، بیگم حمیدہ اختر، جیلانی بانو کے علاوہ بیسویں صدی کی آخری دہائی میں بہت معیاری ادبی انداز میں لکھی گئی آپ بیتی ''شورش دوراں'' از حمیدہ سالم ہے، جس کو نہ صرف نسائی ادب بلکہ اردو ادب میں ایک قیمتی اضافہ قرار دیا گیا ہے۔

خواتین کی درج بالا تخلیقی کارگزاریوں کا مجموعی جائزہ ثابت کرتا ہے کہ پچھلی ایک صدی میں خواتین نے مرد حضرات کے دوش بدوش ادب کی ہر صنف میں طبع آزمائی کی ہے۔ اعتبار اور استناد حاصل کرنے والے خواتین کے تخلیقی فن پارے بلاشبہ اردو ادب کے خزانے میں باوقار اضافہ ہیں۔

(ضروری نوٹ) ہم عصر افسانہ نگار اور ہم عصر شاعرات کی درج بالا فہرست کے حوالے سے میرا معروضہ ہے کہ ہم عصر کا مطلب ہم عمر ہرگز نہیں ہے۔ بس ایک عصر یا ایک عہد میں لکھنے والے چاہے ان میں عمر کا تفاوت چار پانچ دہائیوں کا ہی کیوں نہ ہو یا ان کا ادبی قد بلند یا اوسط درجے کا ہی کیوں نہ ہو، یا انہوں نے مختلف ادبی رجحانات کی پیروی ہی کیوں نہ کی ہو وہ کہلائینگے ہم عصر ہی۔ دوسری عرض داشت یہ ہے کہ فنکار خواتین کے ناموں کی فہرست میں بہ اعتبار ''ادبی قد'' اگر ترتیب صحیح نہ ہو یا کوئی نام چھوٹ گیا ہو تو طالب درگزر ہوں۔ ایک اور اہم بات جس کا ذکر ضروری ہے وہ یہ کہ اس مضمون میں پاکستان کی ان قلمکار خواتین کو شامل کیا گیا ہے جن کی تخلیقات ہندوستان میں اردو کے ادبی رسائل و جرائد میں شائع ہوتی رہی ہیں یا ہو رہی ہیں۔

◀◀ ● ▶▶

● نورالعین ساحرہ

پاپولر فکشن کے حوالے سے اکیسویں صدی کے ادبی رجحانات وتضادات

"قلم تلوار سے زیادہ طاقت ور ہے"۔(The Pen is Mightier Than the Sword) یہ خیال (Edwar BulwerLytton) نے اپنے تاریخی ڈرامے (Richelieu: or,The Conspiracy Play) میں 1939 میں پیش کیا تھا۔کیا ہمیں آج بھی اس خیال اور خصوصاً ادب کے اس کمال کا معترف ہونے میں کوئی تامل ہے؟ بارھویں صدی عیسوی میں (نشاط ثانیہ، Renaissance) کی ابتداء کے بارے آپ سب جانتے ہیں کہ ابن رشد کے فلسفیانہ خیالات کا اس میں کتنا حصہ رہا۔اس سے قبل یونان میں بھی ڈرامہ اور فلسفیانہ تحاریر نے ایک قابل رشک معاشرہ قائم کرنے میں اپنا کردار ادا کیا تھا۔جن میں (ارسطو Aristotle کی بوطیقاPoetics, اور نکومیکیئن ایتھکس Nicomachean Ethics,) اس کے علاوہ (افلاطون Plato کی ری پبلک Republic,) سب سے قابل ذکر کتب ہیں۔(شیکسپیئر، Shakespeare کے ٹیمپسٹ، Tempest) جیسے ڈراموں نے کالونیئل مائنڈ سیٹ بنانے میں اہم کردار ادا کیا۔(پوشکن Pushkin's,) اپنی شاعری اور مزاحمانہ رویے کی وجہ سے (زار Tsar,) کے خلاف گویا تن تنہا کھڑا ہوا تو اس کے پاس سوائے قلم اور ادب کے اور کوئی ایسی طاقت نہ تھی جس سے زار خوف زدہ ہوتا۔ پھر دوستوفسکی،(Dostoyevsky) کی ذلتوں کے مارے لوگ، The Insulted and Humiliated) اور دیگر ایسی کئی کتب نے انقلابی ذہن سازی میں بہت اہم کردار ادا کیا۔(Maxim Gorky) انقلاب کا نقیب اپنی ادبی خدمات کی وجہ سے ہی کہا جاتا ہے۔ان سب کے علاوہ فیض، جالب جیسے دیگر ترقی پسند شعرانے ہمارے ہاں انقلاب پسندوں کی کھیپ تیار کرنے میں بہت مدد کی۔

اس مضمون میں مجموعی طور پر اکسویں صدی کے ادبی منظرنامے اور خاص طور پر پاپولر فکشن کے

حوالے سے کچھ الجھے سوالات وخیالات سلجھانے کی کوشش کروں گی۔ اعلا ادب ہے کیا اور کیوں اس قدر اہم ہے؟ کیا ہم نے بھی قلم کی طاقت کو مانا یا آزمایا اور اعلا ادب کو اپنی تخلیقات کا محور بنایا یا پیسے اور فیم کے لالچ میں پاپولر ادب کی بہتی ندیا میں ہاتھ دھوتے رہے؟ اس موضوع کو بھی زیر بحث لایا جائے گا کہ فی زمانہ ڈائجسٹ میں لکھنا باعث توہین کیوں سمجھا جانے لگا ہے اور کیا واقعی ان میں لکھی ہر تحریر کا بوگس یا کم تر ہونا لازم ہے؟ اس پوائنٹ پر بات بھی ہوگی کہ عالمی سطح پر بہت سے کام یاب مصنفین (Art for Art's sack) کو بہت اہمیت دیتے ہیں۔۔۔ تو کیا ان سب کا لکھا ہوا ادب بھی صرف اسی وجہ سے پاپولر ادب کہلانے لگے گا؟ ادب میں آمد و آورد کا جھگڑا کیوں ہے، یہ اہم موضوع بھی زیر بحث آئے گا کہ آخر اردو ادب کو عالمی ادبی پیمانوں سے جدا کر کے برصغیر تک محدود کر دینے میں کیا بھلائی ہے؟ یا پھر عالمی تنقیدی پیمانوں کو رد کرنے کے ساتھ یہ ثابت کرنے کی لایعنی کوشش کیوں کی جاتی ہے کہ برصغیر کا ادب ان پیمانوں کا محتاج نہیں ہے؟ اس کے ساتھ ساتھ ہم (Hybrid and Upmarket fiction) کے بارے میں بھی تھوڑی سی بات کریں گے۔

اعلی ادب: ایک اہم مفروضہ ہے کہ یہ ہے کہ ہماری دنیا کا کوئی بھی دور اس کی مخصوص علاقائی حدود میں کیسا تھا، ان حالات کا متعلقہ افراد کے ساتھ انفرادی واجتماعی، نفسیاتی ومعاشرتی ربط کیا رہا، وہ خوب صورت دور تھا، رنگین، پرسکون، خوش حال، پرامن یا پرآشوب، جنگیں، وبائیں، انسانی ترقی، سانحات یا مذہبی شدت پسندی وغیرہ کا اندازہ اس دور کے ادب میں سمٹا ہوتا ہے گویا کسی ایک یا کچھ کتابوں میں اس عہد کی تاریخ رقم ہو چکی ہوتی ہے۔ دورِ حاضر کے وہ ادیب جن کی فکر اور ادب کا مرکز انسان اور اس کی زندگی پر موجودہ حالات اور اس کے اثرات رہے۔ انہوں نے اس تنوع، تغیر کو اپنے اپنے انداز اور مخصوص ڈکشن، سٹرکچر فارم میں پیش کیا۔ اعلا ادب میں تکنیکی، لسانی ومعروضی عوامل کا نفس مضمون اور ابلاغ کے ساتھ متحرک عمل اس میں ایسی پرتوں کو جنم دیتا ہے جو ایک عمومی ذہن کی رسائی میں آنا کبھی کبھی مشکل ہو جاتا ہے۔ یہ ادب قاری کے ذہن پر مثبت انداز میں اثر انداز ہونے کے بعد اس کی زندگی بدلنے پر قادر ہونے کے ساتھ ساتھ اسے بہت سے ایسے نئے زاویوں یا جہتوں سے بھی متعارف کرواتا ہے جو اس کے لیے (An Eye Opener) بھی ہوتے ہیں۔ ایسے ہی ادب کو اعلا ادب سے تعبیر کیا جاتا ہے جو ہمارے ہاں اشاعت کے لحاظ سے بہت کم نظر آیا کرتا ہے۔ ہمارے ہاں اکثر یہ سمجھا جاتا ہے کہ اعلا ادب کو محض مختلف ڈیوائسز، خوب صورت لسانی تشکیلات، پیچیدہ تکنیکس اور نہ سمجھ آنے والا علامتی نظام یا بہترین کرافٹنگ وغیرہ کی مدد سے ہی اہم بنایا جاتا ہے جو کہ ایک بڑی غلط فہمی کے سوا کچھ بھی نہیں۔ اعلا ادب میں سب سے زیادہ اہمیت آپ کے مذکورہ پیغام اور بہترین نظریہ کی ہے ہاں البتہ باقی سب چیزوں کے نمبر الگ سے شامل

ہوتے جائیں گے جو اسے بھی (Page Turner) بنا دے گا جس کا مطلب بے تابی پیدا کرنے والا یا ریڈ ایبلٹی بہت بڑھا دینے والا ادب۔ مگر سوچنے کی بات یہ بھی ہے کہ پاک و ہند کا وہ عمومی قاری، جسے محض پاپولر فکشن پڑھنے کی عادت ہے اس کے لیے یہ پیچیدہ کیفیاتی نظام یا بھیتر چھپے پیغام سمجھنا ناممکن ہو جاتا ہے جس کی وجہ سے وہ جھنجلا کر اسے ''مقصدی ادب'' یا پھر ''سوچا سمجھا ادب'' یا پروپیگنڈہ ادب کہنا شروع کر دیتا ہے۔ یہی وجہ ہے کہ اکثر ایسا ادب عام قاری کو پاپولر فکشن جیسی آسانی اور روانی نہ دے سکنے کے باعث ذہنی خلجان میں مبتلا کر دیتا ہے اور وہ اس اذیت سے بچنے کے لیے بار بار بھاگ کر تین عورتیں تین کہانیاں یا عام سی ڈائجسٹی کہانیوں میں پناہ ڈھونڈنے لگتا ہے۔ کبھی یہ ادب کسی خاص میتھالوجی یا فلسفہ و منطق سے جڑا ہونے کے سبب بھی عام قاری کی ذہنی استعداد سے بڑھ جاتا ہے اور اس کی ناپسندیدہ لسٹ میں شامل ہو جاتا ہے۔

اچھے ادب کو پڑھنے، اسے سمجھ کر منفیت سے دور رہنے اور اثبات کو اپنی زندگی میں شامل کرنے کے لیے ''تربیت یافتہ قاری'' پہلی شرط سمجھی جائے گی۔ ایک ایسا قاری جس کی زندگی کا حاصل کل محض کھانا، پینا، سونا یا بچے پیدا کرنا ہی نہ ہو بلکہ جو بین الاقوامی مسائل و وسائل کے بارے مکمل آگہی رکھنے کے ساتھ ساتھ'' دوسروں کے لیے بھی اچھا سوچتا ہو'' بہترین انسانی قدروں اور سب کے لیے یکساں اور مساوی ہونے پر مکمل یقین رکھے اور ان کے فروغ کے لیے کوئی دقیقہ فروگزاشت نہ کرے۔ بہ قول الطاف حسین حالی......!

فرشتے سے بہتر ہے انسان بننا	مگر اس میں پڑتی ہے محنت زیادہ

یہاں یہ وضاحت بھی ضروری سمجھتی ہوں کہ کچھ تخلیق کار کم از کم فیس بک کی حد تک ایسے دیکھے ہیں جو سمجھتے ہیں کہ اعلا ادب صرف اور صرف سمجھ نہ آنے والی عجیب و غریب علامتوں سے ترتیب پاتا ہے یا میتھالوجی میں کسی جدید نظریہ کو مدغم کرنے سے وجود میں آ جاتا ہے۔ اس غلط سوچ سے اتفاق نہ کرتے ہوئے کہنا چاہوں گی کہ تخلیق کو اعلا ادب کے نام پر چیستان بنا دینا تو الٹا ادب کے بارے کم فہمی کو ثابت کرتا ہے۔ کسی بھی بے مقصد تحریر کو محض اس کے پیچیدہ اسلوب کی بنا پر اعلا ادب سے جوڑ دینا، ادب اور قاری دونوں کے ساتھ بے پناہ زیادتی ہوگی۔ اعلا ادب کو بہت آسان عام فہم زبان میں بھی لکھا جا سکتا ہے اور اس میں بھی بہت دل چسپی پیدا کی جا سکتی ہے۔ شرط صرف اتنی سی ہے کہ اس ضمن میں جو بھی لکھا جائے وہ سر دست انسانی شعور کی بالیدگی سے مملو ہو۔

اردو ادب میں ہمارے ہاں نثر میں شوکت صدیقی، سعادت حسن منٹو، عبداللہ حسین، رشید امجد، مرزا اطہر بیگ، انتظار حسین، قراۃ العین حیدر، عصمت چغتائی جیسے کئی تخلیق کاروں نے معاشرہ کے ذہنی، سیاسی، معاشی اور فکری المیات کو کمال حسن سے قلم بند کیا ہے۔ شعرا میں حبیب جالب، فیض احمد فیض، ساحر لدھیانوی، تنویر سپرا اہم نام ہیں جنھوں نے ادب برائے زندگی کے نظریہ کو اپناتے ہوئے لکھا۔ یہیں ن۔ م راشد بھی ہیں جو کہ ادب برائے ادب کے قائل رہے مگر ان کی نظم سے ڈر 'ایک سیاسی و معاشرتی المیہ کا بیان ہے۔

اعلا ادب والے موضوع کو یہاں ختم کرتے ہوئے معذرت کے ساتھ جناب ڈاکٹر طاہر نواز کی کتاب (اردو داستان کی شعریات) میں موجود اس خیال سے اختلاف کی اجازت چاہوں گی جہاں انھوں نے (ماریو ورگاس للوسا۔۔۔ناول نگار کے نام خط) سے اقتباس پیش کیا ہے" فکشن خاص طور پر اعلا فکشن میں پیش کردہ زندگی کبھی صرف وہ زندگی نہیں ہوتی جسے ان لوگوں نے گزارا ہو، جنہوں نے اسے تصور کیا ہو، لکھا ہو، پڑھا یا تجربہ کیا ہو بل کہ اس کا فکشنی مماثل ہوتی ہے جسے وہ گھڑنے پر مجبور ہو گئے تھے کیوں کہ حقیقت میں وہ ایسی زندگی گزارنے سے قاصر تھے اور نتیجے کے طور پر اس پر قناعت کرنا پڑا کہ اسے صرف بلا واسطہ اور داخلی طور پر تجربہ کریں جس طور پر اس کا تجربہ کرنا ناممکن تھا۔ یہ وہ زندگی ہے جو کبھی واقع نہیں ہوتی۔ ایسی زندگی جو کسی عہد کے مرد یا عورت گزارنا چاہتے تھے، نہیں گزار سکے سو گھڑنے پر مجبور ہو گئے......")

اب ایسا کیوں نہیں ہے؟ تو اس کی وضاحت ویسے تو مضمون میں جگہ جگہ ملے گی ہی مگر مختصراً میکسم گورکی کے ناول ماں کو ہی دیکھ لیجیے۔ ان کی زندگیوں اور واقعات و مشکلات کی کیسی حقیقی عکاسی کی گئی ہے نیز اس بات کو درست تسلیم کر بھی لیا جائے تو (Realism) رئیل ازم کی بہت ساری تخلیقات ویسے ہی اعلا ادب سے خارج ہونے کا خطرہ ہو جائے گا۔ مثلاً شوکت صدیقی کا جانگلوس اور خدا کی بستی اور میکسم گورکی کا "ماں" کہاں جائیں گے؟ اس پر شک کی ایک وجہ یہ بھی ہے کہ بہت سے اچھے تخلیق کاروں کے بارے کہا جاتا ہے کہ انھوں نے آپ بیتی کو فکشن کے رنگ میں پیش کیا ہے جیسا کہ دوستوفسکی کے بارے اکثر سننے میں آتا ہے۔ ایک عمدہ تخلیق کے لیے آپ کے پاس خوب صورت تخیل، لغت پر عبور اور اپنے ادب کے ساتھ ساتھ عالمی ادب سے شناسائی بھی بہت ضروری ہے۔ یہ موضوع اس قدر ثقیل ہے کہ خود اس پر الگ سے ایک مضمون بنتا ہے نیز ٹی۔ ایس ایلیٹ نے اپنے مضمون (Tradition and the individual talent) میں تفصیل سے بحث کی ہے۔ اس مضمون میں ابھی بہت کچھ اور لکھنا باقی ہے تو اس موضوع کو یہاں سمیٹتے ہوئے کچھ اچھی کتابوں کے ریفرنس دے رہی ہوں جو شاید (Creative Writing) میں آپ کی مدد کر سکیں۔

1) اپنی کتاب (Seven Secrets a :Getting into Character Novelist Can Learn from Actors) میں (Brandilyn Collins) لکھتی ہیں کہ ایک بہترین ناول لکھتے وقت ان سات نکات کا خیال رکھنا بہت فائدہ مند ہوتا ہے۔ Personalizing Action Objectives Subtexting Coloring Passions Inner Rhythm Restraint and Control Emotion Memory

2) اپنی کتاب (The Writing Life) میں مصنفہ (Annie Dillard) میں لکھتی

ہیں۔

One of the few things Iknow about writing is this: spend it all, shoot it, play it, lose it, all, right away, every time. Do not hoard what seems good for a later place in the book, or for another book;give it, give it all, give it now. The impulse to save something good for a better place later is the signal to send it now. Something more will arise for later, something better. These things fill from behind, from beneath, like well water. Similarly, the impulse to keep to yourself what you have learned is not only shameful, it is destructive. Anything you do not give freely and abundantly becomes lost to you. You open your safe and find ashes۔

کتاب 3 (Plot &Structure:Techniques and Exercises for Crafting a Plot That Grips Readers from Start to Finish Paperback –October 6, 2004۔by James Scott Bell

پاپولر فکشن اور ہمارا ڈائجسٹی ادب آخر کیا ہوتا ہے؟ جی کے چیسٹرٹن نے کہا ہے کہ

G.K. ?''fiction is a necessity.Literature is a luxury;'')

Chesterton'')۔۔''ادب شاہانہ مسرت کا (حامل) ہوسکتا ہے لیکن فکشن (لازماً) ایک ضرورت ہے'' عرصے سے ہمیں ایک جھگڑا نما مسئلے کا سامنا ہے کہ ادب برائے ادب، پاپولر یا کمرشل ادب آخر ہوتا کیا ہے؟ بہت سے لوگوں کو یہ فریز یا مہابیانیے سنائی تو دیتے ہیں مگر وہ اس کے مطالب و مقاصد سے قطعی ان جان بار بار یہ سوال دہراتے نظر آتے ہیں۔ سو اس مضمون میں تفصیل سے اس پر بات کرنے کی کوشش کروں گی۔ ویسے تو لغوی معنوں میں '' مشہور ادب '' ایک لسانی الجھن کا سبب بنتا ہے اور اصطلاحی معنوں میں ادب کی اعلا درجہ سے تنزلی مگر مقبولیت کی رو میں اول الذکر سے بڑھتا نظر آنا ہے نیز اس کے موضوعات میں تنوع کے بجائے تکرار کا عنصر پایا جاتا ہے جس کے باوصف قاری کے لیے اس میں کوئی نئی بات یا ذہن کو تبدیل کرنے کی صلاحیت بہت کم ہوتی ہے۔ اس میں نظریات یا عقائد کو غیر حقیقی و غیر معروضی انداز میں پیش کیا جاتا ہے۔ یہ لوگ شعوری اور لاشعوری سطح پہ کچھ مخصوص روایات اور رسوم کے اندر رہ کر ہی فکشن لکھتے ہیں۔

یوں کہا جا سکتا ہے کہ پہلے سے مستحکم کو مزید مستحکم کرنے کی مسلسل کوشش ان کی تحریر کا حاصل جب کہ کوئی مثبت تبدیلی بے چاری اب یا پھر کبھی نہیں کی مجسم پکار بنی نظر آتی ہے۔ اس تنویمی قسم کے ادب میں مزاحمتی رنگ کا شدید فقدان ہوتا ہے۔ آج کل پاپولر فکشن لکھنے والوں اور داخلیت پسندوں کے فن پاروں کا ڈھیر بلند سے بلند تر ہوتا جا رہا ہے۔ مغرب میں تو طرح طرح کی طلسمات، عجیب وغریب مانسٹرز، جن اور بھوتوں کی مختلف اقسام اور پھر ان کی ایسی بہتات کہ پڑھنے والے دنگ رہ جائیں۔ اتنی اقسام تو شاید بیکٹیریا کی بھی نہ ہوں جتنی نسلوں اور قسموں کی یہ مخلوقات ان کتب ورسائل میں پائی جاتی ہیں جن کا حقیقی دنیا سے دور دور تک کوئی تعلق نظر نہیں آتا ہے۔ اس سب کے باوجود پاپولر فکشن میں اگر کچھ کمی محسوس ہوتی بھی تو (Harry Potter) اور بریم سٹوکر نے ڈریکولا (Bram Stoker's Dracula) جیسے سلسلے سامنے لا کر ایک بالکل الگ جہت سامنے رکھ دی اور ابدی حیات کا مسئلہ بھی حل کر دیا چاہے وہ ولن کی صورت ہی کیوں نہ ہو۔ اس طرح کے پاپولر فکشن کو اگر آپ'' یہ تو بس تفریح کا ذریعہ ہے ''سمجھ کر نظر انداز کرنا چاہیں تو ان سٹڈیز اور ریسرچز کو مت بھولیں جہاں یورپ اور امریکی معاشرے میں کچھ خون پینے کے شوقین واقعی پیدا ہو چکے ہیں جو خود کو نہ صرف ڈریکولا کہتے ہیں بل کہ نت نئے کاسٹیومز پہن کر ان کرداروں کی عکاسی بھی کرتے نظر آتے ہیں اور کئی ایک تو باقاعدہ روزانہ خون بھی پیتے ہیں۔ ایسے کچھ جوڑوں کو نیٹ پر دیکھا جا سکتا ہے۔۔ اب یہ ''سوچنے والوں'' کا کام ہے کہ حساب لگائیں آخر ان کی ذہن سازی کس نے کس طرح کی ہے اور پاپولر فکشن کا اس میں کیسا کردار رہا ہے۔ اس کے ساتھ ساتھ فلم اور ڈرامہ جو اب ایک باقاعدہ ''صنعت'' کا روپ اختیار کر کے علی الاعلان اپنے کمرشل ہونے کو فخریہ تسلیم بھی کرتے ہیں۔ ان کی کثیر آمدنی، ایلیٹ رول اینڈ سٹیٹس کا سرمایہ دارانہ مقصد اور حصول دولت بھی بہت حد تک اسی سے وابستہ ہو چکے ہیں۔ یعنی کہ ایسا ادب قطعاً بے ضرر نہیں جیسا کہ عموماً سمجھا جاتا ہے۔ درحقیقت معاملہ اس کے بالکل برعکس بل کہ شدید مضر ہے۔ جنسی مواد پر مشتمل ویڈیو گیمز جو آپ کے فون پر ایک کلک سے مل جاتی ہیں ان سب نے اس دور کے بچوں بل کہ پورے معاشرے میں جنسی بے راہ روی کو جو فروغ دیا ہے اس سے کون واقف نہیں؟ ایسی ہی مار دھاڑ سے بھرپور اور جنسی جذبات کو انگیخت کرنے والی گیمز کی وجہ سے لوگوں میں انتہائی منفی (Anti-human) رجحان بھی تیزی سے بڑھ رہا ہے۔ جو ایک بے حس اور اخلاقی گراوٹ کے شکار معاشرے کی تشکیل کا باعث بھی بن رہا ہے جس کے بے شمار ثبوت (dark web) پر دیکھے جا سکتے ہیں۔

ہمارے ہاں مقبول عام ڈائجسٹی ادب یا پاپولر فکشن موضوعات کے اعتبار سے اعلا ادب سے بہت مختلف صنف بنا ہوا ہے۔ عام سے مخصوص دائروں میں گھومتا رومان، ہیجان اور سنسنی کی بنیاد پہ لکھا جانے والا ادب جس کی پہلی لائن پڑھ کر ہی انجام معلوم ہو جاتا ہے۔ ایک غریب لڑکی اور امیر لڑکا یا وائس ورسا۔ انتیسویں روزے

کو اچانک ان کا ملن ہو جانا اور ہاتھ میں ہاتھ ڈال کر دعا مانگنے کے تمام موقعے میسر آ جانا۔ دونوں میں شروع میں نفرت پھر اچانک محبت، لڑکی کا سیڑھیوں سے گرنا اور لڑکے کا عین موقعے پر اسے سنبھال لینا۔۔۔ وغیرہ وغیرہ۔ غرض اس قسم کا پاپولر فکشن اپنا معمولی سا اسلوب بھی خود ہی بنا لیتا ہے۔ جس کا متن بہت ہی آسان اور قاری اساس ہے اسی لیے ابلاغ عام سمجھ بوجھ رکھنے والے قاری تک با آسانی ہو جاتا ہے کیوں کہ اسے ذرا سی بھی دماغی مشقت نہیں کرنی پڑتی۔ (با آسانی سمجھ آنے کے باوصف قاری ذہن میں کہانی اور کرداروں کے بارے در آنے والے مفروضات کی خود بہ خود تصدیق پاتا چلا جاتا ہے یعنی کئی بار پہلے سے سنے، سمجھے کو ہی مزید سنتا سمجھتا رہتا ہے)۔ یوں اس کے ذہن میں موجود مغالطے اور رجحانات مزید راسخ ہو جاتے ہیں ہیں۔ اس کا نتیجہ عوام الناس کے فکری رویہ سے بہ خوبی ہو سکتا ہے جن میں بحث، تنقید اور دلائل پر غور تک کرنے کی روش نہیں نظر آتی، منطق اور سائنسی انداز فکر تو بہت فاصلے پر جا چکے۔ ایسے ادب میں دماغی صلاحیت بڑھانے کی کوئی گنجائش موجود نہیں ہوتی۔ ایسے ادب کے قاری شعوری اور لاشعوری سطح پہ مخصوص مذہبی، سماجی، معاشرتی روایات اور رسوم کے سختی سے پابند ہوتے ہیں۔ یہ لکھنے والوں کی اکثریت انسان اور انسانیت کو اہمیت نہیں دیتی بل کہ صرف اپنے تمدن، مذہب، سماج کی ترویج و ترقی کے لیے کوشاں نظر آتی ہے۔ ان کے ہم سماج ہیرو ہمیشہ با کردار بہت پاک صاف، نیک و پارسا ہوتے ہیں اور مخالف ہمیشہ ولن کی صورت دیکھے جا سکتے ہیں۔ (اس کے برعکس اعلا ادب میں اس کے بالکل الٹ صرف سچائی اور انسانیت کو فوقیت دی جاتی ہے انجام خواہ کچھ بھی ہو)۔ زیادہ تر پاپولر فکشن انسانیت پسند ہونے کی بجائے منفی اقدار کا حامی اور فرقہ پرستی کو بڑھاوا دینے میں اہم کردار ادا کرتا ہے۔ یوں کسی نہ کسی درجہ پر اس میں تعصب کا مادہ موجود ہوتا ہے۔ ایسا ادب نہ صرف انسانی ترقی کی راہ میں بڑی رکاوٹ بنتا ہے بل کہ اسے ماضی کے دھندلکوں میں گھسیٹتا صدیوں پیچھے رہ جانے پر مجبور بھی کرتا ہے۔ پاپولر ادب لکھنے والے اکثر قلم کار خاص طور پر سب سے زیادہ مذہبی کارڈ استعمال کرتے ہیں اور ناسمجھ بھیڑوں کے ریوڑ نما عوام کو آسانی سے اپنے پیچھے لگانے اور ہانکنے میں کام یاب ہو جاتے ہیں۔ صدیوں پہلے سے لگی لکیروں کو خوب جی بھر کر پیٹنے کے بعد آگے بڑھنے کی بجائے اس سے بھی پچھلی صدی کی لکیروں کی طرف متوجہ رہتے ہیں۔ ان میں زیادہ تر کے ہاں غلط رسم و رواج کے خلاف مزاحمتی رنگ نہ ہونے کے برابر ہوتا ہے اور الٹا ان کی غلط پاس داری کی روایت کا علم بلند نظر آئے گا۔ ایسے ادب کی بہترین مثالیں ہمارے ہاں آج کل پاپولر یا ڈائجسٹی کہانیوں اور ناولوں میں آسانی سے دیکھی جا سکتی ہیں۔ جہاں صدیوں سے ایک ہی کہانی نام بدل بدل کر دہرائی جا رہی ہے۔ وہی حالات وہی واقعات وہی نظریات وہی زاویے حتی کہ کھانے اور کپڑے تک وہی چلے آ رہے ہیں جو پچاس سال پہلے ہوا کرتے تھے۔ ان لکھنے والوں کو بین القوامی چھوڑ، مقامی مسائل و وسائل یا انسانی

ارتقائی مدارج سے کچھ سروکار نہیں۔ان کا مقصد نام کمانا اور پیسہ بنانا ہے۔ پاپولر ادب میں اگر کچھ مختلف نظر آتا بھی ہے تو وہ محض تخلیقی کرداروں کے انتہائی مشکل اور مضحکہ خیز نام ہیں۔ جو انفرادیت کے اندھے شوق میں عجیب وغریب معنی لیے انسانی عقل دنگ کرنے کے لیے کافی ہیں مثلاً ہیرو یا ہیروئن کا نام کچھ اس ٹائپ کا ہوتا ہے (صلا المیام راستین- پوچھنے پر اس نام کا مطلب کچھ یوں بتایا جاتا ہے کہ آدھی رات کے چاند کے پیچھے جنوبی ایشیا میں ایک ہاتھ دل پہ رکھ کے ترچھے پہاڑ کے الٹے جھکاؤ کے دوسری طرف جو ادھوری کہکشاں نظر آتی ہے اس کے اندر موجود ساتویں نمبر پر نیلا نظر آنے والا سیارہ جو ایک بڑے ستارے کے دائیں طرف آدھا چھپا ہوتا ہے، جو ٹوٹے ہوئے لکڑی کے بنچ پہ آدھی رات کے وقت الٹا کھڑے ہونے سے نظر آتا ہے)۔اب آپ بھلے پانچ سال تک ایسے ناموں اوران کے عجیب وغریب مطلب پر غور کریں یا دیواروں میں سر ٹکرائیں اور اپنی کم عقلی پہ جی بھر ماتم کناں ہونے کے باوجود کوئی واضح سینس نہ بنا پانے کے جرم میں خود اپنے ہی بال نوچا کریں تو بھی کچھ عجب نہیں۔

زیادہ تر پاپولر ادب اکثر پروپیگنڈہ ادب کا پرچارک بھی ہوتا ہے۔جس کی مدد سے کسی منفی یا خاص مقصد،نظریہ یا زاویہ کو ابھارا جاتا ہے۔ایک روایتی قسم کے پاپولر ادب کی مثال لیں تو جیسا کہ اکثر ڈراموں اور افسانوں میں ساس، بہو کی آپسی جنگ،سازشیں تباہ کاریاں،ڈرامے بازی کا بیان نما بہتان اور چھوئی موئی فرشتوں کو مات دیتی رومانوی کہانیاں شامل ہیں جن کا حقیقی زندگی سے دور کا بھی تعلق نہیں۔۔ جو معاشرے میں عورت کا کردار مضبوط بنانے کی بجائے اسے کم زور سے کم زور تر بناتا چلا جاتا ہے اور اسے اخلاقی سطح پر انتہائی پست بھی ظاہر کرتا ہے۔عورت کو بلا وجہ کبھی سازشی اور کبھی مظلوم ترین بنا کر پیش کیا جاتا ہے۔ایک اور بھی عجیب بات نسائیت کے بارے سٹیریو ٹائپنگ ہے۔جس کی رو سے اکثر کسی نسائی کردار کی جسمانی ساخت بگاڑ کر انہیں بدصورت ثابت کیا جاتا ہے۔جیسے پاؤں پیچھے کو مڑے ہونا، گنجا ہونا، ایک آنکھ، تین آنکھیں، آنکھیں یا گردن مڑی ہونا، خون آشام ہونا، پچھل پیری اور چڑیل اور پھر ان کی پسندیدہ خوراک میں بچوں کا شامل ہونا وغیرہ وغیرہ۔اس کے ساتھ ساتھ ان میں معاشرتی سٹیریو ٹائپس کی ملاوٹ ہونے سے لاشعوری طور پر قاری کے دماغ میں ایسا ہی تصور قائم ہونے کے بعد مضبوط ہوتا چلا جاتا ہے جس کا اطلاق سامنے موجود اس انسانی گروہ پر ہی ہوسکتا ہے جس میں مماثلت یعنی تانیث پائی جاتی ہو۔سو عورت جیسی بھی کیوں نہ ہو اس کے مکر وفریب اور چال بازی سے اپنے مقاصد (جو اکثر منفی ہی ہوتے ہیں) کا حصول فقط ماضی کی داستانوں، اساطیر اور لوک کہانیوں تک ہی محدود نہیں بل کہ ماضی قریب اور عصرِ حاضر کے پاپولر فکشن میں بھی اپنی کسی نہ کسی نئی شکل میں ہر وقت موجود ہوتا ہے (پنجاب کی کچھ لوک داستانیں اور لکھنؤ کی کچھ مثنویاں اس مثال میں شامل نہیں)۔انڈو پاک کے اکثر اردو حلقوں میں ادب کا ثقافتی مطالعہ نہ

ہونے کے برابر ہے۔ بہت کم لوگ ایسے ہیں جنھیں صرف لکھنے کا جنون نہیں بل کہ عالمی ادب پڑھنے اور سمجھنے سے بھی گہرا شغف ہے۔ یہی وجہ ہے کہ قریب کے کچھ عشروں میں ادبی صورتِ حال وہ رخ لے چکی ہے کہ جس کا کسی ترقی پذیر قوم کے لیے معاشی یا معاشرتی ترقی میں حصے دار ہونے کا تصور بھی محال ہے۔ ابھی تک ہمارے کچھ ایسے قلم کار بھی ہیں کہ تصوف اور مجازی عشق سے، عشق حقیقی تک کا سفر ان میں سے اکثر کا من پسند موضوع ٹھہرتا ہے جانے کیوں! جب کہ یہ کام صدیوں میں اپنی جزئیات تک کو مکمل کر کے اب جامد ہو چکا ہے اور اکثر قاری، ادیب سے بھی کہیں زیادہ اس موضوع پر دست رس رکھتے ہیں یعنی یہاں نئے کے نام پر کچھ بھی ملنے کی قطعاً توقع رکھی نہیں جاسکتی۔ پاپولر کا ایک اور اہم رخ یہ ہے کہ ایسے بہت سے ادیب ہتھیلی کا چھالا بنے جنھوں نے نا صرف تمام انسانی مسائل کو یک سر نظر انداز کر دیا بل کہ کسی ایشو کو اٹھایا بھی تو (Hedonism) کو اپنا ہتھیار بنا کر ''ادب کا کاروبار'' خوب چمکایا۔ ان ہی میں سے اکثر ایسے بھی ہیں کہ جن کو انسانی مسائل نظر تو آئے مگر کافکا کی طرح اسے قسمت کا لکھا مان کر اپنا سر تسلیم خم بھی کر دیا۔ کچھ ترقی پسندی کے دعوے دار بھی آسمانی آفتوں سے بچاؤ کے لیے اپنے روحانی پیشواؤں کے در پر مستقل حاضر رہے۔ میدان میں آ کر لڑنے کی بجائے مسائل اور ان کی (paranormal) روحانی توجیہات گھڑ گھڑ کے صبر و شکر پر قانع ہوئے اور اسے اپنی روحانی قوتوں پر محمول کر کے قاری کو جی بھر بے وقوف بنانے میں کام یاب رہے۔ حیرت ہے ابھی تک بے شمار لوگ ان کے نام کا کلمہ پڑھنے سے باز نہیں آتے۔ غیبی امداد کے منتظر یہ رجعت پسند ادبی قبائل ہر مسئلے کے حل کے لیے ہاتھ پیر ہلانے کی بجائے اپنی نظریں خود بھی آسمان پر گاڑے رہتے ہیں اور یہی حال ان کے فکشن میں موجود متن کا بھی ہوتا ہے۔ یعنی ''کچھ کر گزرنے کا جذبہ'' اور ان کا عملی رجحان ہمیشہ نہ ہونے کے برابر رہا ہے جس کی وجہ سے ان کے ادبی تصورات بھی کمی یا کجی کا شکار رہے۔ ان کی نسبت وہ ادیب ہمیشہ آڑے ہاتھوں لیے جاتے رہے جنھوں نے ان مسائل کو اپنے متن میں نہ صرف خصوصی جگہ دی بل کہ ان کی وجوہات کو سامنے لانے کی سر توڑ کوشش بھی کی جس کے اثرات معاشرے میں موجود ہوں اور تبدیلی لا سکتے ہوں۔ دوسری جنگ عظیم کے بعد (Anarchy) انتشار کی حالت نے پوری دنیا کے ادب پر گہرے اثرات مرتب کیے۔ اس دوران کچھ ادیب یاسیت کو ہی فکشن میں ڈھالتے رہے، کچھ نے ردِ عمل اور نئی تشکیل کی طرف قدم بڑھائے اور کچھ اپنی ہی داخلیت میں کلی طور ہر کھو گئے اور اسی سے اپنے ادب کو تخلیق کرنے لگے۔ ان کی تو الگ ہی دنیا ہے، جس سے وہ باہر نکلنا ہی نہیں چاہتے اور شاید اپنے قارئین کو بھی سلائے رکھنا چاہتے ہیں۔ (یہاں داخلی ادب سے اختلاف نہیں بل کہ قنوطیت و نرگسیت زدہ داخلی ادب زیرِ بحث ہے)

آمد اور آورد کا مسئلہ: عصری فکشن میں ایک اور اہم بحث جس کا شاید سبب بھی نہیں معلوم ہو سکتا وہ

آمد اور آورد کا ہے۔ عموماً پاپولر ادب کی تخلیقی تفہیم میں ''آمد'' ایک نہایت اہم زیر بحث موضوع ہے اور جن معنوں میں ہمارے ہاں رائج ہے اس میں ادیب کسی ماورائی ہستی سے کم ہو ہی نہیں سکتا (یعنی کہ اسے کہانی اوپر سے کہیں وحی کی صورت ''عطا'' ہوتی ہے اور وہ بغیر سوچے سمجھے بند آنکھوں کے ساتھ کاغذ پر اتار دیتا ہے) جیسے مضحکہ خیز تصور کا وجود ہی بہت حیرت انگیز ہے۔۔اس کے علاوہ کیا سمجھا جا سکتا ہے کہ ''شاید یہ چُنے جانے اور برگزیدہ کہلانے کی مریضانہ خواہش کا عکس ہو تو ہو، اس کے سوا کچھ بھی نہیں''۔ ہمارے یہاں کچھ ادباء کی سوئی ''آمد'' پہ اس قدر اٹکی رہتی ہے کہ وہ خود کو خود ہی کسی پیغمبر یا ولی سے کم درجہ دینے پر کسی صورت تیار نہیں ہوتے جن پر تخلیق کسی وحی یا الہام کی صورت نازل ہو کر انہیں اس خصوصی منصب کا اہل ثابت کرتی ہے۔ ایسے تمام لوگ باقی سب کو نقلی (آورد) سمجھتے اور اپنے تئیں ''اصلی اور سچے ادیب'' ہونے کے داعی ہیں۔ وہ یہ بھی سمجھنے پر تیار نہیں کہ ''آمد'' یعنی کسی تخلیق کا لاشعور سے شعور کی سطح پر آنا کوئی الہام یا وحی ہرگز نہیں ہوتی نہ آسمان سے اتری کوئی خاص کیفیت بلکہ یہ تو لکھنے کا ایک خاص موڈ یا ذہنی رو ہے جس کو آزادی اظہار کے لئے استعمال کیا جاتا ہے۔ یہ سچ ہے آپ شاید ہر وقت لکھنے کے خاص موڈ میں نہ ہوں لیکن جب بھی چاہیں تو اسی کیفیت کے زیر اثر لسانی تشکیلات کو متن اور اسکے تناظر سے جوڑا جاتا ہے۔ مسائل اور وسائل کو بہتر انداز میں کہانی کی صورت تشکیل دے کر جو حتمی شکل دی جاتی ہے اسے ہی ''آورد'' کا نام دیا جاتا ہے اور سب ایسے ہی تخلیق کے عمل سے گزرتے ہیں۔ اس کا تعلق کسی بھی طرح کسی پیرا نارمل ایکٹیوٹی یا پیغمبری سے جڑا نہیں ہوتا بلکہ صرف آپکے مزاج، وقت، واقعات کے تسلسل، فرصت، ذہنی یکسوئی وغیرہ کے باہمی طور پر ایک خاص تناسب سے یکجا ہونے کا نام ہے۔ ویسے فکشن کو محض خواب کی طرح دیکھنا، لکھنا اور جاگتے سورج میں تلخ اندھیری حقیقت کشید کرنا دو الگ الگ انتہائیں یا بالکل مختلف صورتیں ہیں۔ اس میں پہلا والا شاید ''آمد'' کے وجود کا متقاضی ہو سکتا ہے مگر دوسرے کے لیے آورد کے معنوی جہاں کو سمجھنا بہت ضروری ہے۔ اب ایک سب سے اہم سوال۔۔۔! کیا ہم یہ طے کر لیں کہ ڈائجسٹ ہمیشہ سے ایسے تھے یا ایسے ہی رہیں گے؟ تو اس کا سیدھا سا جواب ہے کہ ''بالکل نہیں''۔ قصور بے چارے غریب ڈائجسٹ کا ہرگز نہیں ہے۔ اس کی بدقسمتی ہے کہ اسے ایک خاص قسم کے قاری اور لکھاری کم پیسوں میں بہت آسانی سے گھر بیٹھے میسر ہو گئے ہیں۔ طلب و رسد کا یہ قانون خوب سہولت سے پھل پھول رہا ہے۔ اس تصور کو آسانی سے سمجھنے کے لیے ''جگا ڈاکو، مولا جٹ'' ٹائپ فلموں کا تسلسل، معیار اور مقبولیت کی وجوہات پر غور کرنا ہماری بہت مدد کر سکتا ہے۔ ڈائجسٹ شروع میں ایسا بالکل نہیں تھا۔۔ تمام بڑے بڑے مصنفین ان ہی میں لکھ لکھ کر مشہور ہوئے ہیں۔ تب ان کا معیار بہت بلند ہوتا تھا۔ ابھی بھی کسی ڈائجسٹ میں کوئی بہت خوب صورت تخلیق ایسی مل جاتی ہے جسے اعلا ادب میں شمار کیا جا سکے مگر شاذ و نادر ہی ایسا ہو پاتا ہے۔ ان

سب باتوں کے باوجود ہم انہیں یک جنبش قلم رد نہیں کر سکتے کیوں کہ نئے ادباء کو سامنے لانے میں یہی ڈائجسٹ بہت اہم کردار ادا کرتے ہیں۔ یہی مدیر نئے لکھنے والوں کو اعتماد دیتے ہیں اور ریڈر شپ بھی۔ ہمیں ان پر ناراض ہونے کی بجائے الٹا ان کے شکر گزار ہونا چاہیے لیکن ہاں ہم ان سے درخواست ضرور کر سکتے ہیں کہ وہ براہ مہربانی اپنا معیار کچھ بلند کر لیں اور ان میں لکھنے والے لوگ بھی اعلا ادب کو ''مقصدی ادب'' سمجھ کر دھتکارنے کی بجائے معاملہ کی سنگینی پر غور فرمائیں۔ اگر ایڈیٹر صاحبان اب بھی کوئی پیمانہ یا معیار طے کر لیں۔ رواروی یا کسی لالچ، گروپ بندی، صنفی امتیاز یا پرچی وغیرہ کا لحاظ نہ کریں اور عمدہ معیاری تخلیقات کو اپنے جراید میں جگہ دیں تو ان کا معیار پھر سے بڑھنے لگے گا اور لوگ کسی معیاری جریدے میں چھپنے کو اعزاز سمجھیں گے۔(Art for Art’s sack)اوپر ہم نے پاپولر فکشن کے وہ نکات بتائے ہیں جو ادبی دنیا میں فائدے کی بجائے نقصان کا باعث بنتے ہیں لیکن کیا سارا پاپولر ادب ہی اس پیمانے پر اترتا ہے جیسا کہ اکثر ہماری ڈائجسٹی کہانی میں مذکور ہوتا ہے؟ یا پھر جیسے ہمارے اکثر ادب برائے ادب کے بارے قاری اور قلم کار یہ گمان کرتے ہیں کہ ایسا ادب فقط حس جمالیات کی تسکین کے لیے لکھا جاتا ہے اور ہمیشہ ایسا ہی لکھنے یا پڑھنے کی کوشش بھی کرتے نظر آتے ہیں۔ یہ ایک مغالطہ ہے۔ ادبی تخلیق کو نئے، خوب صورت اور منفرد پیرایہ میں پیش کرنے کے یہ معانی بالکل بھی نہیں لیے جا سکتے۔ ادب برائے ادب کی کئی تخلیقات میں انسانوں کے انفرادی اور اجتماعی، نفسیاتی و معاشرتی مسائل کو بہت شدت سے بیان کیا گیا ہے۔ جدیدیت کے عظیم شاعر ٹی ایس ایلیٹ کی ''ویسٹ لینڈ''، ''سونگ آف الفریڈ پروفروک''، آسکر وائلڈ کی ''ہیپی پرنس'' اور پاؤلو کوئیلھو کی ''دی الکیمسٹ'' وغیرہ جیسی سبق آموز کہانی اور معاشرتی نفسیات پر لکھے گئے کچھ طنزیہ ڈرامے، ثبوت کے طور پر پیش کیے جا سکتے ہیں۔ دل چسپ امر یہ ہے کہ ادب برائے زندگی کا نظریہ رکھنے والوں میں بھی اس تصور سے کوئی اختلاف نہیں پایا جاتا۔ یہ صرف اس وقت سامنے آتا ہے جب آرٹ فار دی آرٹ سیک کا نعرہ لگانے والے انسانی اعلا قدروں اور مسائل کو یک سر فراموش کر کے محض حظ اٹھانے کے لیے ایسی تحاریر کا ڈھیر لگاتے جائیں جن سے بنی نوع انسان کو ارتقاء میں کوئی مدد نہ مل سکے۔ ادب برائے ادب (Art for Art's sack) کا تصور یہ ہے کہ تخلیق میں آرٹ کو بہت زیادہ اہمیت دی جائے۔ یہ تو ویسے بھی ہر ادیب کے لیے لازم ہے کہ وہ اپنی تخلیق میں آرٹ کی نزاکتوں کا خیال رکھے۔ یہ کوئی خامی نہیں اور نہ ہی ادب برائے زندگی کے تصور سے متصادم یا اس کی راہ میں رکاوٹ ہے۔ سو اگر آپ سمجھتے ہیں کہ آرٹ فار آرٹس سیک کوئی بری چیز ہے تو ایسا بالکل بھی نہیں ہے۔ اگر یہ سچ ہوتا تو ہم (جمالیات ---Aesthеticism), (جدیدیت،Modernism)،(مابعد جدیدیت Post Modernism)(ساختیات،structuralism) کے ماننے والوں کو کہاں رکھیں گے؟ جو آرٹ کو

آرٹ سیک میں دیکھنا ہی پسند کرتے ہیں کیوں کہ کچھ بھی اعلا ادب میں تخلیق کرتے ہوئے وہ ان میں موجود ڈیوائسیز کو استعمال کرتے ہوئے تخلیق کا معیار بہت بڑھا دیتے ہیں۔ ایسا بالکل نہیں ہوتا کہ خوب صورتی سے لکھتے وقت ان کا ادبی معیار کسی کم تر سطح یا بیک گراونڈ میں چلا جاتا ہو اور اس میں موجود انسانی قدروں کی اہمیت کم ہو جاتی ہو۔ وہ آرٹ کو صرف ایک خالی خولی نعرے یا محض تبلیغ سے بچانا چاہتے ہیں۔ ان میں جمیز جوائس، ڈی ایچ ایلیٹ، ورجینیا وولف وغیرہ کی مثالیں ہمارے سامنے ہیں۔ اس کے علاوہ (Paulo Coelho) کی الکیمسٹ (The Alchemist,) پاپولر ادب ہونے کے باوجود بہت عمدہ تخلیق ہے اور اسی لیے دنیا کی تمام زبانوں میں اس کا ترجمہ ہو چکا ہے۔

ٹم اوبرائن نے ادب کے بارے میں کہا تھا'' (That's what fiction is for. the truth isn't sufficient)''It's for getting at the truth when Tim O'Brien ?''for the truth.) فکشن جہاں انسان کو ڈراتا اور خوف سے لرزاتا ہے وہیں ہیجان برپا کرنے کی بھرپور صلاحیت بھی رکھتا ہے اور ایسے ہی اچھائی، برائی کی ترغیب بھی دیتا ہے۔ کبھی ہنساتا، رلاتا تو کبھی جذباتی پن کی آخری حد پرلے جا کر کچھ بھی کر گزرنے کو اکساتا ہے۔ شاید اسی لیے سمجھا جاتا ہے کہ ادب زندگی کو سچائیوں سے روشناس کرانے کے علاوہ شعور کو بہکانے، سلانے اور جگانے میں بہت اہم کردار ادا کر سکتا ہے۔ فکشن ابتداء سے یہ تمام خدمات سرانجام دے رہا ہے۔ امریکی ادب کی تاریخ دیکھیں تو ہر عہد میں مختلف فکشنز سامنے آئے۔ آج اگر سائنس فکشن کا عروج ہے تو اس کی بھی وجہ ہے۔ ہپی کلچر، جینز اور ہیٹ جنریشن کی نفسیات نت نئے رنگ ایک الگ ہی دنیا بنائے ہوئے تھے۔ ترقی یافتہ اقوام کے اپنے سماجی مسائل اور الگ ہی ترجیحات ہیں۔ سائنس فکشن کو بھی ان ماہرین نے پاپولر فکشن کے رنگ میں لکھنے میں خاطر خواہ کامیابی حاصل کر لی ہے۔ جیسے جیسے معاشرت بدلتی جاتی ہے ویسے ویسے فکشن کے موضوعات اور اسلوب بھی بدلتے جاتے ہیں۔ اگر شعور کی رو کی تحلیل نفسی کی جا سکے تو شاید اندازہ ہو کہ جیسے ہی انسان خارج سے باطن کا سفر شروع کرتا ہے، اس کا لاشعور حرکت میں آ جاتا ہے۔ یا یوں کہہ لیں لاشعور کی دھند میں تلاش کا عمل شروع ہو جاتا ہے اور جب خارج میں خطرات، اضطراب اور بے چینی ہو تو باطن کا مضطرب ہونا ایک طے شدہ امر ہے، بے چینی، تضادات خوف اور وسوسے انسانی ذہن پہ بھوکے گدھ کی طرح منڈلانے لگتے ہیں۔ آج کا حساس اور باشعور پاکستانی ادیب اور اس کا شعور بری طرح دہشت گردی، سماجی، ثقافتی، لسانی ساختوں، سیاستوں اور بحرانوں سے متاثر ہوئے ہیں۔ ناول اور افسانہ میں جگہ جگہ بارود، بم دھماکے، انسانوں کی چیخیں، دھاڑیں، التجائیں انسانی بے بسی کی تصویریں بنی اسپتالوں کو دوڑتی، سائرن بجاتی ایمبولینسز زخمیوں کو بچاتے دیکھی اور محسوس کی جا سکتی ہیں۔ حالیہ واقعات تو اس قدر لرزا

دینے والے ہیں کہ جب بھی آرمی پبلک سکول پشاور، شہر قصور اور زینب جیسی ہزاروں معصوم بچیاں یا سانحہ ساہی وال جیسے بچوں کی شکلیں سامنے آتی ہیں تو کھانے ، پینے ،سونے جاگنے کا تصور ہی ختم ہو جاتا ہے۔آج کل نیا اہم ایشو کووڈ 19 (Coronavirus(COVID-19)) کرونا نے دنیا کی تاریخ بدل دی ہے۔ایسا لگتا ہے دکھ کے یہ تمام لمحے وقت کی سرد تاریخ میں ہمیشہ کے لیئے منجمد ہو گئے ہیں۔مجموعی طور پر اس وقت اردو فکشن عصری زندگی کا پرتو ہی ہے۔اس کو ہم دوسرے لفظوں میں تناظر بھی کہ سکتے ہیں۔یوں تو انڈو پاک میں انسانی، معاشی اور ثقافتی صورت حال کم وبیش ایک جیسی ہے مگر آج ،کل کا فکشن دیکھتے ہوئے اندازہ ہوتا ہے کہ شاید انڈین تناظر پاکستان سے کچھ مختلف ہو چکا ہے۔وہاں موجود لکھنے والوں کے تمام مسائل بالکل ویسے نہیں ہیں جیسے پاکستانی ادیبوں کو درپیش ہیں۔۔ویسے تو ٹی وی چینلز اور سوشل میڈیا کے سبب پاکستان میں ہونے والے ہر بم دھماکے کی گونج دنیا کے کونے کونے میں ہر ذی شعور انسان کو لرزاتی ضرور ہوگی لیکن پھر بھی شاید جو تجربہ ایک پاکستانی ادیب یا ادیبہ کا اس ضمن میں ہوگا وہ دنیا کے کسی اور خطے میں موجود ادیبوں کو اس طرح نہیں دہلا سکتا جیسے ان کے حواس پہ طاری ہوتا ہے۔اس کے علاوہ مختلف اقسام کے گہرے ثقافتی جبر نے ان کے قلم پر طرح طرح کی قدغن لگا رکھی ہے۔

آسکر وائلڈ نے اپنے ڈرامے میں ادب کے بارے کہا تھا کہ ’’(The good ended happily, and the bad unhappily. That is what Fiction means. Oscar Wilde, The Importance of Being Earnest)‘‘ ادب اپنے سماج کا آئینہ ہوتا ہے۔انڈو پاک میں ایک وقت ایسا بھی آیا کہ حد سے بڑھتی ہوئی کرپشن ،غریبی، بے انصافی اور وسائل کی کمی نے ان میں سے اکثر ادیبوں کو یاسیت کی طرف مائل کرنا شروع کر دیا۔پھر بدلتے وقت کے ساتھ حالات نے پلٹا کھایا اور تجریدیت کی طرف مائل اکثر ادیب ان حالات کے سامنے سینہ سپر ہونے کا عزم لے کر ان ہی مشکلات سے خوشیاں کشید کرنے پر کمر بستہ ہو گئے۔دبا دبا احتجاج پھیل کر مزاحمتی ادب کی طرف رجحان تیزی سے بڑھانے لگا ہے۔انڈین تناظر میں بھی اپنے سماج کو لے کر غیر یقینی صورت حال کا خوف، ذلت، دلت اور اسلام کی وجہ سے اضطراب بہ ہر حال موجود ہے اور یہ اس خطے کے ادب سے جھلکتا دکھائی بھی دیتا ہے۔دہشت گردی کے موضوعات، سانحہ بابری مسجد کے بعد کی صورت حال، سرمایہ دارانہ نظام اور استحصال کی کہانیاں ان کے موضوع بھی بنتے رہتے ہیں۔شہری زندگی کے مسائل نے انسان کو کیسے مشین بنا دیا ہے یا انڈین میڈیا اور فلم انڈسٹری کے اثرات ادب میں کیا تبدیلی لاتے ہیں، اس کے علاوہ اکثر انڈین ادیبوں کا جھکاؤ انفرادی خواہشات ،خوابوں کی شکست ریخت اور جنسی مسائل کی طرف بھی زیادہ نظر آتا ہے۔یوں محسوس ہوتا ہے جیسے اس کے جلو میں کوئی گہرا نفسیاتی مشاہدہ اور مطالعہ بھی

شامل ہے۔ کچھ موضوعات ایسے بھی ہیں جہاں یہ تمام انڈو پاک کے ادیب ایک ہی چھتری تلے کھڑے نظر آتے ہیں۔ جیسے ان کے معمولات زندگی، دفاتر اور اداروں کی کرپشن اور اس معاشرت کے فرد کی داخلی زندگی پہ اثرات، سماجی گھٹن، روایات کا جبر اور عورت کی بقاء کی جنگ۔ عورت اس فکشن میں پوری دنیا کے ادب میں ایک اہم اور ووکل کیریکٹر کے طور پہ سامنے آتی ہے۔ ان کچھ ادیبوں نے اپنے ادراک اور شعور سے عورت کو ایک جیتی جاگتی ہستی کے روپ میں پیش کرنے کی کوشش کی جو مزاحمتی بھی ہے لیکن ساتھ ساتھ گھٹن اور روایات کے جبر کا شکار بھی ہے۔ یہی نسائی پیچیدگی اس عہد کے فکشن کو ممتاز کرتی ہے۔ آج کے عہد کے موضوعات میں ((paradox) پیراڈوکس (اس ضمن میں کفیوژن بھی کہا جا سکتا ہے) بھی اس لیے سامنے آ رہے ہیں کہ زندگی خود بھی کئی قسم کے متناقضات کا شکار ہو چکی ہے۔ ساٹھ کی دہائی کے بعد جب جدیدیت پسندی کے اسلوب نے افسانہ نگاروں کو متاثر کیا .ان کی تحریروں نے ایک خاص طریقہ سے فکشن نگاروں کی ذہن سازی کی، کافکا کے اثرات بھی واضح طور پہ دیکھے گئے۔ یاسیت پسندی بھی عروج پہ رہی اور اس کا تسلسل آج بھی دیکھا جا سکتا ہے۔ پاکستانی فکشن نگاری میں ایک اور تقسیم بھی دیکھی جا سکتی ہے۔ ایسا فکشن بھی موجود ہے جہاں فکر وفلسفہ، معاشرت، سماجی وسیاسی آگہی ،نفسیات، سماجی جبر وگھٹن، جہاد و دہشت گردی، انارکی اور جنسی گھٹن جیسے مسائل شامل ہیں۔ علامتی افسانوں سے پہلے یہاں صرف داستان گوئی یا کہانی پن کا رواج تھا اور ابلاغ پر ہی سارا فوکس کیا جاتا تھا۔

اس کے بعد حقیقت نگاری کا دور شروع ہوا جو کئی دہائیوں پر محیط ہے۔ جیسے زندگی ہمیشہ ایک جیسی نہیں رہتی ویسے ہی ادب میں بھی تبدیلی کا عمل ناگزیر ہوتا ہے، اسی لیے اب مختلف تکنیکس میں افسانہ لکھا جا رہا ہے۔ جیسے کافکا اور ورجینیا وولف کا زمانہ مضمون اور اسلوب دونوں میں نئے تجربے کا زمانہ تھا اسی طرح اردو فکشن کے کردار بھی مختلف تبدیلیوں سے مسلسل گزر رہے ہیں۔ اب تو ایسی غیر یقینی صورت حال بھی آ گئی کہ بیسویں صدی کے آخر تک ابہام، انتشار، مرکز گریز زندگی، افراتفری، مارکیٹ، اصراف کا کلچر اور کرداروں کی جگہ مختلف ''ایشوز'' زیادہ اہمیت حاصل کر گئے ہیں۔ شہری زندگی کے مسائل کی نوعیت دیہی زندگی سے اتنی ہی مختلف ہے جتنی دیہاتی کرداروں کی زندگی اور شہری معاشرت میں فرق ہوتا ہے۔ مقامیت کے ساتھ ساتھ عالمگیریت بھی آج کے افسانے کا موضوع بن گئی ہے۔ اب پاکستان اور انڈیا کے مضافات میں کوئی کردار ایک سطح پر اگر مقامیت سے جڑا نظر آتا ہے تو دوسری سطح پہ عالمگیریت سے بھی اتنا ہی وابستہ ہو چکا ہے۔ اس کی وجہ انٹرنیٹ کی سہولت کے ساتھ بڑے پیمانے پہ انسانوں کی وسائل کی خاطر ترقی یافتہ ممالک کی طرف مسلسل ہجرت کرنا ہے۔ یہ تارکین وطن جسمانی طور پر تو یورپ اور امریکہ کینیڈا اور آسٹریلیا میں آباد ہیں مگر ذہنی اور نظریاتی طور پہ اپنی جڑوں سے وابستہ ہیں۔ ان کے افسانوں میں جو سماجی و

نفسیاتی مسائل (Diasporic Literature) '' ڈیاسپورا ادب '' کی صورت سامنے آرہے ہیں وہ اس عہد کے فکشن سے پہلے اتنی شدت سے کبھی موجود نہیں تھے۔ سوشل میڈیا کے ظہور کے ساتھ ہی اردو ادب اور خاص طور پہ اردو فکشن کی ترویج کے سلسلے میں کوششیں تیز تر ہوگئی ہیں۔ دنیا کے مختلف خطوں میں رہنے والے باشعور اور سنجیدہ ادیبوں نے اردو فکشن کے فروغ اور آپسی باہمی رابطے کے لیے مختلف فیس بک فورمز کا اجرا کیا اور میڈیا کو اپنا وسیلہ بنایا۔ جہاں دنیا بھر کے سینکڑوں ادیب اپنی تازہ ترین نگارشات کے ساتھ جلوہ گر ہو کر قارئین کے ساتھ اپنے علمی اور تنقیدی رشتوں کو مضبوط کر رہے ہیں جو کہ ایک خوش آئند بات ہے۔۔۔لیکن اس کا ایک منفی رجحان یہ بھی ہے کہ یہاں زیادہ تر ''کچھ بھی'' لکھا جا رہا ہے مگر پڑھنے کا رجحان نہ ہونے کے برابر ہے۔ اس کے علاوہ اکثر فیس بک فورمز ان دنوں ایڈورٹائزنگ یا کمرشل اسکرین کی طرح استعمال ہو رہے ہیں جہاں غیر معیاری تصانیف و تخلیقات کی بھرمار ہے۔ جس کی وجہ سے ادب کو فائدہ کم اور نقصان زیادہ پہنچنے کا احتمال ہے۔ ضرورت اس امر کی ہے کہ موضوعات، بیان، تخلیق کو تنوع اور عالمی ادب سے موازنہ کے ساتھ اپنایا اور لکھا جائے۔ اگر ڈائجسٹی یا پاپولر ادب کو یونہی پھلنے پھولنے دیا گیا تو شاید یہی کیفیت یعنی جمود آتی دہائیوں تک تغیر کی خواہش کو بھی کاہلی کا شکار کردے اور قاری ہر قسم کے ادب کو فضول، لغو۔ اور اس کی قرات سے ہی خود کو مستثنیٰ قرار دے ڈالے۔

عالمی ادبی اور تنقیدی پیمانوں سے خفگی کا اظہار: ایک بڑے طبقہ کی طرف سے اکثر سننے میں آتا ہے کہ مغرب کی تقلید ادب میں مناسب نہیں۔ ہماری اپنی روایات ہے اور ہمیں بس اسی سے منسلک رہنا چاہیے۔ یہ سن کر بہت حیرت ہوتی ہے کہ آپ کے گھر میں موجود ہزاروں چیزیں دوسرے ملکوں سے آئی ہیں۔ آپ ان پر اعتراض نہیں کرتے تو پھر ادب پر اس قدر واویلا کیوں؟ اعلا ادب کے قدر دان کبھی ایسی باتیں نہیں کہتے بل کہ شاید سوچتے تک نہیں۔۔۔ اگر آپ غور کریں تو ایسے تمام اعتراضات اٹھانے والے گروہ زیادہ تر پاپولر ادب کے گرویدہ نکلیں گے جن کا مسئلہ صرف وقتی انجوائے منٹ ہے۔ ان یہ بھی سمجھ نہیں کہ قومی یا مقامی ادب اور بین الاقوامی ادب میں کوئی مخالف تعلق نہیں ہوتا۔ پھر اس اہم حقیقت سے سبھی واقف ہیں کہ افسانہ ناول جیسی اصناف ہم نے مغرب سے اپنائیں اور ان کے اصول بھی وہیں سے لائے۔ البتہ ہم نے جب اسے لکھا تو اپنی قومی اور مقامی زبانوں میں ڈھال دیا۔ یوں ہمیں ان اصناف سے کوئی اجنبیت محسوس نہیں ہوئی۔ بعینہ ان اصناف کی بہتری اور ان میں تغیرات کو (ان کے مقاصد کو سمجھتے ہوئے) اپنانے میں کوئی مضائقہ نہیں۔ سادہ ترین الفاظ میں اس کی مثال کھانا پکانے کے آسان ترین عمل سے بھی لی جاسکتی ہے۔ کھانے پکانے والے بنیادی مصالحہ جات تقریباً ہر علاقے وہی ہوتے ہیں مگر ان کے تناسب اور مقدار سے مختلف ذائقے بنتے ہیں اور مختلف کھانوں میں ان کی مقدار و تناسب بھی مختلف ہوتے ہیں۔ ہم ایسا نہیں کہتے کہ فلاں ملک کی سبزی

یا مصالحے اور گندم ہمارے ملک میں کیوں لائے جا رہے ہیں؟ ہاں مگر۔۔۔اپنی ذات میں ہمیں یہ اختیار ضرور ہے کہ ان میں سے کچھ پسند اور کچھ نا پسند کر سکیں مگر ان کو سرے سے رد کرنا چہ معنی دارد؟

دوسری ادبی اصناف یا ایک ہی صنف میں پائے جانے والے ان تغیرات میں بھی ایک حسن پایا جاتا ہے۔ ہم اپنی ثقافت اور زبان کا خیال کرتے ہوئے ان کو اپناتے رہے ہیں اور یہ ہمارے ادب میں تنوع اور ترقی کا سبب ہی بنا ہے۔ اس لیے یہ بحث بے بنیاد ثابت ہوگی کہ ہمارے ادبی وتنقیدی اثاثے فقط ہمارے ہیں اور ان میں کسی مغربی فلسفی، ناقد یا ادیب کا کوئی حصہ نہیں۔ تنقید وادب کے لحاظ سے باقاعدہ پہلے ناقد ہمارے ہاں مولانا الطاف حسین حالی کو سمجھا جاتا ہے جو غالب کے شاگرد بھی ہیں۔ ان کے خیالات میں حقیقت نگاری (ریلزم) کی گہری چھاپ ہے اور یہ تحریک اس وقت روس اور ادب میں پروان چڑھ رہی تھی تب سے اب تک ہمارے جن بھی مفکرین نے تنقید وادب پر قلم اٹھایا ان کے خیالات انہی مغربی یا عالمی مفکرین کے افکار اور فلسفوں سے متاثر ہیں خواہ وہ تخلیقی تناظرات ہوں یا تنقیدی زاویہ نظر۔ ایک ہی طرز پر لکھنے والوں نے نئے انداز اپنانے کی طرف رجحان ظاہر کیا تو شعور کی رو جو کہ جیمز جوائس اور ورجینیا وولف سے فیض حاصل کرنا کہا جائے گا۔ وجودیت لاریب ژاں پال سارتر، سیموئیل بیکٹ وغیرہ کا فیض ہے۔ اسی طرح مارکسیت، جدیدیت، مابعد جدیدیت ہوں یا، ردِ تشکیل۔ ایک ہمارے ادب ہی نے نہیں بل کہ تمام عالم نے ان کے اثرات محسوس کیے۔ ادب اور تہذیب کی تاریخ میں ایسا کبھی نہیں ہوا کہ کسی ایک خطے نے دوسرے خطے کے ادب اور تہذیب سے استفادہ نہ کیا ہو یا اس نے فیض نہ حاصل کیا ہو۔ مصر اور بابل کی تہذیبوں کے یونان پر اثرات، یونانی فلسفہ کے دنیا پر اثرات اور ان تمام تہذیبوں کے آپس میں ایک دوسرے پر اثرات رہے ہیں۔ یہ ایک تاریخی حقیقت ہے کہ ادب، فلسفہ یا دیگر علوم کسی سرحد یا تہذیب کے لیے اس شدت سے منسوب نہیں ہوتے جس کو عصبیت کہا جائے۔ علم مومن اور تمام تشنگان علم کے لیے وہ دریا ہے جس سے وہ اپنے علم کی پیاس بجھاتے ہیں۔ دریا کوئی ہو کہیں کا ہو اس میں پانی ایک سا ہوتا ہے۔ علم اور فطرت خود تک پہنچنے والے کو بلا تفریق نوازتے ہیں۔ اب اگر ہمارے ادبا، شعرا اور ناقدین اس سے فیض یاب ہو رہے ہیں تو در حقیقت وہ اس عالمی دھارے سے اپنا تعلق جوڑ رہے ہیں اور اس عصبیت کی حد ختم کر کے اسے کم زور کر رہے ہیں جو کسی بھی معاشرے کو تنہائی کا شکار کر کے اسے تنہا کر دیتی ہے اور وہ اپنے اندر ہی شکست وریخت کا شکار ہو کر ختم ہو جاتا ہے۔ انسان سے وابستہ، علم اور معاشرتی مسائل جس نئے رخ پر سمجھے جا رہے ہیں یہ ادبی وتنقیدی رجحانات اسی کو سمجھنے میں معاون ہیں۔ اگر ہم ان سے پہلو تہی کرتے ہیں تو یہ ایسا ہی ہے جیسے ایک پیناڈول کی دوا سے سر درد کے ساتھ ساتھ معدے کے السر سے کینسر تک کے علاج کی کوشش کی جائے۔ ایسا رویہ یا رجحان ادب کے لیے بہت مہلک ثابت ہو سکتا ہے۔

ان تمام موضوعات پر لکھنے کے لیے ابھی بھی بہت مواد موجود ہے مگر مضمون کی طوالت اس کی اجازت نہیں دے رہی اس لیے آخر میں دو نسبتاً غیر معروف اصطلاحات کے انتہائی مختصر تعارف کے ساتھ مضمون کو ختم کرنا چاہوں گی آپ حیران ہوں گے کہ ادب کی تو بہت سی اقسام ہیں تو پھر میں نے اپنے مضمون کے لیے ان دو کو ہی کیوں چنا ہے؟؟ تو اس کا آسان سے جواب ہے کہ مجھے یوں لگتا ہے جیسے یہ کسی نہ کسی طرح ہماری اوپر کی گئی تمام بحث سے متعلق ہیں۔ شاید یہ ہمارے عالمی ادب تناظر میں بہت اچھی طرح جذب ہو چکی ہیں اور ہمیں احساس تک نہیں۔ اور شاید کہ ڈائجسٹی ادب بہ مقابلہ اعلا ادب والے جھگڑے کو نمٹانے میں کسی حد تک حصہ ڈال رہی ہیں۔

ہائیبر ڈ فکشن اور اپ مارکیٹ فکشن (Hybrid Fiction and UpMarket Fiction)

(Hybrid Fiction) جیسا کہ سب جانتے ہیں کہ انیسویں صدی کے آواخر اور بیسویں صدی کی ابتدا سے ہی فکشن دو مخالف افکار کے گروہوں میں بٹ چکا تھا۔ اعلا ادب جسے لٹریری فکشن بھی کہا جاتا ہے اور کمرشل یا زیادہ بکنے والا ادب۔ اعلا ادب کا مقصد قاری کو محض کچھ بھی پڑھانا نہیں ہوتا بل کہ اس کی ذہنی بالیدگی بڑھانا مقصود ہوتا ہے تا کہ وہ معاشرے میں فعال ہو سکے۔ یہ انسان کے ذہن سے گفت و شنید کر کے اسے سوچنے اور بہترین فیصلے لینے پر اکساتا ہے۔ بہ طور ادیب ہماری بھی کوشش ہوتی ہے کہ ہماری تخلیق قاری کے ذہن کو جھنجوڑ سکے اسے اپنے اردگرد جائزے لینے پر مجبور کرے۔

ہائیبر ڈ فکشن کی یہ قسم سائنس فکشن کے انسانی معاشروں اور ثقافتوں پر اثرات کے ایک ردعمل کے طور پر سامنے آتی ہے۔ ان کے نظریہ دانوں کے نزدیک سائنس فکشن میں اور ان کے زیر اثر انسان اور ثقافتیں بری طرح مجروح ہو رہے ہیں۔ (Cultural History of Literature by Roger Luckhurst)۔ یہ نظریہ دان سائنس فکشن کے حامی ہی کہے جا سکتے ہیں کیوں کہ ان کی تحاریر سائنس کو ایک بنیادی اور اہم ترین عنصر کے طور پر شامل رکھتی ہیں مگر اس کا اطلاق ایک حتمی سائنسی طرز پر کرنے کی بجائے ثقافتوں اور ان کے بیانیوں میں موجود اساطیر کو شامل کرتے ہوئے انہیں سائنس فکشن سے منسلک کر دیتی ہیں۔ یوں بہ ظاہر یہ دونوں تضادات ایک ہی فکشن میں ساتھ موجود ہوتے ہیں اور اسے اعلا ادبی قدروں سے جوڑتے ہوئے ہائبرڈ فکشن کی تخلیق کرتے ہیں۔ ہائبرڈ فکشن میں اساطیری ماحول کردار، فینٹاسی کے عناصر کے ساتھ دیگر انواع بھی شامل ہو سکتی ہیں مگر بنیادی اہمیت سائنس کو ہی دی جاتی ہے۔ یہ فکشن سائنسی ہونے کے باوجود کسی نہ کسی طرح اعلا ادب سے جڑت بنائے رکھنے کی کوشش کرتا نظر آتا ہے۔

(UPMarket Fiction): اعلا ادب اور کمرشل ادب (بہت حد تک پاپولر ادب) پر اس مضمون میں کافی بحث ہو چکی ہے ''ان دونوں نظریات وافکار کے درمیان بُعد جوں کا توں رہا تا آنکہ ''اپ

مارکیٹ فکشن '' کی ایک غیر معروف اور غیر مستند اصطلاح میں سمجھا جانے والا ادب سامنے آیا۔اپ مارکیٹ فکشن ادب کی کوئی نوع نہیں فقط ایک اصطلاح ہے جو کہ زیادہ تر پبلشرز کے ہاں مستعمل ہے۔ ''اپ مارکیٹ فکشن میں بھی دو مخالف اقسام کا حلول (فیوژن) کہی جاسکتی ہے۔اس میں بنیادی اہمیت قاری کی دلچسپی ہے مگر اسے لکھنے کے لیے اور موضوعات کے چناؤ میں اعلی ادبی قدروں کو پہلے نمبر پر چنا جاتا ہے۔ کردار اپنے اردگرد کے ماحول سے جڑے اور موضوع کے مطابق ڈھلے ہوتے ہیں۔گو کہ یہ بھی پاپولر ادب کی طرح (Page Turner) ہوتا ہے لیکن اس کی بنیاد انسانی ارتقائی عمل میں معاون و مددگار سمجھی جاتی ہے۔قاری کی ترجیحات کو اولیت کا درجہ دیتے ہوئے غیر محسوس طریقے سے بہترین ادب آسانی سے اس کے ذہن میں اتار دینا جو اس کی زندگی میں مثبت تبدیلیوں کا باعث بن سکے۔جس کے ساتھ اعلی ادب کے موضوعی مقاصد کو شامل رکھا جائے۔مثلاً جنگ کی تباہی سے معاشروں اور انسانوں کی اخلاقی بدحالی اور کسی نئی تبدیلی کیا چھے یا برے اثرات '' جیسا کہ ایملی سینٹ جون کے مشہور ناول سٹیشن الیون میں دیکھا جا سکتا ہے۔(Station Eleven by Emily St. John Mandel)

◀◀ ● ▶▶

حوالہ جات

1)-EdwardBulwer-Lytton،Richelieu:or,TheConspiracyPlay

- -اردوداستان کی شعریات ازڈاکٹر طاہر نواز 2)

(3)TraditionandtheindividualTalentByT.S.Eliot

(4)-GettingintoCharacter:SevenSecretsaNovelistCanLearnfrom Actors،BrandilynCollins

(5)-TheWritingLife،AnnieDillard.

6)-(Structure :Techniques and Exercises for Crafting a Plot That Grips ReadersfromStarttoFinishPaperback.

(7")Literatureisaluxury;fictionisanecessity."?G.K.Chesterton'

(8)-(Plot & Structure :Techniques and Exercises for Crafting a Plot That Grips Readers from Start to Finish -by James Scott Bell(.9")- (That's what fiction is for. It's for getting at the truth when)" the truth isn't sufficient) for the truth. "Tim O'Brien(.10)-("The good ended happily, and the bad unhappily That is what Fiction means. "Oscar Wilde, The Importance of Being Earnest(".11)-ScienceFiction...CulturalHistoryofLiteraturebyRoger Luckhurst(12)--(StationElevenbyEmilySt.JohnMandel(

MaryLand ,America

● نسترن احسن فتیحی

تانیثیت (Feminism)......ایک نظریہ

ستر کی دہائی کے بعد، دنیا کی ادبی اور ثقافتی سیاست میں عورت نے علمی (academic) توجہ حاصل کی۔ اس کے باوجود کہ کسی نے اسے جنسی انارکی کا پیش روخیال کیا، اور کسی نے مارکیٹ اور جدید ثقافت کے ایجنٹ کے طور پر دیکھا۔ بہتوں کی نظر میں عورت بیسویں صدی کے سیاسی آزادی کی تحریکوں، کے استحکام کی علامت کے طور پر ابھر کر آئی۔ اور بعض کی نظر میں وہ موڈرنٹی کی علامت بن کر ابھری۔ مگر یہ حقیقت کبھی فراموش نہیں کرنی چاہیے کہ ان کے جذبات میں ہمیشہ خلوص، ایثار، مروت، محبت اور شگفتگی کا عنصر غالب رہتا ہے۔ ''ایکوفیمیزم'' نے انسانی وجود کی ایسی عرق ریزی اور عنبر فشانی کا سراغ لگایا جو کہ عطیۂ خداوندی ہے۔ اس وسیع وعریض کائنات میں تمام مظاہر فطرت کے عمیق مشاہدے سے یہ امر منکشف ہوتا ہے کہ جس طرح فطرت ہر لمحہ لالے کی حنا بندی میں مصروف عمل ہے اسی طرح خواتین بھی اپنے روز وشب کا دانہ دانہ شمار کرتے وقت بے لوث محبت کو شعار بناتی ہیں۔ خواتین تخلیق کاروں نے تخلیق ادب کے ساتھ جو بے تکلفی برتی ہے اس کی بدولت ادب میں زندگی کی حیات آفریں اقدار کو نمو ملی ہے۔ مغرب میں تانیثی جدوجہد کا آغاز اس وقت ہوا جب حقوقِ نسواں کے تحفظ کے لیے بعض عورتوں نے انفرادی طور پر آواز بلند کی۔ اس ضمن میں برطانیہ کی میری وول اسٹون کریفٹ (Wollstonecraft Mary) کا نام خصوصیت کے ساتھ قابلِ ذکر ہے جس نے اٹھارویں صدی کے نصفِ دوم میں سماجی سطح پر عورتوں اور مردوں کے درمیان نابرابری (جینڈر تفریق) کے خلاف نہایت پرزور انداز میں آواز اٹھائی اور حقوقِ نسواں کی جدوجہد میں بڑھ چڑھ کر حصہ لیا۔ اس کا موقف تھا کہ عورتیں طبعاً مردوں سے ''کم تر'' (Inferior) نہیں ہوتیں، لیکن وہ کم تر اس لیے سمجھی جاتی ہیں کہ ان میں تعلیم کی کمی پائی جاتی ہے۔ اس کا کہنا تھا کہ عورتوں اور مردوں دونوں کو Rational beings کے طور پر دیکھا جانا چاہیے۔ نابرابری کے خاتمے کے لیے وہ ایک ایسے سماجی نظم وضبط (Social order) کی ضرورت کو محسوس کرتی تھی جو Reason پر مبنی ہو۔ حقوقِ نسواں سے متعلق اس کی مشہور کتاب.....

A Vindication of the Rights of Woman تانیثیت پسندوں کو آج بھی دعوتِ فکر دیتی ہے۔ میری وول اسٹون کریفٹ کے بعد حقوقِ نسواں کے تحفظ کے لیے منظّم طور پر جدو جہد کا آغاز ہوا جس نے مغرب میں ایک تحریک کی شکل اختیار کر لی۔ اس تحریک میں اولاً عورتیں ہی پیش پیش رہیں، لیکن بعد میں مرد بھی اس میں شامل ہو گئے۔

تانیثی تحریک کا بنیادی مقصد عورتوں کو مردوں کے مساوی سیاسی، سماجی، معاشی اور قانونی حقوق دلانا تھا اور ترقی کے میدان میں انھیں برابر کے مواقع فراہم کرنا تھا۔ تانیثیت، اپنے عام مفہوم میں، صرف عورتوں ہی کے مسائل کی ذمہ دار ہے اور جنس یا جینڈر کے تعلق سے نابرابری کو ختم کر دینا چاہتی ہے۔ جیسے جیسے تانیثی تحریک فروغ پاتی گئی، اس کے نظریاتی اور فلسفیانہ ڈسکورس میں بھی تبدیلی آتی گئی۔ موضوعات، مواد، اسلوب، لہجہ اور پیرائۂ اظہار کی ندرت اور انفرادیت نے زندگی کی حیات آفریں اقدار کے ابلاغ کو یقینی بنانے میں کوئی کسر اٹھا نہیں رکھی۔ تانیثیت کا اس امر پر اصرار رہا ہے کہ جذبات، احساسات اور خیالات کا اظہار اس خلوص اور دردمندی سے کیا جائے کہ ان کے دل پر گزرنے والی ہر بات برمحل، فی الفور اور بلا واسطہ انداز میں پیش کر دی جائے۔ اس نوعیت کی لفظی مرقع نگاری کے نمونے سامنے آتے ہیں کہ قاری چشمِ تصور سے تمام حالات کا مشاہدہ کر لیتا ہے۔

Feminism فرانسسی لفظ ہے جو لیٹین کے لفظ Femind سے لیا گیا ہے اور ذرا سی تبدیلی سے دوسری زبانوں جیسے انگلش اور جرمن میں بھی ایک ہی معنی میں استعمال ہوتا ہے۔ Feminine عورت یا جنس مونث کے معنی میں استعمال ہوتا ہے۔ بطور اصطلاح Feminism اس طرزِ فکر یا اس تحریک کو کہا جاتا ہے جو سیاست و معیشت و معاشرتی جملہ تمام شعبوں میں عورتوں کی مردوں سے برابری کی دعویدار ہیں۔ خواتین کے حقوق کے دفاع اور مردوں کے ہمراہ ان کی برابری کے معنی میں کئی سو سال پرانی فکر ہے، لیکن انیسویں صدی کے وسط سے اس معنی میں باقاعدہ استعمال ہونے لگا، اور اس طرزِ فکر کو نافذ کرنے کے لئے دھیرے دھیرے بہت سی تحریکوں نے سر اٹھایا اور اپنے مطالبات کی بازیابی کے لئے بہت سے طریقے اپنائے۔ تاریخی پس منظر میں فیمینزم کے تکاملی مرحلہ کو دو حصوں میں بانٹا جا سکتا ہے:

پہلا مرحلہ: انیسویں صدی کی ابتدا سے پہلی جنگ عظیم کے بعد تک

دوسرا مرحلہ: ساٹھ کی دہائی کے بعد کا مرحلہ۔

بعض دوسرے مفکرین کا خیال ہے کہ مغرب میں تانیثیت کی تحریک نے اپنی ابتدا (انیسویں صدی) سے زمانِ حال تک تین ارتقائی مراحل طے کیے جنھیں ''لہروں'' (Waves) سے تعبیر کیا گیا ہے۔ اجتماعی طور پر تانیثیت کی لہر اٹھنے سے پہلے حقوقِ نسواں کی تمام تر جدو جہد انفرادی کوششوں کا نتیجہ تھی۔ اس

وقت تک 'تانیثیت' (Feminism) کی اصطلاح بھی رائج نہیں ہوئی تھی اور نہ ہی ان عورتوں نے، جنھوں نے حقوقِ نسواں کے تحفظ کے لیے آواز اٹھائی تھی، خود کو 'تانیثیت پسند' (Feminist) کہا تھا۔ یہ دونوں اصطلاحیں تانیثی ادب میں کافی بعد میں مستعمل ہوئیں۔

پہلی تانیثی لہر: ''پہلی تانیثی'' لہر برطانیہ میں انیسویں صدی کے وسط میں ابھری جب لندن کی متوسط طبقے کی خواتین نے بار براباڈ یکون (Barbra Bodichon) اور بیسی ریز پارکس (Bessie Rayner Parkes) کی سربراہی میں سماجی اور قانونی نا برابری، اور بے انصافی کے خلاف منظّم طور پر آواز اٹھائی اور متحد ہو کر حقوقِ نسواں کا پرچم بلند کیا۔ اسی وقت سے تانیثی جدوجہد نے ایک تحریک کی شکل اختیار کر لی۔ یہ اس تحریک کی ''پہلی لہر'' تھی۔ اس لہر کے دوران تانیثیت پسندوں نے جن اِشوز پر اپنی توجہ مرکوز کی ان میں عورتوں کی تعلیم، ان کے لیے روزگار کے مواقع اور شادی سے متعلق قوانین تھے۔ ان تینوں میدانوں میں انھیں زبردست کامیابی حاصل ہوئی۔ عورتوں کے لیے اعلیٰ تعلیم کے دروازے کھل گئے، طب (Medicine) اور دوسرے پیشوں میں انھیں روزگار کے مواقع حاصل ہونے لگے، اور ۱۸۷۰ء کے ایکٹ (1870 of Act Propertys' Women Married) کی رو سے شادی شدہ عورتوں کو حقِ ملکیت بھی حاصل ہو گیا۔ تانیثیت کی یہ پہلی لہر پہلی عالمی جنگ تک جاری رہی۔

دوسری تانیثی لہر : تانیثی تحریک کی ''دوسری لہر'' نہ صرف برطانیہ، بلکہ دوسرے یورپی ممالک اور امریکہ تک پھیل گئی۔ بیسویں صدی کے دوران ان تمام ممالک میں عورتوں کے حقوق کی پاس داری کے لیے آواز اٹھائی گئی اور زبردست جدوجہد کا سلسلہ جاری رہا۔ نسلی بنیادوں پر تفریق کے خلاف بھی جدوجہد جاری رہی۔ لسبین (Lesbian) اِشوز اور اسقاطِ حمل کے حق کو بھی حقوقِ نسواں کی تحریک میں شامل کر لیا گیا۔ بعض جنسی و نسائی مسائل پر عدم اتفاقِ رائے کی وجہ سے دوسری تانیثی لہر تنازعات کا شکار ہو کر 1990ء کے آس پاس ختم ہو گئی۔

تیسری تانیثی لہر: تانیثی تحریک کی ''تیسری لہر'' بیسویں صدی کے آخری دہے سے ذرا قبل نمودار ہوئی۔ اسے 'جدید تانیثیت' (ModernFeminism) بھی کہتے ہیں۔ یہ لہر دوسری تانیثی لہر کی ناکامی سے پیدا ہونے والی صورتِ حال کے تناظر میں معرضِ وجود میں آئی۔ اس تحریک سے نوجوان خواتین وابستہ ہوئیں جن کی عمریں ۳۰، ۳۵، یا ۴۰ سال سے زیادہ نہ تھیں۔ اس تحریک سے عورت کی ایک نئی شبیہ ابھر کر سامنے آئی۔ اب عورت ادعائیت کی حامل (Assertive) ہے، طاقت ور ہے اور اپنی جنسیت (Sexuality) پر اسے خود اختیار ہے۔ تیسری تانیثی لہر کے دوران اس بات کا بھی احساس پیدا ہوا کہ عورت کا تعلق مختلف رنگ، نسل، طبقے، قومیت، مذہب، اور تہذیبی و ثقافتی بیک گراؤنڈ سے ہو سکتا ہے۔ یہ

تحریک یا لہر عورت کی معاشی، سیاسی اور سماجی مختاریت (Empowerment) کے ساتھ ساتھ اس کی انفرادی مختاریت پر بھی اپنی توجہ مرکوز کرتی ہے۔اس تحریک کے دوران عورت کا تشخص (Identity) واضح طور پر سامنے آ گیا ہے۔اکثر عورتیں متضاد تشخصات کی حامل ہوتی ہیں۔بعض خواتین کیریر وومَن، بیوی، اور نیک لڑکی کا کردار نبھاتی ہیں تو بعض ٹام بوائے، لسبین اور سیکس سمبل کی حیثیت سے پہچانی جاتی ہیں۔ یہ تحریک عورت کو اپنا تشخص یا پہچان خود قائم کرنے کی حوصلہ افزائی کرتی ہے۔

ان تفصیلات سے اندازہ ہوتا ہے کہ تانیثی تھیوری درحقیقت ان فلسفوں سے نمو پذیر ہوتی ہے جو تانیثیت کے مختلف نظری ڈسکورس کے پسِ پردہ ہیں، جیسے کہ سوشلسٹ فلسفہ حیات جو'سوشلسٹ تانیثیت' (جسے'مارکسی تانیثیت' بھی کہتے ہیں) کی روح ہے۔اس فلسفے کی رو سے عورتوں کو برابری کا درجہ صرف اسی وقت مل سکتا ہے جب سماج میں بہت بڑے پیمانے پر کوئی تبدیلی واقع ہو۔سوشلسٹ تانیثیت پسندوں کا کہنا ہے کہ نابرابری سرمایہ دارانہ سماج (Capitalist Society) میں بری طرح جڑ پکڑ چکی ہے جہاں قوت (Power) اور سرمایے (Capital) کی تقسیم غیر مساویانہ ہے۔صرف یہی کافی نہیں کہ عورتیں انفرادی طور پر جدوجہد کر کے سماج میں اعلیٰ مقام حاصل کریں، بلکہ سماج میں اجتماعی تبدیلی (Collective Change) کی اشد ضرورت ہے تاکہ عورت اور مرد دونوں کو برابری کا درجہ حاصل ہو سکے۔سوشلسٹ تانیثیت اسی لیے پدری سماجی نظام (Patriarchy) کی بھی مخالف ہے کہ یہ مردانہ اقتدار و قوت کی علامت ہے۔'ریڈیکل تانیثیت' سوشلسٹ تانیثی تھیوری سے کافی حد تک متاثر ہے۔تانیثی مفکرین جو ریڈیکل نظریات کے حامل ہیں یہ عقیدہ رکھتے ہیں کہ کسی بڑی ڈرامائی سماجی تبدیلی کے بغیر عورتوں کو برابری کا درجہ نہیں مل سکتا، نیز عورتوں کی پستی (Oppression) کی بنیادی وجہ پدری نظام ہے جس میں اقتدار مرد کے ہاتھوں میں ہوتا ہے اور عورت مجبورِ محض تصور کی جاتی ہے۔مرد کا عورت پر تفوق قوت (Power) کے بل بوتے پر ہے۔اسی لیے وہ آئے دن مردوں کے ظلم وستم کا شکار ہوتی رہتی ہے۔ ریڈیکل تانیثیت پسندوں کا سارا ارتکاز اس ظلم وستم پر ہے جو پدری نظام میں مرد عورت پر ڈھاتا ہے اور اپنے جابرانہ رویے سے اسے سماجی سطح پر زیر کر لیتا ہے اور پست (Oppressed) بنا دیتا ہے خواہ وہ امیر ہو یا غریب، گوری ہو یا کالی، تعلیم یافتہ ہو یا ان پڑھ۔اسی لیے ریڈیکل تانیثیت پدری نظام اور مردانہ اقتدار کے سخت خلاف ہے۔سوشلسٹ تانیثی فکر کے'لبرل تانیثیت' نابرابری کے خاتمے کے لیے اجتماعی سماجی تبدیلی کے بجائے انفرادی کوشش وعمل (Individualistic actions) کو ضروری قرار دیتی ہے۔اس فلسفے کی رو سے عورتیں انفرادی طور پر کام اور جدوجہد کر کے سماج میں اعلیٰ مقام حاصل کر سکتی ہیں۔اس حقیقت کا اندازہ اس بات سے لگایا جا سکتا ہے کہ بہت سے مغربی ملکوں میں عورتیں آج ان عہدوں پر فائز ہیں جو پہلے

مردوں کی دسترس میں تھے۔ ہر چند کہ لبرل تانیثیت سیاسی و قانونی اصلاحات کے ذریعے مرد و زن میں برابری کی خواہاں ہے، تاہم اس کا ارتکاز عورتوں کی اپنی صلاحیتوں اور کوششوں پر ہے جنھیں بروئے عمل لا کر وہ سماج میں برابری کا درجہ حاصل کر سکتی ہیں۔

بعض یورپی ممالک (بالخصوص برطانیہ اور فرانس) نے جب تیسری دنیا کے ملکوں پر اپنا تسلط قائم کیا تو یہ ممالک ان کی کالونیاں (نو آباد بستیاں) بن کر رہ گئے جس کی وجہ سے وہاں کی سیاسی اور معاشی صورتِ حال بالکل بدل گئی اور تانیثیت کی ایک نئی شکل ابھر کر سامنے آئی جسے 'مابعد نو آبادیاتی تانیثیت' کا نام دیا گیا۔ اسے تیسری دنیا کی تانیثیت یا تھرڈ ورلڈ تانیثیت بھی کہا گیا جس کے مفکرین کا خیال ہے کہ مغربی نو آباد کاروں نے تھرڈ ورلڈ ممالک کو سماجی و معاشی پستی کے غار میں دھکیل دیا ہے جس کی وجہ سے مابعد نو آبادیاتی معاشرے (Post colonial-society) میں عورت کی حیثیت کم تر اور پست ہو کر رہ گئی ہے۔ مابعد نو آبادیاتی تانیثیت پسندوں نے مغربی نو آباد کاروں کی اندھی تقلید اور ان کی تہذیب اور طرزِ بود و باش کی بے جا نقالی اور تھرڈ ورلڈ ممالک کی عورتوں میں بڑھتی ہوئی مغربیت اور ماڈرنائزیشن کے مغربی معیارات پر بھی انگلی اٹھائی ہے۔ ان کا خیال ہے کہ عورتوں کا معیارِ زندگی محض مغربی تہذیب کی نقالی کر کے بلند نہیں کیا جا سکتا، بلکہ اسے اپنے اپنے ممالک کی سماجی، ثقافتی اور تہذیبی قدروں سے ہم آہنگ کر کے بھی اونچا اٹھایا جا سکتا ہے۔ اس سے اندازہ ہوتا ہے کہ فیمینزم خواتین کی حق طلب تحریک کا نام ہے جو امریکا سے شروع ہوئی یعنی خواتین نے جنسیت کی بنا پر اس زمانہ میں رائج امتیازی برتاؤ کے خلاف اپنا حق کو حاصل کرنے کے لئے ایک تحریک کا آغاز کیا جو ایک خاص معاشرتی نظریات مطابق تھا۔

Feminism خواتین کی مردوں پر برتری کا قائل نہیں، اسی طرح جیسے نسلی و مذہبی برابری سے مراد صرف برابری ہے، برتری نہیں۔ اس سے بھی زیادہ حیرانی کی بات یہ ہے، کہ جو لوگ لفظ feminism کی مخالفت کرتے ہیں، ان سے اگر بات کی جائے تو وہ feminism کے تمام مقاصد کی حمایت کرتے نظر آئیں گے۔ تو پھر آخر اس لفظ سے کیا دشمنی ہے۔ اگر حق کی آواز ایک لڑکی اٹھائے، تو اسے باغی، ضدی، سرکش وغیرہ کہا جاتا ہے۔ کیوں خواتین کو غلط کردار کی حامل، اور معاشرے کے تاریک حصوں سے تعلق رکھنے والا کہا جاتا ہے؟

جنسی ناانصافی صرف تیسرے ممالک کا مسئلہ نہیں ہے۔ امریکہ جیسے ترقی یافتہ ممالک میں بھی خواتین مردوں جتنی تنخواہیں حاصل کرنے کے لیے جدوجہد کرتی ہیں۔ یہ حقیقت ہے کہ جنسی ناانصافی اب بھی ترقی پذیر ممالک میں عام ہے۔ اس کے باوجود ترقی پذیر ممالک نے تو اپنی پہلی خاتون وزیر اعظم دیکھ لی ہے، لیکن امریکہ جیسے ملک کو ابھی بھی اپنی پہلی خاتون صدر کا استقبال کرنا باقی ہے۔ خواتین پر جنسی تشدد اور

ریپ امریکہ کے تعلیمی اداروں میں عام ہے۔ امریکہ میں ہر پانچ میں سے ایک خاتون جنسی تشدد کا شکار ہونے کا دعویٰ کرتی ہے۔ شیرل سینڈ برگ اپنی کتاب ''ویمین ورک اینڈ دی ول ٹو لیڈ'' : " Women,Work,and the Will to Lead" میں امریکہ میں رہنے والی ایک خاتون کی حیثیت سے اپنے مرد کولیگز کے برابر آنے کی اپنی روزانہ کی جدوجہد کی کہانی سناتی ہیں۔ جنسی ناانصافی کے یہی واقعات ہیں، جنھوں نے دنیا بھر میں feminists کو جدوجہد کرنے پر مجبور کیا ہے، تاکہ نئی روایات قائم کی جاسکیں، اور کلچر اور ذہنیتیں تبدیل کی جاسکیں۔ یہ مسئلہ جتنا عالمی اہمیت کا حامل ہے، اتنی ہی فوری توجہ بھی چاہتا ہے۔ جیسا کہ ایما واٹسن کہتی ہیں، "اگر میں نہیں تو کون؟ اگر اب نہیں تو کب"۔ ''عورتوں پر ظلم وستم اور جبر واستبداد کی روایت بہت پرانی ہے''۔ ''عورت نے پہلی بار بغاوت کب کی۔ اس کے بارے میں حتمی طور پر کچھ کہا نہیں جا سکتا۔ تاہم Ellenkey کہتی ہے کہ نسائی تحریک کی شروعات وہاں سے ہوئی جب پہلے پہل حوا نے شجر ممنوعہ کی طرف ہاتھ بڑھایا تھا۔۔۔ غرض عورت کا اپنے مجوزہ حدود سے تجاوز کرنا ہی نسائی تحریک کی ابتدا تھی'' ظلم وستم کی روایت تو بلاشبہ بہت پرانی ہے، اس سے انکار نہیں کیا جا سکتا لیکن اس کی ابتدا کا سرا شجرِ ممنوعہ کی طرف ہاتھ بڑھانے سے جوڑنا شاید مناسب نہیں۔ ایلن کی Ellenkey یہاں چوک گئی ہیں۔ جبر واستبداد کے خلاف بغاوت ہوتی تو سر آنکھوں پر۔ لیکن شجرِ ممنوعہ والی بغاوت سے پہلے تو کسی ظلم وستم کے شواہد نہیں ملتے۔ نہ کسی مذہبی روایت میں نہ کسی غیر مذہبی روایت میں۔ اس لیے اگر یہ بغاوت تھی تو کسی ظلم وستم کے بغیر ہی برپا کر دی گئی تھی۔ وگرنہ یہ کوئی بغاوت نہیں تھی بلکہ آدم وحوا کا مشترکہ طور پر شعور وآگہی کا پھل چکھنے کا عمل تھا۔ نسلِ انسانی کے پھلنے پھولنے کی راہ نکالنے کی طرف دونوں کا مشترکہ پہلا قدم تھا ۔ Heath Stephen نے لکھا ہے کہ:

''مرد چاہے کتنی ایمانداری سے اس تحریک میں شامل ہوں، ان کی نیت پر شبہ برقرار رہے گا۔'' ایک طرف تو یہ کہا گیا کہ تانیثیت کے حوالے سے کام کرنے والے مرد بھی تانیثی تحریک کا حصہ ہیں۔ اور دوسری طرف ان کے حوالے سے شک کی اتنی بڑی دیوار کھڑی کر دی گئی۔ اس سے اس تحریک کی کچھ کمزوریوں کا اندازہ ہوتا ہے۔

۱۹۷۰ء سے ۸۰ کی دہائیوں میں فیمینزم میں بہت سے رجحانات پیدا ہوئے، شدت پسند سے لیکر اعتدال پسند رجحانات بھی سامنے آئے۔ نتیجہ میں فیمینزم کے سلسلہ میں بہت سے نظریات اور رجحانات پیدا ہوگئے۔ لیکن سب کے سب اس بات پر متفق ہیں کہ عورتوں کے حقوق پامال ہوئے ہیں اور مناسب طریقوں سے اس امتیازی برتاؤ اور حقوق کی پامالی کو روکنا چاہیئے۔ البتہ کچھ مسائل ایسے بھی ہیں جن میں اختلاف نظر پایا جاتا ہے جس کی وجہ سے وہ الگ الگ رجحانات میں تقسیم ہوگئے ہیں۔ ان تھیوریز کے نام یہ ہیں۔

حریت پسند تانیثیت (Liberal Feminism)، مارکسی تانیثیت (Feminism Marxist)، انتہا پسند تانیثیت (Radical Feminism تحلیل نفسی تانیثیت (-Feminism Psychoanalytic)، سماجی تانیثیت (Social Feminism)، وجودی تانیثیت (Feminism Existentialist)، مابعد جدید تانیثیت (Post Feminism Modern) اور ایکوفیمینزم (Eco Feminism) اس سے یہ بات واضح ہو جاتی ہے کہ مختلف عہد میں تانیثیت سے متعلق مختلف تھیوریاں وضع کی گئی ہیں۔ چندلوگ اس بات پر متفق ہیں کہ تانیثیت کی کوئی ایک تھیوری نہیں ہوسکتی۔ پدری سماج میں عورتوں پر جبر واستبداد کی مختلف وجہیں تھیں۔تمام حالات وواقعات کے پیش نظر تانیثیت کو اپنے اپنے طور پر سمجھنے کی کوششیں ہوئیں' حریت پسند تانیثیت والے عورت کے حقوق مرد کے مساوی کرنے کے لیے کوشاں رہے۔ مارکسی تانیثیت نے سماجی ناہمواری کے تناظر میں اشرافیہ کی عورتوں کے مسائل کے مقابلہ میں عام خواتین کے مسائل کو مختلف قرار دیا اور انہیں کے حق میں آواز بلند کی۔انتہا پسند تانیثیت والے اپنے نام کی مناسبت سے یہ سمجھتے ہیں کہ ''عورتوں پر ظلم وستم کی روایت اتنی پرانی ہے کہ اسے سماج سے طبقاتی فرق مٹا کر بھی ختم نہیں کیا جاسکتا''۔ یہ سارے حقوق مل جانے کے بعد بھی مزید کا نعرہ ہے۔ گویا ایک استحصالی طبقے کے خاتمے کے بعد دوسرے استحصالی طبقے کو جنم دینا مقصود ہے۔ تحلیل نفسی تانیثیت میں نام کے عین مطابق فرائڈ کے جنسی اور نفسیاتی حوالوں کو بنیاد بنایا گیا۔سماجی تانیثیت نے پہلی چاروں تھیوریز پر غور وفکر کرتے ہوئے ان کی بعض باتوں سے اختلاف اور بعض سے اتفاق کرتے ہوئے کسی حد تک امتزاجی رویے کو اہمیت دی۔ وجودی تانیثیت میں وجودی فلسفے کی بنیاد پر عورت کی شخصی آزادی کی اہمیت کو اجاگر کیا گیا۔ وجودی تانیثیت کی تھیوری سیمون دی بوار(Simon deBeauvoir) کی عطا کردہ سمجھی جاتی ہے۔ انہوں نے ژاں پال سارتر کے ساتھ دوست بن کر ساری زندگی گزاری تھی۔ مابعد جدیدیت والے تانیثیت کے تعلق سے اتنے ہی الجھے ہوئے ہیں جتنا مابعد جدیدیت کا تصور الجھا ہوا ہے۔ ان کے ہاں تانیثیت کی کوئی بنیادی بات کرنے کے بجائے اپنی مخصوص لسانی فلسفے کی اصطلاحوں کے ساتھ اسے جوڑنے کی کاوش دکھائی دیتی ہے۔ فیمینزم جو کہ ایک معاشرتی تحریک تھی اس نے چند دھائی کی سرگرمیوں میں اپنے نظریات کو اتنا مستحکم کر لیا کہ دیگر یونیورسٹیوں میں باقاعدہ studies womens کے نام پر شعبہ جات قائم کئے گئے جس کے نتیجے میں دنیا بھر میں خواتین کے مسائل کے ماہرین سامنے آگئے ہیں۔ اس اہم نکتہ کی طرف متوجہ کرنا ضروری ہے کہ مغربی فیمینزم ایک خاص ماحول میں خاص اسباب کی بنا پر ایک ثقافتی ،سماجی تحریک بن کے ابھرا ہے، لہذا اس کے نظریات اور دلائل پر باقاعدہ غور کرنے کے لئے کافی وقت درکار ہے۔ فیمینیزم اپنی پہلی تقسیم بندی میں نظریاتی اور عملی بنیاد پر قابل تقلید نظر

آتی ہے۔ نظریاتی بنیاد پر ایک نظریہ کی صورت میں یا آئیڈ لوجی کے قالب میں یا اسی کے مانند دوسری روشوں کے اعتبار سے پیش کی جاتی ہے اور عملی پہلو کی نظر سے ایک اجتماعی حادثہ کی صورت میں بیان کی جاتی ہے اور یہ دونوں پہلو اپنے درمیان تفاوتوں کے باوجود ایک دوسرے کی مدد کرتے ہیں، اجتماعی حادثات کے حوالے سے فیمینیزم کا رشتہ تاریخی عوامل اور اقتصادی ڈھانچے منجملہ شناخت و معرفت سے مربوط ہے جس نے معاشرے کی شناخت میں اپنی الگ پہچان بنائی ہے اور نظریاتی حوالے سے اجتماعی زمینہ سے متاثر ہونے کے علاوہ اپنے سے مربوط فلسفی بنیادوں اور معرفتی ڈھانچوں سے بھی فائدہ اٹھاتی ہے۔ فیمینیزم، تاریخی لحاظ سے کئی ادوار پر مشتمل ہے اور ہر ایک دور میں ایک طرح کی نظریاتی اور عملی خصوصیات سے مختص رہی ہے۔ خیال کیا جاتا ہے کہ اس میں سب سے زیادہ موثر عوامل خصوصاً اس کے نظریاتی پہلو سے مربوط، معرفت شناختی اور فلسفی مبانی ہیں، اس وضاخت کے ساتھ بہت سے فلسفی اور معرفت شناختی حادثات نے فیمینیزم میں جدید فکری تحریک کو جنم دیا ہے اور یہ تحریک اپنی نوبت میں فیمینیزم کے معاشرتی نتائج میں اثر انداز ہوئی ہے، اس تاثیر کا واضح نمونہ فیمینیزم کی تیسری موج میں بخوبی دیکھا جاسکتا ہے، فیمینیزم نے تیسری موج کے اعتبار سے ایک ماڈرن نظریہ کے قالب میں ایک فلسفی روپ اختیار کرلیا ہے اور اپنی مدعیات کے دامن کو وسیع کردیا ہے اور یہ امر سب سے زیادہ معرفت شناختی کے تغیر و تبدل میں ریشہ دوان ہے، جب تک علم کا پوزیٹوسٹی نظریہ ماڈرن معاشر کے اوپر حاکم رہا فیمینیزم نظریہ اپنے دامن کو علم کے قلمرو میں داخل نہ کرسکا، پوزیٹوسٹی کی نظر میں علم کی معرفت کا حلقہ ایک ایسا حلقہ ہے کہ جو اپنے اندرونی ڈھانچے میں دوسرے معرفتی مراکز سے مستقل شمار ہوتا ہے، ایک عالم اس حلقہ میں داخل ہوتے وقت اپنے تمام ثقافتی تعلّقات کو ایک طرف رکھ دیتا ہے، اس نظریہ کے مطابق علم حاصل کرنے کا مرکز ایک آزمائش گاہ (لیبارٹی) کی مانند ہے کہ جس میں وہیں سے مخصوص لباس درکار ہوتا ہے، ایک محقق اس کی حدود میں داخل ہوتے وقت اپنے مخصوص لباس منجملہ جنسیت کے لباس کو اتار دیتا ہے اور آزمائش گاہ کے مخصوص لباس کو جو کہ عالموں سے مخصوص ہے زیب تن کرلیتا ہے۔

بیسویں صدی کی تیسری دہائی سے ادھر جو گفتگو یا مباحث شروع ہوئے اس نے علمی معرفت کے متعلق مذکورہ نظریہ کو عملی بنا دیا ہے، اس نظریہ نے فیمینیزم نظریہ کے حامیوں کو یہ موقع فراہم کردیا کہ وہ جنسیت کو بنیاد بنا کر علمی معرفت میں ساجھے داری کا اعلان کرسکیں اور اس طرح وہ علمی مراکز کے جانبی مباحث سے آگے بڑھ کر علم کے اندرونی ڈھانچے میں داخل ہوگئے۔ بلاشبہ فیمینیزم ایسا ریڈیکل ماڈرن نظریہ ہے کہ جو معرفت شناختی کے بنا استفادہ کئے بغیر اپنے وجود کو منوا سکتا ہے۔

• مشتاق احمد نوری

تانیثیت کیا ہے؟

تانیثیت ،نسائیت یا نسوانیت پر الگ سے بحث کیوں؟
کیا ادب میں صنفی تفریق ضروری ہے؟
اس موضوع پر الگ سے گفتگو کیوں ضروری ہے؟
اس طرح کے اور بھی بہتیرے سوالات ہیں جو ذہن میں دستک دے رہے ہیں۔

علامہ اقبال نے وجودِ زن کو کائنات کی رنگینی کے لئے لازمی قرار دیا تھا اور اس حسین وجود کے بغیر زندگی کا تصور بھی نہیں کیا جا سکتا۔ آج زندگی کا کوئی بھی ایسا شعبہ نہیں ہے جس کا تصور عورت کے بغیر ممکن ہو۔ آج کی عورت زندگی کے ہر شعبہ میں اپنی لازمیت بغیر کسی نسائی تحریک کے درج کرا چکی ہے۔

IAS ہو IFS, IPS ہو یا دیگر State Services ہر جگہ عورتوں کی موجودگی نظر آتی ہے اور کبھی کبھی قیادت کے معاملے میں مردوں سے بازی ماری جاتی ہے۔ ایئر فورس ہو یا ملیٹری سروس...... ہر جگہ عورتوں نے اپنی مضبوطی کو ثابت کیا ہے۔ Space میں بھی کلپنا چاولا اور سنیتا ولیم کے علاوہ کئی اور نے اپنے کارنامے سے حیران کر دیا ہے۔

عورتوں نے اپنی صلاحیت کی بنیاد پر ہر شعبہ میں اپنی اہلیت ثابت کی ہے۔ وہ کھیل کا میدان ہو یا زندگی کا......اس نے اپنی موجودگی سے اسے گلزار بنائے رکھا ہے، لیکن سچ یہ بھی ہے کہ ہر بار اسے ہی اگنی پر کشا سے گزرنا پڑتا ہے۔

آج صارفیت کے زمانے میں عورت کے بغیر کچھ بھی ممکن نظر نہیں آتا۔ ہر اشتہار میں اس کی نمایاں موجودگی اس بات کو ثابت کرتی ہے آپ عورت کی بیساکھی کے بغیر آگے بڑھ ہی نہیں سکتے۔ یہ بھی سچ ہے کہ صارفیت کے معاملے میں ان کا قدرے استحصال بھی ہوتا ہے، لیکن ان کی موجودگی کے بغیر گاڑی آگے بڑھتی نظر نہیں آتی۔ ٹرک کا بھی اشتہار ہو تو مرچ اور لیموں کی نظر کاٹ لے کر کوئی خوبصورت لڑکی ہی نظر آتی ہے۔ بلیڈ کے اشتہار میں بھی اس کی موجودگی ضروری ہوتی ہے۔ غرض کہ آج کے زمانے میں ایک

بھی ایسا اشتہار نہیں جس میں عورت نہ ہو۔ آج کی مردانہ ذہنیت ہر جگہ اس کا استحصال تو کرتی ہے، لیکن اس کا جائز مقام اسے آج تک نہیں ملا۔ اس میں آخر کس کا ہاتھ ہے؟

کیا سماج کا موجودہ نظام جہاں مرد کو برتری حاصل ہے وہ اس کا ذمہ دار نہیں ہے؟

اگر دل پر ہاتھ رکھ کر سوچیں تو شاید سچائی نظر آجائے۔

آیئے ادب کی ہی بات کریں۔

جب اردو کے پہلے ناول کی بات ہو تو رشیدۃ النساء ہی سرفہرست نظر آتی ہیں، عصمت چغتائی، قرۃ العین حیدر ہوں یا رضیہ سجاد ظہیر اور صالحہ عابد حسین، جیلانی بانو ہوں یا ذکیہ مشہدی......قمر جہاں، شائستہ فاخری، صادقہ نواب سحر، ترنم ریاض سے لے کر ثروت خان تک پچاسوں ایسے نام ہیں جنہوں نے ادب میں بھی اپنی ریاست قائم کی ہوئی ہیں۔

شاعرات میں بھی کشور ناہید، پروین شاکر، سارا شگفتہ، زاہدہ زیدی، فاطمہ حسین، شفیق فاطمہ شعریٰ، عذرا پروین، شبنم عشائی، کہکشاں تبسم اور درجنوں ایسی ہیں جو سکہ رائج الوقت کا درجہ پا چکی ہیں۔

ہم ان پر گفتگو کرتے ہیں، لیکن خواتین کے زمرے میں رکھ کر گفتگو کرتے ہیں۔ کیا اس طرح ہم صنفی تفریق کے مرتکب نہیں ہوتے؟ کیا اس طرح صنفی تفریق کو بڑھاوا دے کر ہم ان کے ساتھ انصاف کرتے ہیں؟

تانیثیت پر کتابیں لکھی جا رہی ہیں، بحثیں ہو رہی ہیں، سمینار ہو رہے ہیں، مضامین بھی لکھے جا رہے ہیں، لیکن انہیں ان کا جائز مقام دینے میں کہیں نہ کہیں ہم سے چوک ہو رہی ہے۔

ایک ہی گھر میں اگر مرد افسانہ نگار یا شاعر ہو اور اتفاق سے اگر بیوی بھی اس صنف میں مہارت رکھتی ہو تو مرد کو کوفت ہونے لگتی ہے اور اگر اتفاق سے بیوی مرد سے بہتر تخلیق کر رہی ہو تو دونوں کے بیچ ایک انجانا سا حصار قائم ہونے لگتا ہے۔ اس کا مطلب ہے کہ مرد بیوی کی ادبی آزادی کو پوری طرح قبول نہیں کر پاتا ہے۔ خواہ مخواہ کی سبکی محسوس ہونے لگتی ہے۔

یہ ضروری نہیں ہے کہ خواتین قلم کاروں پر خواتین ہی لکھیں۔ ایمانداری کا تقاضہ ہے کہ آج کے ناقدوں خصوصاً نئی نسل کے نمائندہ ناقدوں پر یہ ذمہ داری عائد ہوتی ہے کہ وہ اس نسائی ادبی تحریک پر مکمل گفتگو کریں۔

یہ سچ ہے کہ مردانہ تعصب ہمارے سماج کا حصہ ہے۔ آج بھی سماج میں مرد سب کچھ کر گزرتا ہے لیکن اس کا کچھ نہیں بگڑتا کہ یہ اس کا مردانہ حق ہے، لیکن عورت غلطی سے بھی ذرا ''تاک جھانک'' کر لے تو وہ بدنام ہو جاتی ہے اور اس پر طنز کی بارش ہونے لگی ہے۔ یہ ہماری کم نظری ہے ہمیں اس سے باہر آنا ہوگا۔

آج ہم عورت کو برابر کا درجہ تو دینا چاہتے ہیں، لیکن اس شرط کے ساتھ کہ ''ڈور ہمارے ہاتھ میں ہی رہے۔''

کبھی کبھی عورتیں خود حصار سے باہو ہو جاتی ہیں اور خود کو سماجی بندھنوں سے آزاد تصور کرنے لگتی ہیں یا حد درجہ بندش انہیں حصار توڑ کر باہر نکلنے پر مجبور کرتی ہے۔ یہ ایک الگ مسئلہ ہے، جس پر بھی گفتگو کی جاسکتی ہے۔

مدر ٹریسا اپنی مثال آپ ہیں جن کی عظیم قربانی نے انہیں امر بنا دیا ہے۔ ملالہ یوسف زئی جیسی کم سن طالبہ نے بھی طالبان کے مقابلے پر آ کر اور اپنے عزم کا اعلان کر کے سماج کو پیغام دیا کہ سچائی کے لئے کچھ بھی قربانی دی جاسکتی ہے۔

تاریخ کے آئینے میں جھانکیئے تو وہاں بھی رضیہ سلطان، چاند بی بی، جھانسی کی رانی، لکھنؤ کی نواب بیگم محل کی مثالیں موجود ہیں جنھوں نے اپنی صلاحیتوں کا لوہا منوانے میں کوئی بھی کسر نہیں چھوڑیں، لیکن ہمارے اس سماج میں دلہنیں شعلوں کی نظر کی جارہی ہیں، کنواری لڑکیاں پھانسی پر جھول رہی ہیں، معصوم بچیاں درندگی کا شکار ہو رہی ہیں، آئے دن اخبارات ایسی دل دہلا دینے والی خبروں سے بھرے ہوتے ہیں۔ اس درندگی میں مردانہ عصبیت نہیں تو اور کیا ہے؟

اب تو انتہا یہ ہے کہ بچیوں کو پیدا ہونے سے قبل ہی قتل کر دیا جاتا ہے۔ لڑکی کا باپ ہونا خوار سمجھا جاتا ہے۔ لڑکیاں ذلت کی نشانی بنا دی گئی ہیں، آخر کیوں؟ کون ہے اس کا ذمہ دار؟ خاندان کو آگے بڑھانے کے لئے لڑکے کی ضرورت سمجھی جاتی ہے۔ کیا کوئی لڑکا لڑکی کے بغیر خاندان کو بڑھا سکتا ہے؟ خاندان کو وراثت تو لڑکی ہی کی کوکھ دیتی ہے۔

آج ضرورت اس بات کی ہے کہ ہم صحیح معنوں میں عورتوں کو برابری کا درجہ دیں کیوں کہ انہیں عزت دیے بغیر ہم اس صنفی تفریق کی دلدل سے باہر نہیں نکل سکتے ہیں۔ ہمیں منصفانہ طور پر ایک ایسا سماجی اور ادبی نظام قائم کرنا ہوگا جہاں عورتوں کو نہ صرف مساوی حقوق حاصل ہوں بلکہ انہیں بااختیار درجہ بھی دیا جائے تا کہ وہ مردوں کے شانہ بہ شانہ سر اٹھا کر زندہ رہ سکیں۔ ہمیں انہیں بھی وہی اختیار اور وقار دینا ہوگا جو ہم نے اپنے لئے مقرر کر رکھے ہیں۔ تب ہی ہم اپنی ذمہ داری سے عہدہ برآ ہو سکیں گے اور عورتوں کو بھی اپنی ذمہ داری سمجھتے ہوئے مردوں کی آبرو کی پاسداری کرنی ہوگی۔

◀◀ ● ▶▶

● شموئل احمد

عورت اور معاشرہ

معاشرے میں بالا دستی مرد کی ہے۔ وہ خود کو صنف بہتر سمجھتا ہے۔ ادب عالیہ ہو یا اساطیری قصّے ...... مرد نے ہر جگہ اپنی برتری ثبت کی ہے۔

ماہر نفسیات ولیم اسٹیکل کے مطابق عورت کے لاشعور میں ایک آئیڈیل مرد بستا ہے۔ عورت ادھر متوجہ ہوتی ہے جہاں اس کا آئیڈیل نظر آتا ہے۔ اکثر شاعر ادیب اور نامور فنکار کو بعض عورتیں اپنا آئیڈیل تصور کرتی ہیں اور اَن دیکھے ان کے عشق میں مبتلا رہتی ہیں۔ لیکن مرد کی نگاہ میں عورت فقط ایک جسم ہے .وہ اس کے جسمانی تقاضے کو لگام دینے کی ہر ممکن کوشش کرتا ہے اور اپنی برتری ثابت کرنے کے لیے جور و ستم کے راستے اپناتا ہے۔ مرد عورت سے کہیں خائف ہے تو بستر پر۔ قوت باہ بڑھانے کے لیے اس نے طرح طرح کے کشتے اور معجون ایجاد کئے ہیں۔ عورت کے لیئے کوئی معجون نہیں ہے۔ وہ سیکس کی بات بھی نہیں کر سکتی۔ اگر کرتی ہے تو فاحشہ قرار دی جاتی ہے۔ حد تو یہ ہے کہ کوئی مرد ایسا بھی ہے کہ تین سال کی بچّی کو بھی کمر سے نیچے دیکھتا ہے۔ ادب ہو یا معاشرہ مرد عورت کو ذلیل کرنے کے بہانے ڈھونڈتا رہتا ہے۔ اس نے طرح طرح کی گالیاں عورت کی نسبت سے ہی ایجاد کی ہیں۔ گالیاں ماں اور بہن کی ہوتی ہیں۔ آج تک باپ یا بیٹے کو لگا کر کوئی گالی ایجاد نہیں ہوئی۔ نطشے کہتا ہے کہ محبت عورت کے لیے جسم اور روح کا مکمّل عطیہ ہے جب کہ مرد کے لیے محت فقط ایک جز ہے۔

عورت سجتی اور سنورتی ہے مرد کے لیے۔ مرد کا گھر میں ہونا اسے راحت بخشتا ہے۔ اس کا داڑھی بنانا اس کو اچھا لگتا ہے۔ ایک ساتھ صوفے پر بیٹھ کر ٹی وی دیکھنا اس کو سہانا لگتا ہے۔ وہ مرد کے ساتھ مختصر لمحات میں بھی خوش رہتی ہے۔ بس ایک نگاہ التفات چاہئے۔ مرد گھر سے باہر جاتا ہے تو اس کا انتظار کرتی۔ وہ رات دیر سے لوٹتا ہے تو غصّہ کرتی ہے۔ مرد سمجھتا ہے کہ وہ ہر دم قابض رہنا چاہتی ہے۔ وہ یہ نہیں سمجھتا کہ عورت مکمّل سپردگی پر یقین رکھتی ہے۔ وہ پسلی سے نکلی ہے تو پسلی میں ہی ضم ہونا چاہتی ہے۔ لیکن گھر اس کا نہیں ہوتا۔ گھر شوہر کا ہوتا ہے اور شوہر کے بعد بیٹے کا ہوتا ہے۔ مائکہ بھی اس کا نہیں

ہوتا۔ مائکے میں بھی وہ پرایا دھن سمجھی جاتی ہے اور سسرال میں باہر سے آئی ہوئی عورت۔ ساس کے بھی نشتر سہتی ہے اور نند کے بھی طعنے سنتی ہے۔ ساس اور نند دونوں ہی عورتیں ہیں اور قرۃ العین حیدر کہتی ہیں کہ عورت ہی عورت کے حق میں چڑیل ہوتی ہے۔

ترک شدہ یا گھر سے بھاگی ہوئی یا مغویہ عورت کو مرد قبول نہیں کرتا۔ بالمکی رامائن میں شری رام سیتا سے اس طرح مخاطب ہوتے ہیں۔

''یہ جو جنگ کی.....جو فتح حاصل کی وہ تمہاری خاطر نہیں کی ......جس کارن میں نے تمہارا اُدّھار کیا وہ اُدّیش سدھ ہو گیا۔ اب تم میں میری کوئی آسکتی نہیں...... جہاں اِچھا ہو چلی جاو۔'' [بالمکی رامائن 21- 6/115/19] المیہ یہ ہے کہ اگنی پریکچھا کے بعد بھی سیتا قابل قبول نہیں ہے۔ اسے زمین کی کوکھ میں پناہ لینا پڑتا ہے۔ بیدی کی لاجونتی مغویہ عورت کی بدنصیبی کی سمبل ہے۔

اسلام میں نکاح عورت اور مرد کے مابین یک طرفہ سمجھوتا ہے۔ مرد اسے نان ونفقہ دیتا ہے بدلے میں عورت اس کو جسم دیتی ہے۔ مرد جب چاہے تین بول کے ساتھ اس سے چھٹکارہ پا سکتا ہے۔ عورت نہیں پا سکتی۔ عورت خلع بھی لیتی ہے تو مرد کی مرضی ضروری ہے۔ خلع لینے پر وہ دان مہر کی حق دار نہیں رہتی۔ امام غزالی نے اپنی مشہور تصنیف سعادت کیمیا اور احیا العلوم میں عورت کے ساتھ معاشرت کے آداب بتائے ہیں اور بزرگوں کے اقوال درج کیے ہیں کہ بیوی کو چاہیئے کہ خاوند کی لونڈی بنی رہے۔ بزرگوں نے فرمایا ہے کہ عورتوں سے مشورہ کرو لیکن ان کے کہنے کے خلاف عمل کرو۔ حقیقت میں عورت کی ذات نفس سرکش کی مانند ہوتی ہے۔ اگر ذرا بھی مرد اُن کو ان کے حال پر چھوڑ دے گا تو ہاتھ سے جاتی رہیں گی اور حد سے گزر جائیں گی۔ اگر کوئی شخص کسی عورت سے سیر ہو جائے اور اس کے پاس جانے کو جی نہ چاہے طلاق دے دے، قید میں نہ رکھے۔ شوہر اگر اونٹ پر بھی سوار ہو اور عورت سے حق تمتع چاہے تو وہ انکار نہیں کر سکتی۔ انکار کرے گی تو دوزخ میں جائے گی۔ شوہر کے سر سے پاوں تک پیپ ہو اور عورت اس کو چاٹے تب بھی اس کا شکر ادا نہ کر سکے گی۔ جو عورتیں شوہر کی نافرمانی کرتی ہیں دوزخ میں جائیں گی۔ حضرت حسن بصری فرماتے ہیں کہ جو شخص اپنی بیوی کا مطیع بنا رہے کہ جو وہ چاہے وہی کرے تو حق تعالیٰ اسے دوزخ میں اوندھا گرا دے گا اور حضرت عمرؓ فرماتے ہیں کہ عورتوں کی مرضی کے خلاف کیا کرو کہ ان کے خلاف کرنے میں برکت ہوتی ہے۔ حدیث شریف میں آیا ہے کہ عورت کی مثال ایسی ہے جیسی پسلی کی ہڈّی۔ اگر تو اسے سیدھا کرنا چاہے گا تو ٹوٹ جائے گی۔

مرد عورت کو آزادی نہیں دے سکتا۔ عورت نے جب جب آزادی کی بات کی ہے مرد نے خطرہ محسوس کیا ہے۔ راجندر یادو کہتے ہیں کہ سماج میں عورت کی تین طرح کی حیثیت ہے۔ بیوی، داشتہ اور

طوائف ۔مرد اپنا نام اور تحفظ دیتا ہے تو وہ بیوی ہے ۔ نام نہیں دیتا لیکن حصار میں رکھتا ہے تو داشتہ ہے ۔ نام بھی نہیں دیتا اور حصار میں بھی نہیں رکھتا تو طوائف ہے ۔عورت آزاد ہوتی ہے تو طوائف ہوتی ہے ۔

میں اکثر سوچتا ہوں کہ کیا وجہ ہے کہ ہندوستانی سماج میں لڑکیوں کے نام دروپدی نہیں ہوتے اور شیعہ معاشرے میں عائشہ نام نہیں ہوتا ؟ شاید یہ بات قابل قبول نہیں ہے کہ عورت مردانہ سماج کو چیلنج کرے اور انتقام کا جذبہ رکھے ۔

اردو کا سارا تانیثی ادب میری نظر میں ناقص ہے ۔ایک ہی بیان ملتا ہے......وہی عورت کی بے بسی ،اس کی آہیں اس کے آنسو اور مرد کی بالا دستی کا نوحہ ۔لیکن اس طرف پاکستان کی تانیثی شاعری کے تیور تیکھے ہیں ۔عذرا عبّاس ،فہمیدہ ریاض اور نسیم سیّد وغیرہ نے مرد اساسی سماج کو الگ زاویئے سے دیکھا ہے اور کچھ تیکھے سوال اٹھائے ہیں جو مرد ناقد کو قابل قبول نہیں ہونگے ۔

معاشرہ مردوں کا ہے ۔اخلاقی قوانین اور ضابطے وہی خلق کرتا ہے ۔عورت اپنی زندگی کبھی جی نہیں سکتی ۔مردوں کے بنائے اخلاقی پیمانے میں اپنی زندگی جیتی ہوئی عورت ہمیشہ داغ دار نظر آئے گی ۔

◄◄ ● ►►

● ریاض احمد

اردوادب میں تانیثیت ......ایک مطالعہ

اردوادب میں جب بھی تانیثیت کی بات چھڑتی ہے تو واضح ہو جاتا ہے کہ تانیثیت کا تعلق عورت کی سماجی، اقتصادی اور سماجی زندگی سے جڑا ہے اور اس کا دوسرا تعلق ادب سے ہے۔ تانیثی تحریک مرد معاشرے کے برعکس ہے تانیثی تحریک عورت کی معاشی، سماجی، سیاسی، صنفی اور دیگر معاملات میں برابری و مساوات کا دعویٰ کرتی ہے۔ تانیثیت کے رجحان کی ابتدا تقریباً ۱۸۵۰ء میں ہوئی ہے۔ تانیثیت کے مرکز فرانس، امریکہ، برطانیہ رہے ہیں۔ بیسویں صدی کے نصف تک آتے آتے تانیثیت کا تصور پوری دنیا میں پھیل گیا اور اس کی مختلف شکلیں آکر سامنے آئی اور ادبی سطح پر تانیثیت کے مختلف دبستان وجود میں آئے جیسے مارکسی تانیثیت، ترقی پسند تانیثیت، نفسیاتی تانیثیت، جدید تانیثیت، مابعد جدید تانیثیت وغیرہ اور اب تانیثیت ایک نئی شکل اختیار کرتی ہے اور نئے پیمانوں کے ساتھ ادب، لسانی اور ثقافتی تاریخ بھی قریب کرنے میں مصر ہے۔ آج اردوادب میں تانیثیت کی آواز نمایاں طور پر سُنائی دے رہی ہے۔ ہندوستان اور پاکستان کے اردوادب میں تانیثیت کو نمایاں اہمیت حاصل ہے۔ چاہے وہ شاعری کی نسبت سے ہوں یا افسانوی ادب کی نسبت سے ہوں بہت سے مرد ناقدین خواتین شاعروں اور ادیبوں کی تخلیقات کو روائتی پیمانیسے جانچنے پر راضی ہیں اور کئی نسوانیت، نسائی اظہار اور نسائی حیثیت کو حلقہ کر دیتے ہیں جس کے سبب تانیثیت اور تانیثی ادب کا تصور ان کی پکڑ سے دور رہتا ہے لہذا تانیثی ڈسکورس کو ایک ادبی ڈسکورس کے طور پر لیا جائے۔ تاکہ ایسی زمین تیار کی جائے جو تانیثی ادب کے لیے مفید ہوں۔

ادب کی دنیا میں مرد حاوی رہا ہے اور عورت کو تانیثی نقطہ نظر سے خارج کیا جاتا رہا ہے کہ نام نہاد عورتیں تانیثی ادب کا حق ادا کرنے سے قاصر ہیں مگر تانیثیت ان نام نہاد عوتوں سے انکار کرتی ہے تانیثی تنقید عورت کو اس کا مقام اور حق دلوانے کے ساتھ ساتھ گذشتہ ادب میں عورت کے اظہار کی کمی کی بھی معافی چاہتی ہے۔ تانیثیت کے بہت مراتب ہیں اول کہ عورتوں کے تیار کئے ہوئے متن کو اس طرح بڑھایا جائے کہ ان کو وہ مرتبہ ملے جس کی وہ دعویٰ دار ہیں جیسے بہت سی ایسی ادباء وشرفاء ہیں جن کی تصانیف کو کوئی درجہ

نہیں ملا ہے لہذا ان کی تصانیف کو تاریخ میں بنیادی مقام دیا جائے۔ان کے ساتھ انصاف کیا جائے اس لیے نہیں ہوا ہے کیونکہ یہ عورتیں تھی گو یا یہ کہ عورتوں کو مردوں کے خلاف نہیں بلکہ ایک اہم طبقہ قرار دے کر ان کے ساتھ برابر اور ہمدردانہ سلوک کیا جائے۔تانیثیت میں محض ان کے ادبی متون کا ذکر ہی نہیں ہوتا ہے بلکہ یہ ساری انسانی تاریخ،تہذیبی،سیاسی،سماجی مسائل کا احاطہ کرتی ہے۔اس کے متعلق ناصر علی کہتے ہیں کہ:

''تانیثیت اس قول سے مراد لیتی ہے کہ عورت کا تصور ویکالیسی آئیڈیا لوجی کی رو سے تیار کیا گیا ہے۔جدید شاہی نظام کی زایدہ ہے۔جس میں مرد اور مردانہ اوصاف عمومی انسانی قدر کا پیمانہ کرتے ہیں اور اس پیمانے کی زو سے عورت ''ہم انسانی اوصاف سے تھی......کم تر مخلوق ہے۔تانیثیت اس صورتحال کے خلاف شدید احتجاج کرتی ہے اور ان تمام صورتوں اور حکمت عملیوں کو طشت از بام کرتی ہے......''

عورت ایک ایسی تاریخ سے والبستہ ہے جو اخلاقی،تہذیبی اور استحصال نسواں کی تاریخ کہلاتی ہے۔جس میں ہزاروں سسکیاں اور چیخیں ہیں ان سب بے آس اور شکستہ دل پہلوؤں کی عکاسی خواتین ادیبوں اور قلم کاروں نے مختلف افکار سے کی ہے۔نفسیات نگاروں نے بھی عورت کی اس پیچیدہ حیثیت کو دیکھا اور ان تک رسائی حاصل کرنے کی کوشش کی۔ساختیات نظریہ نگاروں نے تانیثی ادب میں عورت ذات کے انجذبات واحساسات کی نشان دہی کی جوان کو مرد حضرات سے الگ کرنے کی حیثیت رکھتے ہیں۔تانیثیت اور ادب کے حوالے دے ان تمام قلمکاروں کا ذکر کرنا ضروری ہے جن کی کوششوں سے عورتوں کی آزادی اور حقوق نسواں اور مساوات کے لیے آواز اُٹھائی اور عورتوں کو ایسی راہ پر پہنچا دیا جہاں پر وہ متحدہ ہو کر خود سماج کے خلاف اپنے حقوق کے لیے لڑ سکیں۔پریم چند اس پر گوہر افشانی کرتے ہوئے لکھتے ہیں:۔

''مرد جانتا ہے کہ عورت پابندیوں میں جکڑی ہوئی ہے۔اسے وہ روکر مرجانے کے سوا کوئی چارہ نہیں۔اگر اسے خوف ہوتا کہ عورت بھی اس کی اینٹ کا جواب پتھر سے نہیں،اینٹ سے بھی نہیں،محض تھپڑ سے دے سکتی ہے،تو اسے کبھی اس بدمزاجی کی جرات نہ ہوتی''۔

(کسم،ماہنامہ عصمت،سالگرہ نمبر،۱۹۳۲ء ص ۱۳۵)

ملکی سطح پر یعنی ہندوستان میں تانیثیت کا جائیزہ لیتے ہوئے قدیم ہندوستان سے ہی عورتوں کی ہر پہلو میں جکڑ بندی سے انکار میں کیا جا سکتا ہے خاص کر ادب کے حوالے سے ان کی کوئی شناخت نہیں تھی۔ہر زمانے میں صورتوں کے متعلق خیالات پیش ہوتے رہتے ہیں کچھ نے ان کی حمایت کی اور کچھ نے مخالفت کی۔غرض یہ کہ عورتیں اختلاف کی چکی میں پیش رہی اور مفروضیت سے دو چار ہوتی رہیں اور کبھی آنسو بہاتی کبھی سسکتی کبھی مردوں کے جبر کا نشانہ بنتی رہیں۔اردو میں تانیثی ادب جس میں عورتوں کے موضوعات کو موضوع بحث بنانا انیسویں صدی کے آخر میں شروع ہوا ہے۔ہندوستان میں عورتوں نے شعر وادب کے

میدان میں ۱۸۹۱ء میں قدم رکھا اس بات کا علم ایک تذکرہ ''شمیم سخن'' سے ہوتا ہے۔ اردو ادب کی مختلف اصناف کا جائزہ لینے سے معلوم ہوتا ہے کہ تاریخ میں بھی عورت ادب کا خاص موضوع رہی ہے۔ داستانوں، ناولوں، افسانوں، کہانیوں، غزلوں، نظموں وغیرہ میں عورت کو کئی زاویوں سے پیش کیا ہے۔ شعروں کا محبوب موضوع بھی عورت ہی رہی ہے۔ اس کے حسن و جمال، ناز و ادا کے دل دوز تذکروں سے اپنی شاعری کا سنگار کرتے اور سندارتے رہے۔ ایک دلچسپ بات یہ کہ اس طویل عرصے کے بعد آخر مرد ادیبوں نے ہی خواتین کے مسائل اور ان کے حقوق کو موضوعِ بحث بنایا یعنی نذیر احمد نے اپنے مشہور ناول ''مرۃ العروس'' میں اکبری اور اصغری کی کہانی کو موضوع بنایا۔ قلم کاروں کے نزدیک اس ناول میں نذیر احمد مسلم عورتوں کی تعلیم کے حامی تھے۔ ان کے بعد سر سید احمد خان، عبدالعلیم سرور، حالی، رسوا، پریم چند، منٹو وغیرہ نے اپنے ناولوں اور افسانوں کے ذریعے عورتوں کی تعلیم اور ان کے متعلق کئی موضوعات کو موضوعِ بحث بنا کر شایع کیا۔ اس کے ساتھ ساتھ شادی میں عورتوں کی رضامندی اور گھریلو زندگی میں ان کے ساتھ مشورے کی اہمیت پر بھی زور دیا۔ بیسویں صدی کا آغاز اس لحاظ سے بہت اہم ہے کہ بہت ادیبائیں تحریک آزادی سے جوڑ گئی ان میں ایک اہم ادیب نذر سجاد حیدر نے ''آہ مظلوماں'' ۱۹۱۳ء میں ازدواجی زندگی سے پیدا ہونے والے معاملات کو پیش کیا ہے۔ اردو ادب میں تانیثی رجحانات کی کار پردازی بیسویں صدی کی تیسری دھائی کے ختم ہونے کے بعد دکھائی دیتی ہے۔ اس دور میں ایک اہم ادیب رشید جہاں ظاہر ہوئی اور اس نے ایک مجموعہ ''انگارے'' مرتب کیا اور اس میں اپنی دو کہانیاں بھی شامل کی ''دلی کی سیر'' اور پردے کے پیچھے'' ان کہانیوں میں سماج پر بہت طنز کیا۔ مردوں اور عورتوں کے علحیدہ علحیدہ اصولوں اور معیاروں پر بحث کی ان کا مجموعہ ''انگارے'' کو اردو ادب میں باقاعدہ تانیثی روایت کا موجد کہا جاتا ہے۔ رشید جہاں وہ خاتون ہے جن کی تحریروں میں تانیثیت کے اولین نقوش دیکھنے کو ملتے ہیں۔ وہ ذہین اور تعلیمیافتہ خاتون تھیں۔ ترقی پسندی اور روشن خیالی اس کے ذہن میں گونج رہی تھی اس نے بچپن سے ہی عورت ذات کے ظلم وستم اور اس کی مایوس کن زندگی کو قریب سے دیکھا۔ اسی لیے اس نے ان کے خلاف لکھنا شروع کر دیا تھا۔ ان کے بعد اردو ادب میں تانیثیت کی سب سے بلند آواز عصمت چغتائی کی تھی۔ عصمت نے بھی حقیقت نگاری کی اس دنیا میں نمایاں خدمات سرانجام دی۔ ان کا لب ولہجہ اور اندازِ فکر مکمل طور پر تانیثی تھا۔ انہوں نے اپنی بے باک طبعیت اور نڈرتا کی وجہ سے پہلی دفعہ عورت کو اس کے جذبات و احساسات، فطرت ونفسیات اور اصلی رنگ وروپ میں پیش کیا کہ شکست خوردہ عورت کو محسوس ہوا کہ وہ اپنی نفسیات سے ابھی تک ناوقف تھی۔ ان کے ناولوں اور افسانوں کے موضوعات الگ الگ ہیں ان ہی کی طرح رضیہ سجاد ظہیر بھی ترقی پسند ہیں ان کا شمار بھی صف اول کی ادیباوں میں ہوتا ہے۔ ان کے چار ناول

''کانٹے''، ''سمیتی''، ''سرشام''، ''اللہ میگھ دے'' اور افسانوی مجموعہ ''زرد گلاب'' شایع ہوئے ہیں ان میں عصمت نے لباس وسماجی بے انصافی سے پیدا شدہ حالات کو منظرِ عام پر لایا ہے اور ان کے خلاف طنز بھی کیا ہے۔ خدیجہ مستور بھی بڑی حاصل نگار خاتون فکشن نگار ہے۔ ان کے ناول ''آنگن'' اور ''زمین'' عمدہ ناول ہیں ان میں بھی تانیثی شعور کا اظہار خوب ہوا ہے۔ ان کے بعد قرۃ العین حیدر کے ناولوں اور افسانوں میں سب سے زیادہ تانیثی شعور کا پتہ دیتا ہے۔ اردو میں شعور کی رو (Stream of consciousness) کو سب سے پہلے انہوں نے ہی اپنایا ہے۔ ان کی تصانیف میں سب سے زیادہ تانیثی شعور ''آگ کا دریا'' میں ملتا ہے۔ جمیلہ ہاشمی کے ناول ''تلاشِ بہاراں'' میں بھی عورتوں کے جنسی استحصال کا بیان خوب ہوا ہے۔ ایک اور اہم نام جیلانی بانو کا ہے ان کی تصانیف میں سماجی نا برابری کا ذکر خوب ملتا ہے۔ ان کے دو ناول ''ایوانِ غزل'' اور ''بارش سنگ'' تانیثی میدان میں بہت اہم ہیں۔ بانو قدسیہ بھی ایک منفرد ناول نگار ہیں انہوں نے اپنی ناولوں میں عورت کی مظلومیت کو موثر انداز میں بیان کیا ہے۔ ان کے اس انداز کو کوئی دوسرا فکشن نگار نہیں پہنچ سکا۔ اس میدان میں ان کا مشہور ناول ''راجہ گدھ'' ہے۔ رضیہ بٹ نے بھی اعلیٰ ناول لکھئے ہیں ان کو سب مصنفوں میں سب سے زیادہ شہرت ملی ہے۔ ان کے ناولوں میں تانیثی رجحان خوب کارفرما نظر آتا ہے ان کا ایک مشہور ناول ''فاصلے'' ہے اس میں بھی عورت کی نابرابری کی کشمکش نظر آتی ہے۔ شیری رحمان نے بھی اپنے ناولوں اور افسانوں میں تانیثی رجحان کو خوب برتا ہے۔ ان کا ناول ''عشق عشق'' تانیثی رجحان میں نمایاں مقام رکھتا ہے جس میں جابجا عورت کی بے بسی اور لاچارگی کو اجاگر کیا ہے۔ ترنم ریاض اردو ادب میں سنگ میل کا درجہ رکھتی ہیں۔ یہ ناول نگار افسانہ نگار اور شاعرہ، نقاد سب کچھ ہیں ان کا ایک مشہور ناول ''مورتی'' ہے جس میں تانیثیت کو موضوعِ بحث بنایا گیا ہے۔ عورت کی مظلومیت، جنسی استحصال اور سماجی نا برابری پر انہوں نے بڑے فنکارانہ انداز میں لکھا ہے۔ صغریٰ مہدی بھی ایک اور اہم نام ہے یہ معتبر اور انقلاب پسند خاتون ہے۔ ان کی تصانیف کے موضوعات خصوصاً انسان دوستی، فرقہ پرستی، رواداری اور خواتین کے مسائل ہیں۔ یہ تانیثی شعور کو ابھارتی نظر آتی ہیں ان کا ایک مشہور ناول ''جو بچے میں سنگِ سمیٹ لد'' بہت شہرت حاصل کر چکا ہے۔ اس میں بھی تانیثیت کے خوب جوہر دکھائے گئے ہیں۔

تانیثی ادب میں ثروت خان کا ناول ''اندھیرا پگ'' بھی مسخ شدہ صورتِ حال کو ابھارنے میں نمایاں رول ادا کرتا ہے۔ اس ناول میں خاص کر بیوہ عورت کی بے بسی اور لاچارگی کو منظرِ عام پر لایا گیا ہے۔ یہ ناول راجستھان کے حالات کو مدِ نظر رکھتے ہوئے لکھا گیا ہے۔ فریدہ رحمت اللہ کا نام بھی کسی تعارف کا محتاج نہیں یہ ایک خاتون ہے انہوں نے معاشرے میں عورت پر ہونے والے ظلم وتشدد اور جبر و استبداد کے خلاف آواز اُٹھائی ہے۔ ان کے دو افسانوی مجموعے ''در کی گونج'' اور لڈّی مالا موتی'' ہیں۔ جن

میں تانیثی ادب کی عکاسی ملتی ہے۔

ہندوستان سے باہر دوسرے ممالک میں رہنے والی عورتیں شعر و ادب میں برابر حصہ لے رہی ہیں مثلاً سلطانہ مہریں، رضیہ فصیح احمد، پروین کمال، شکیلہ رفیق، صفیہ صدیقی وغیرہ قابلِ ذکر ہیں۔ان ادباء و مصنفین نے مغربی معاشرے میں عورت پر ہونے والے ظلم وستم اور مغربی سمجھ میں مشرقی مروجہ گل کھلا رہے ہیں۔ان کو بے نقاب کرنے کی کوشش کی ہے اور ان پر ظلم وستم واستحصال پر معاشرے کو غور وفکر کرنے کی بھی دعوت دی ہے۔صالحہ عابد حسین جب اردو ادب میں عمدار ہوئی تو اہرابِ نے بھی تانیثیت ادب میں عمدہ کار کردگی دکھائی تقریباً چالیس کتابیں ان کی تصانیف ہیں۔اصلاحی رنگ ان کی تحریر کے ہر پہلوں میں آباد ہے۔ان کا ایک مشہور افسانہ ''گذاری ہیں خوشی کی چند گھڑیاں'' تانیثی میدان میں عمدہ کارنامہ ہے۔رضیہ سجاد ظہیر بھی اسی زمانے کی پیداوار ہیں۔انہوں نے بھی اپنے افسانوں میں عورت پر ہونے والے ظلم وستم اور جبر پر آواز اُٹھائی ہے اور سماجی نابرابری پر متوجہ کیا ہے۔ان کا افسانہ ''زرد گاب'' بھی تانیثی دنیا کی روشنی میں لکھا گیا ہے۔اردو نثر میں ادیباوں نے بیسویں صدی کی شروعات میں ہی اپنی شناخت والی شاعری کے میدان میں چوتھی دہائی تک کوئی خاتون نہیں دکھتی۔اس کی وجہ یہ تھی کہ باعزت اور شریف گھروں کی عورتوں کے لیے گھر سے نکلنا لمبے عرصے تک عیب سمجھا جاتا تھا۔کئی عورتوں نے قلم اُٹھانا بھی چاہا مگر معاشرے کے ظلم وتشدد نے ان کو اس میدان میں اترنے نہ دیا۔اس کی وجہ یہ بھی تھی کہ شاعری محض حسن وعشقیہ جذبات کے اظہار تک محدود تھی۔عصر حاضر میں شاعری کا دائرہ کھل گیا۔ہر قسم کے موضوع کو اس میں جگہ دی گئی ہے۔آج کی شریف زادیاں شاعری کے ذریعے بھی اپنے حقوق وانصاف کے لیے آواز بلند کرتی ہیں۔لہذا آج کا تانیثیتی ادب احتجاجی ادب ہے وہ فکشن ہو یا شاعری ہو اس متعلق حنا روحی کا کہنا ہے کہ:

''فیمنزم (Feminism) کا تصور ادب میں فحاشی اور بیمار زندگی کا اظہار نہیں ہے بلکہ فیمنزم عورت کی وہ پہچان ہے اور اس کی شناخت کا وہ ہتھیار ہے جس کے ذریعے وہ معاشرے کی بے حسی، آمریت، یک طرفہ حکومت، جبریت، انانیت، بے زبان عورت پر مرد کی بالا دستی، عورت کی ہنسی اور مسکان پر مرد کی دقیانوسی سوچ کے تالے، عورت کی عصمت پر مرد کی جسمانی عیاشی کے خلاف کھلم کھلا اظہار ہے۔اپنی شناخت کے لیے عورت صدیوں سے برسر پیکار رہی ہے۔کبھی وہ تاریخ کا سہارا لیتی ہے، کبھی لٹریچر کے سمندر میں ڈوب کر اپنی شناخت کے موتی ڈھونڈ لاتی ہے۔کبھی تو وہ اپنے آنچل کے پرچم بنا کر آزادی کے گیت گاتی ہے تو کبھی اپنے پیروں میں بندھی زنجیروں کو توڑ کر اپنی بلند آواز سے معاشرے کی بے حسی کو جگانے کی کوشش کرتی ہے۔معاصر عورت نے اس جھنجھلاہٹ کا خوب اظہار ملتا ہے۔نسائی ادب خود اس بات کا اظہار ہے اور اعتراف بھی کہ اسے وہ قبولیت نہیں ملتی جو مردوں کے ادب کو ملی ہے۔۔۔۔''

جدیدیت کے بعد بہت سی ایسی مصنفہ ظہور پذیر ہوئی جنہوں نے اپنی صلاحیتوں کی بنا پر ان زنجیروں کو توڑ کر باہر نکلیں اور ادب میں اپنے جذبات کی ترجمانی کرنے لگیں۔ احساس مظلومیت اردو ادباء و شعرا کا لمبے عرصے تک اہم موضوع رہا ہے۔ آخر اس ظلم نے ان کو ایسا بھڑکا دیا کہ خواتین نے مظلومیت اور محرومیت کے خلاف باغیانہ رویہ اختیار کر لیا۔ اب عورتیں ہر نوعیت کی جذبات و احساسات کو اپنی شاعری میں پیش کرتی ہیں یہ ان کی منفرد کوششوں کا نتیجہ ہے مگر مرد حضرات کی شاعری میں آج بھی تانیثی صورت میں جھلکتی ہے۔

بہر حال اس صورتِ حال کا مجموعی طور پر جائزہ لینے کے بعد یہ معلوم ہوتا ہے کہ معاشرتی بدلاؤ تو اتنا جلدی ممکن نہیں مگر خواتین نے اسے نظر انداز کر کے اپنا الگ دائرہ ہم منتخب کیا جس میں انہوں نے اپنا رویہ اپنایا ہے اس سے اندازہ ہوتا ہے کہ ان میں خود شناسی کے جوہر ہیں۔

◂◂ ● ▸▸

• شکور پٹھان

بولیں اماں محمد علی کی……

ایک ہی صف میں کھڑے ہو گئے محمود و ایاز نہ کوئی بندہ رہا نہ کوئی بندہ نواز
بندہ و صاحب و محتاج و غنی ایک ہوئے تیری سرکار میں پہنچے تو سبھی ایک ہوئے

امی وہ سنائیں ''بولیں اماں محمد علی کی۔'' امی سانس لینے کے لیے رکی ہی تھیں کہ میں نے دوسری فرمائش داغ دی۔

یہ سردیوں کی راتیں تھیں۔ لالٹین کی مدھم روشنی میں ہم سب لحافوں میں دبکے مونگ پھلی ٹھونگ رہے تھے۔ میں اور باجی جاگ رہے تھے۔ دو چھوٹے بہن بھائی سو رہے تھے (سب سے چھوٹی ابھی اس دنیا میں نہیں آئی تھی)۔ امی ہمیں اپنی سریلی آواز میں جواب شکوہ کے یہ اشعار سناتیں۔ مجھے یہ چند شعر تو تیسری جماعت میں ہی یاد ہو گئے تھے۔

''اچھا وہ؟ لو سنو۔''

بولیں اماں محمد علی کی

جان بیٹا خلافت پہ دے دو
ساتھ تیرے ہیں شوکت علی بھی

جان بیٹا خلافت پہ دے دو
تمہی ہو میرے گھر کا اجالا

تھا اسی واسطے تم کو پالا
کام کوئی نہیں اس سے اعلا

جان بیٹا خلافت پہ دے دو

پتہ نہیں یہ کون سی طرز تھی کہ ہماری آنکھیں نم ہوتی جاتی تھیں۔ ہم نہ محمد علی کو جانتے تھے نہ شوکت علی کو۔ نہ ہی یہ پتہ تھا کہ خلافت کیا (یا کون) ہوتی ہے۔ بہت بعد میں ایک دن رفیع صاحب کا گانا کہیں

ریڈیو پر سنا ''رات بھر کا ہے مہمان اندھیر...... کس کے روکے رکا ہے سویرا'' اس گانے کی دھن پر شاید امی ہمیں سناتی تھیں...... ''بولیں اماں محمد علی کی''

سردیوں کی ان راتوں میں امی نہ صرف ہمیں کہانیاں، لوریاں سناتیں بلکہ اپنے بچپن کے قصے بھی سناتیں۔ میری امی اللہ بخشے، جو صرف چار جماعت پڑھی تھیں۔ خود بھی کتابیں پڑھنے کی شوقین تھیں اور شاندار یادداشت رکھتی تھیں، ہمیں دنیا جہاں کی باتیں بتاتیں۔

''جب جرمن اور بلٹس (برٹش) کی لڑائی لگی۔''

''بلٹس کے زمانے میں روپے کا چار سیر آٹا ملتا تھا۔''

''جب ماشلا (مارشل لا) لگا تو ایوب خان نے پانی ملے دودھ کے ڈرم نالیوں میں بہا دیئے۔ ایسی سختی تھی۔'' ہمیں کچھ سمجھ نہ آتا لیکن مزہ آتا تھا یہ سب سننے میں۔ داستان طرازی کی یہ عادت شاید مجھے امّی سے ہی ملی ہے۔

پھر ایک دن جنگ اخبار کے پہلے پورے صفحے پر مولانا محمد علی جوہر کی پوری رنگین تصویر تھی جن کا اس دن یوم پیدائش یا یوم وفات تھا۔ اندرونی صفحات پر مولانا کے بارے میں مضامین تھے اور ایک تصویر مولانا شوکت علی، مولانا محمد علی اور بی اماں کی تھی۔

یہ تب کی بات ہے جب 'جنگ' اور 'انجام' اخبار میں کبھی قائد اعظم، تو کبھی لیاقت علی، تو کبھی ایوب خان، یا سردار نشتر، یا نواب بہادر یار جنگ کی بڑی بڑی رنگین تصویریں لگا کرتیں جنہیں، ظہور الاخلاق، بنایا کرتے تھے۔ (یہی ظہور الاخلاق تھے جو کبھی ابن صفی کے ناولوں کے ٹائٹل بھی بنایا کرتے تھے)۔ ان اخبارات کی مہربانی تھی کہ ہمیں بچپن میں ہی اکابرین کے بارے میں تھوڑی بہت سن گن مل جایا کرتی تھی۔

''امی یہی ہیں وہ، بولیں اماں محمد علی، والی؟''

''ارے ہاں، وہی تو ہیں۔ محمد علی، شوکت علی کی اماں۔'' امی کی آنکھوں میں عقیدت کی چمک تھی۔ کچھ دیر تصویر دیکھتی رہیں پھر باورچی خانے کی طرف چل دیں۔ امی پھر گنگنا رہی تھیں...... ''بولیں اماں محمد علی کی، جان بیٹا خلافت پہ دے دو......''

اور تب سے بی اماں کا ایسا پاکیزہ تصور ذہن کے پردے پر قائم ہوا کہ آج بھی ان کا ذکر آتا ہے تو نظریں احترام اور عقیدت سے جھکتی چلی جاتی ہیں۔ بچے اور خاص کر بیٹے تو ماؤں کی جان ہوتے ہیں۔ ان کے جگر کے ٹکڑے، مائیں جن کی سلامتی کے لئے دن رات دعائیں کرتی ہیں۔ اور یہ بڑی بی اپنے بچوں کو خلافت کے لیے جان دینے کو کہہ رہی ہیں۔ خلافت جو اِن کے نزدیک اللہ کی امانت ہے۔ جسے وہ اسلام کی نشاۃ ثانیہ کی ضامن سمجھتی تھیں۔ اور ایسی ماں نے پوت بھی جنمے تو کیسے۔

شوکت علی، محمد علی، یا علی برادران، تحریک آزادی اور تحریک خلافت کے صف اوّل کے سپاہی۔ آل انڈیا مسلم لیگ کے بانیوں میں سے ایک، جامعہ ملیہ دہلی جیسی درسگاہ کے موسس۔ مولانا محمد علی جوہر" اسلام زندہ ہوتا ہے ہر کربلا کے بعد" جیسے شعر کے خالق۔ بی اماں نے جن کی تربیت ایسی کی کہ کہہ اٹھے۔

توحید تو یہ ہے کہ خدا حشر میں کہہ دے یہ بندہ دو عالم سے خفا میرے لیے ہے

اپنی اولاد کو بھی اپنی ہی طرح تسلیم ورضا کا پیکر ایسا بنایا کہ محمد علی کی جواں سال بیٹی بستر مرگ پر ہے۔ محمد علی انگریز کی قید کاٹ رہے ہیں۔ بیٹی کے بچنے کی امید ختم ہوتی جارہی ہے اور زنداں سے اپنی جگر گوشہ کو لکھتے ہیں۔

تیری صحت ہمیں مطلوب ہے لیکن اس کو نہیں منظور تو ہم کو بھی منظور نہیں

محمد علی، میرے کراچی کے خالقدنا ہال میں ان پر مقدمہ چل رہا ہے۔ سزا ہو جاتی ہے۔ آزادی کا یہ مجرم میرے شہر کی سنٹرل جیل میں مقید ہو جاتا ہے۔ انگریز اس کی قابلیت جانتا ہے، آکسفورڈ کا تعلیمیافتہ، کامریڈ اخبار کا بانی، کوئی عام ہندوستانی نہیں ہے۔ محمد علی کو معافی کی پیشکش ہوتی ہے جسے وہ ٹھکرا دیتے ہیں۔ ماں کو خبر ملتی ہے۔ ذرا آج کے رہنماؤں کا تصور کریں جو ثابت شدہ جرم کے باوجود ضمانت، خرابی صحت کے بہانے اور نہ جانے کس کس طرح کے بہانے سے رہائی چاہتے ہیں۔ اور ذرا بی اماں کو دیکھیں۔ اطمینان سے خبر سنتی ہیں اور بڑے عزم سے کہتی ہیں" محمد علی اسلام کا بیٹا ہے۔ وہ معافی کا سوچ بھی نہیں سکتا۔ اگر اس نے ایسا کیا تو میرے بوڑھے ہاتھوں میں اس کا گلا گھونٹ دینے کی طاقت اب بھی ہے۔"

اور یہی بی اماں حج کے لیے جاتی ہیں تو کعبہ کا غلاف پکڑ کر التجا کرتی ہیں کہ" مالک......! تیرے کرم سے میرے بچے بڑے ہو گئے ہیں۔ میں تجھ سے دعا کرتی ہوں کہ انہیں سچا مسلمان بنا۔"

آبادی بانو بیگم (یا عبادی بانو بیگم) یعنی بی اماں نے آنکھ آزاد ہندوستان میں کھولی تھی۔ یہ ۱۸۵۰ء کے آس پاس کا زمانہ تھا۔ کم سنی میں ہی ہندوستان کو غلام ہوتے دیکھا۔ ایک غیر تمند گھرانے کی بیٹی جس کے ستر سالہ چچا کو انگریز نے بغاوت کے الزام میں پھانسی دی تو انہوں نے آگے بڑھ کر پھانسی کا پھندا خود اپنے گلے میں ڈال لیا۔ غدر کے ہنگاموں میں ہوش سنبھالنے والی آبادی بیگم نے حریت اور آزادی کی لو کو اپنے سینے میں کبھی مدھم نہ ہونے دیا۔ یہ تپش اور یہ تڑپ انہوں نے اپنے بیٹوں کے سینوں میں بھی جلائے رکھی۔ تسلیم و رضا تو جیسے گھٹی میں پڑی تھی۔ سب سے بڑے بیٹے نوازش علی کی موت پر لوگ پرسہ دینے آئے تو بڑی بہادری سے تعزیت کرنے والوں کو سمجھاتی ہیں کہ ہمیں اللہ کی مرضی کے آگے سر جھکانا ہے۔ یہ اس کے اختیار میں ہے کہ جو کچھ دیتا ہے، واپس بھی لے سکتا ہے۔ اس کی امانت تھی، اس نے واپس لے لی، شکایت کیسی؟

جب باپ کا سایہ سر سے اٹھا تو محمد علی صرف دو سال کے تھے۔ بی اماں نے واجبی سی گھریلو تعلیم حاصل کی

تھی لیکن اس زمانے کے رواج کے خلاف شوکت علی اور محمد علی کو انگریزی تعلیم دلوائی۔ شوکت علی نے علیگڑھ مسلم یونیورسٹی سے کسب علم کیا تو محمد علی نے آکسفورڈ کی راہ لی۔ اور یہ بی اماں پہلی مسلم خاتون تھیں جنھوں نے عملی سیاست میں حصہ لیا۔ کبھی مسلم لیگ کے جلسوں سے خطاب کیا تو کبھی خلافت کمیٹی تو کبھی عدم تعاون کی تحریک، کبھی چندہ جمع کررہی ہیں تو کہیں کسی رہنما کی رہائی کے لئے تحریک چلا رہی ہیں، ہندوستان کے گاؤں اور شہروں کے دورے کررہی ہیں۔ ساری عمر پردہ کیا۔ اسی پردے میں لاہور میں ایک ایسی تقریر کی کہ ادب کا شاہکار قرار پائی۔

گاندھی جی خود کو بی اماں کا تیسرا بیٹا کہتے تھے۔ گاندھی جی اور علی برادران جیل چلے گئے تو بی اماں نے بیگم حسرت موہانی، بسنتی دیوی، سرلا دیوی چودھرانی اور سروجنی نائیڈو کے ساتھ مل کر آزادی کا پرچم بلند رکھا۔ بی اماں نے اپنے بچوں کو سادہ غذا، سادہ لباس اور اسلام کے اعلا اصولوں کی تربیت کے ساتھ بڑا کیا تھا۔ عدم تعاون کی تحریک میں یہی تعلیم ہندوستانی خواتین کو دیتی رہیں اور بدیشی مال کے بائیکاٹ کی تحریک کے ہراول دستہ میں شامل رہیں۔

خود صوم وصلوات کی پابند تھیں لیکن ہندو مسلم اتحاد کے لئے دن رات کام کرتیں کہ یہ آزادی کی بنیادی ضرورت تھی۔ اصل چیز دنیا سے بے نیازی اور آخرت کی کامیابی ان کے پیش نظر رہتی۔ اور ایسی کیا چیز تھی جو انہیں آخرت میں سرخرو نہ کرتی۔

میں تو اتنا جانتا ہوں کہ روز حشر جزا و سزا کے فیصلے کرتے ہوئے اللہ انسانوں کی گواہی کو ضرور سنتا ہوگا اور بی اماں جیسوں کے لیے سوائے کلمہ خیر کے اور کوئی کیا کہہ سکتا ہے۔

آسماں تیری لحد پر شبنم افشانی کرے　　سبزۂ نورستہ اس گھر کی نگہبانی کرے

◄◄ ● ►►

● ڈاکٹر منظر اعجاز

نوشابہ خاتون کی افسانہ نگاری...... ''خلیج'' کی روشنی میں

نوشابہ خاتون زمانۂ حال کی خواتین افسانہ نگاروں میں نمایاں اور مقبول ہونے کے ساتھ ساتھ معروف و ذی وقار بھی ہیں۔موقر رسائل و جرائد میں ان کے افسانے متواتر شائع ہوتے رہے ہیں۔تین مجموعے ''نقار خانہ''، ''بالا دست'' اور ''خلیج'' شائع ہو چکے ہیں۔ان کے علاوہ ایک معاشرتی ناول ''نیا شوفر'' بھی منظر عام آچکا ہے۔ان کا ایک سوانحی ناول ''خزاں کے بعد'' بھی زیرِ طبع ہے۔اس تفصیل سے اندازہ لگایا جاسکتا ہے کہ ان کی جولانیٔ طبع اور قلم کی رفتار سست اور دھار کند نہیں ہوئی ہے۔میرے خیال میں انہوں نے خود کو ادبی تحریک یا رجحان سے بھی آزاد رکھا ہے۔تخلیقی وجدان کی رہنمائی اور معاشرے میں پھیلے واقعات و واردات کے مشاہدات و تجربات کے تانے بانے سے کہانیاں بنتی رہی ہیں۔ان کہانیوں سے حیات و کائنات اور معاشرتی مسائل و معاملات کے سلسلے میں ان کا زاویۂ نظر واضح ہوتا رہا ہے جو غیر منظّم اور غیر مرتب صورت میں یا بکھرا بکھرا سا دکھائی دیتا ہے لیکن ان بکھرے عناصر کو ترتیب دے دیا جائے تو وہ ایک فلسفۂ حیات بن سکتا ہے اور اس لحاظ سے سنجیدہ غور و فکر کی ضرورت کا احساس دلاتا ہے۔اس پہلو پر تفصیل سے لکھنے کے لئے جتنے صفحات و اوقات کی ضرورت ہے، وہ سرِ دست میسر نہیں، اس لئے یہاں اس پہلو سے گریز لازم ہے۔

میں سمجھتا ہوں کہ کسی بھی ادیب یا فنکار کے لئے خرد کے نظریات سے زیادہ اہم اس کے اپنے مشاہدات و تجربات ہوتے ہیں۔مشاہدات کا تعلق دیکھے ہوئے اور تجربات کا تعلق بھوگے ہوئے یا جھیلے ہوئے واقعات و واردات سے ہے۔پچیس افسانوں پر مشتمل ''خلیج'' میں دونوں طرح کے واقعات و واردات اور مسائل و معاملات عکس ریز ہوئے ہیں جن کا بیان خوش سلیقہ اسلوب اور عظیم آباد، پٹنہ کے مضافات بالخصوص ضلع نالندہ کے شرفاء گھرانے کی خواتین خانہ کی زبان میں ہوا ہے۔یہ وضاحت شاید یہاں غیر ضروری نہ ہو کہ ادب کا سارا کھیل زبان و بیان ہی پر منحصر ہوتا ہے اور کوئی بھی ادبی متن یا ادب پارہ سب سے پہلے زبان و بیان ہی کی وجہ سے متاثر کرتا ہے اور مطالعے کے ذوق کو شوق کی راہ پر ڈالتا ہے۔کم از کم میں ایسا ہی سمجھتا ہوں اور ''خلیج'' کے مطالعے میں سب سے پہلے میری توجہ نوشابہ خاتون کے اسلوبِ

بیان اور اندازِ زبان ہی کی طرف مبذول ہوتی ہے۔اس لئے میں یہاں مختلف افسانوں سے چند اقتباسات پیش کرنے پر مجبور ہوں۔

''اماں جی! آپ ایک طرف چپ چاپ بیٹھی رہئے۔کاہے کو بک بک کیجئے ہے''

(آشیاں اپنا)

''امی آپ کیوں تکلیف کرتی ہیں۔آپ سے کچھ ہوتا جاتا نہیں ہے۔سب کچھ الٹ پلٹ کرر کھ دیتی ہیں''

(زندان)

''کبھی کبھی وہ باورچی خانہ میں جا کر نوکرانیوں سے گپ لڑاتی،ان کے کام میں مدد کرنے کی کوشش کرتی

''بنفشہ بوا آپ اتنی کمزور کیوں لگ رہی ہیں۔آپ کی طبیعت تو ٹھیک ہے نا؟''

''نہیں دلہن بیگم کئی روز سے بخار آرہا ہے۔''

''ڈاکٹر کو دکھایا؟''

''کہاں اتنا پیسہ ہے۔اکیلی جان چھ چھ بچوں کا خرچ چلانا آسان ہے کیا موا نکما بیٹھ کر کھانے والا ہے۔''　　(ڈرامے کا ڈراپ سین)

''تم کیا سمجھتے ہو کہ میں بغیر پیسے،بغیر عیش و آرام کے تمہارے ساتھ سڑکوں پر دھکے کھاتی پھروں گی۔نا بابا نا،میں ایسے خالی خولی عشق کی قائل نہیں ہوں۔''

(یہ عشق نہیں آساں)

''کا بتاویں بیٹا۔اب تو نہ وہ لوگ رہے اور نہ وہ پیار محبت رہا۔''

''تم لوگوں کو اتنے دنوں بعد دیکھ کر کا بتاویں کتنی خوشی ہورہی ہے۔بیٹھو کھانا بناویں ہیں۔کھا کے جیّہو۔''　　(خواب خواب زندگی)

افسانہ نگاری میں جملہ سازی اور فقرہ طرازی کی جو اہمیت ہے،اس سے افسانے کے قارئین اور ناقدین واقف ہیں۔یہاں تفصیل کی گنجائش بھی نہیں۔ویسے بھی مرصع نگاری ہر صنفِ ادب بالخصوص تخلیقی اور افسانوی ادب کو دلچسپ بنا دیتی ہے۔مرصع نگاری کی خصوصیات میں صرف قافیہ پیمائی ہی لازمی عنصر نہیں ،محاورے ترکیبیں اور تشبیہیں بھی عبارت آرائی میں اہم کردار ادا کرتی ہیں لیکن ایک شرط کے ساتھ کہ تصنع ،وضعیت اور بناوٹ کا انداز واضح نہ ہو۔بے تکلفی،بے ساختگی،شگفتگی اور والہانہ پن ہو۔ایسی خصوصیات نوشابہ خاتون کے افسانوں بالخصوص افسانوی زبان و بیان میں بدرجہ اتم موجود ہیں۔زبان کا وہ معیار جو

مرزایانِ دہلی یا اردوئے معلیٰ سے مخصوص و منسوب رہا ہے، کچھ اسی قسم کا معیار عظیم آباد، پٹنہ اور مضافات کی حویلیوں کی زبان کا بھی رہا ہے اور نوشابہ خاتون کا براہِ راست تعلق ایسی حویلیوں سے رہا ہے۔ بلکہ سچی بات تو یہ ہے کہ حویلی والیوں میں رہی ہیں اور افسانہ نگار، ناول نویس یا ادب نگار کی حیثیت سے اس معاشرے کی روشن شمع ہیں۔ مجھے اس مخصوص خطے میں ان کے سوا دورِ حاضر میں کوئی دوسری خاتون نظر نہیں آتیں، جن کی زبان ایسی ہو اور جن کا معیارِ زبان و بیان ایسا ہو۔ چند فقروں اور جملوں سے میرے اس خیال کی تائید و توثیق ہوسکتی ہے۔ مثلاً ''صحرا جیسی ویران آنکھیں۔'' یہاں توجہ طلب آنکھوں کی ویرانی ہے، جسے صحرا سے تشبیہ دی گئی ہے۔ ایک جملہ اور دیکھیں۔

''اگر کسی کے دل میں درد اٹھتا بھی ہے تو بس اتنی دیر کے لئے جتنی دیر چکنے پتھر پر پانی ٹھہرتے ہیں۔''

مشاہدے کی باریکی، نظر کی گہرائی اور گیرائی اور جملے کی ساخت و پرداخت اور جدت و ندرت کی جس قدر داد دی جائے کم ہے۔ ایسے ایسے بے شمار فقرے اور جملے ہیں جن سے نہ صرف زبان و بیان کا معیار مترشح ہوتا ہے بلکہ ان کی پور پور سے شعریت سی ٹپکتی محسوس ہوتی ہے۔

نوشابہ خاتون اپنے افسانوں کا آغاز بھی اچھوتے انداز میں کرتی ہیں۔ ایسا محسوس ہوتا ہے کہ قلم کی سمت ہی نہیں ہے، رفتار بھی ان کے دست قدرت کی رہینِ منت ہے۔ ان کے افسانوں میں تمہید کی عدم موجودگی احساس دلاتی ہے کہ وہ کسی منصوبہ بندی کے تحت یعنی Planned way میں تمہید رقم نہیں کرتیں جیسے ریگ زاروں میں پانی کا سوتہ کہیں بھی اور کبھی بھی پھوٹ پڑتا ہے اور صحرا نوردوں کی آسودگی کا سامان بن جاتا ہے۔ اور نظامِ قدرت کے کرشمے جلوۂ طور کا منظر چشمِ تصور میں بھر دیتے ہیں۔ نوشابہ خاتون کی قدرتِ فن بھی کچھ اسی انداز سے ظاہر ہوتی ہے۔ افسانہ ''خلیج'' کے ابتدائی چند جملے دیکھیں:

''بچی رو رو کر بے حال ہو رہی تھی۔ ''پاپا! پاپا میں آپ کو چھوڑ کر نہیں جاؤں گی۔''

بس اس کی یہی ایک گردان تھی۔ لیکن وہ مجبور تھا۔ دل پر ایک بھاری بوجھ لئے رومال سے اپنے آنسو خشک کرتا ہوں، اسے خود

سے جدا کر دیا تھا۔ رومانہ نے بھی اپنی آنکھوں میں بے ساختہ امڈ آنے والے آنسو کو بڑی مشکل سے روکا اور اسے خدا حافظ کہا۔''

معاہدہ کا پہلا پیراگراف بھی دیکھتے چلیں:

''تو آخر وہی بات ہوئی جس کا اسے ڈر تھا۔ ایک پل میں سارے رشتے ناطے ٹوٹ گئے۔ سارے عشق، سارے جنون ہوا ہو گئے۔

یہ ذات ہی بے اعتبار ہے۔ نہ اس کی محبت میں پائیداری ہے، نہ وفا میں خلوص، عورت اس کے

ہاتھوں ایک کھلونا ہے۔ جب جی چاہا
کھیلا، جب دل بھر گیا توڑ پھوڑ کر پھینک دیا۔''
''جب بھی میں اس جھونپڑی کے پاس سے گزرتا، میرے قدم رک جاتے۔ نہ جانے اس عورت کے چہرے میں کیا بات تھی کہ دل
خود بخود اس کی طرف کھنچا چلا جاتا۔ کوئی انجانی سی طاقت مجھے اس راستے سے ہو کر گزرنے پر مجبور کر دیتی۔''

محولہ بالا اقتباسات سے اندازہ لگایا جا سکتا ہے بعض دوسری خصوصیات کے علاوہ ایک اہم خصوصیت یہ بھی ہے کہ دوران مطالعہ ابتدائی مرحلے میں ہی قاری کے ذہن میں تجسس کی کیفیت پیدا ہونے لگتی ہے اور وہ متجسسانہ تشنگی کے ساتھ آگے کے مراحل طے کرتا چلا جاتا ہے۔ یہاں تک کہ اختتام تک پہنچنے میں زیادہ دیر نہیں لگتی۔ اس کی ایک اہم وجہ ''خلیج'' کے افسانوں کا اختصار بھی ہے۔ اس مجموعۂ افسانہ کا غالباً طویل تر افسانہ ''قیدِ ہوس'' ہے لیکن اس کی قرأت میں بھی ایک گھنٹہ سے کم ہی وقت صرف ہوتا ہے۔

''خلیج'' کے افسانے طویل ہوں یا مختصر، ان کے بیانیہ میں سادگی و پرکاری دکھائی دیتی ہے۔ کوئی پیچیدگی نہیں جو بیشتر جدیدیت کے رجحان سے متاثر افسانہ نگاروں کا طرۂ امتیاز رہا ہے۔ لیکن افسانوں کے پلاٹ میں جن واقعات و واردات کی ہم کاری اور پیوند کاری کی گئی یا جن کے تانے بانے سے پلاٹ تیار کیا گیا ہے۔ ان میں بعض ایسے معاملات و مسائل سے الجھنے اور سلجھانے کی فنکارانہ کوشش ملتی ہے، جہاں تک عام لوگوں کی نظر تو کیا، خاص لوگوں کی نظر بھی شاید ہی پہنچتی ہو۔ مسائل و معاملات بہر حال سماجی ہی ہیں کہ کسی نہ کسی سماج میں خواہ وہ ہندو سماج ہو یا مسلم سماج یا مشترکہ تہذیب پر مشتمل مخلوط معاشرہ جس میں بعض مسائل کی گتھیاں اس طرح الجھتی ہیں کہ ہوش ٹھکانے لگ جاتے ہیں۔ مثال کے طور پر ''شجرِ ممنوعہ'' کو سامنے رکھا جا سکتا ہے۔ اس افسانے میں اسلامی معاشرے کا ایک ایسا واقعہ پیش کیا گیا ہے۔ جس پر کوئی افسانہ یا ناول آج تک میری نظر سے نہیں گزرا چنانچہ میرے نزدیک یہ ایک اچھوتا موضوع ہے۔ افسانے کے بیان میں سادگی ہے لیکن مسئلہ پیچیدہ ہے۔ اس کی ابتدا وہاں سے ہوتی ہے جہاں ناز و اور یوسف پندرہ سال بعد ملتے ہیں:

''پورے پندرہ سال بعد ہم دونوں ملے تھے۔ چند لمحے دونوں ہی خاموش نظروں سے ایک دوسرے کو دیکھتے رہے۔ پھر اس خاموشی کو یوسف ہی نے توڑا۔''

اس مختصر سی عبارت سے ہی تجسس ابھرنے لگتا ہے اور متجسس نگاہیں آگے قدم بڑھاتی ہیں:

''نازو تم یہاں؟'' پھر قدرے توقف کے بعد انھوں نے افسردگی سے پوچھا۔ ''کیسی ہو؟'' اس مانوس سی آواز نے میرے اندر ایک ہلچل سی مچا دی۔ پھر خود کو سنبھال کر کہا۔ ''اچھی ہوں اور جینے کا سہارا

ڈھونڈنے یہاں آئی ہوں۔

تجسس کا عنصر ہنوز برقرار ہے اور میں سمجھتا ہوں کہ بیشتر اس کا مدار اسی پر ہے۔ واقعہ یہ ہے کہ پندرہ سولہ سال قبل یوسف، نازو کو آتے جاتے دیکھا کرتا تھا لیکن اس دید و باز دید میں شرافت کی بو باس موجود تھی۔ اس کے باوجود نازو نے اپنا راستہ بدل لیا تھا۔ ایک دن کالج سے واپس آئی تو گھر میں کچھ مہمان آئے ہوئے تھے۔ والدین کو شادی کی فکر تو پہلے ہی سے تھی، رشتے کو معقول سمجھ کر قبول کرلیا گیا اور نازو کو یوسف میاں سے بیاہ دیا گیا۔ دونوں کی زندگیوں میں بہار آ گئی۔ یوسف کی جہاں پوسٹنگ تھی وہاں نازو کو ساتھ لے گیا۔ میکے بھی نازو آتی جاتی رہتی۔

لیکن جب ایک بار یوسف نے گھر میں قدم رکھا تو ایک عورت ان کے ساتھ تھی جو پاکستان سے آئی تھی۔ دو دنوں کے بعد کچھ اور لوگ ملنے جلنے آئے انہیں نے انکشاف کیا کہ یوسف نے اس عورت کا دودھ پیا تھا جس کا نازو نے پیا تھا۔ چنانچہ دونوں ہی ایک دوسرے کے لئے شجرِ ممنوعہ بن گئے۔

اس مسئلے سے متعلق ایک دوسرا مسئلہ بھی مزید پیچیدگی پیدا کر دیتا ہے اور وہ ہے نازو کی کوکھ میں پلنے والا یوسف کا نطفہ۔ یہاں غور طلب امر یہ ہے کہ اس صورت حال میں نازو کی کفیت کیا ہوگی؟ نازو بالآخر حمل ساقط کرا دیتی ہے۔ اور پھر دوسری شادی بھی نہیں کرتی۔ پندرہ سولہ سال جیسے تیسے گزارنے کے بعد مستقبل و حال کا سہارہ ڈھونڈتے وہاں پہنچ جاتی ہے جہاں اچانک یوسف سے ملاقات ہوجاتی ہے۔

یوسف بھی اس ملال میں مبتلا دکھائی دیتے ہیں کہ اب پوری زندگی کیسے گذرے گی؟۔ یوسف کی یہ کفیت نازو کو اور بھی ملول کر دیتی ہے۔ کہانی اپنے اختتام پر ایک گہرا تاثر چھوڑ جاتی ہے اور قاری یہ سوچنے پر مجبور ہوتا ہے کہ ایک ذرا سی بھول سے دو زندگیوں میں ایسا زہر گھل گیا جس کا کوئی توڑ نہیں۔

ایک دوسری کہانی ''انتقام'' بھی مسئلے کی پیچیدگی کے لحاظ سے ایسی ہی ہے۔ حالانکہ اس کے اصل موضوع میں عمومیت ہے۔ ضبط حمل یا ضبط تولید کا مسئلہ نیا نہیں ہے۔ اس سلسلے میں تو سرکاری سطح پر بھی تحریک چلائی گئی ہے لیکن اس افسانے میں اولاد کی کثرت سے عاجز آ کر ضبط حمل کے نسخے آزمائے جاتے ہیں۔

اس افسانے کا واحد متکلم راوی اپنی بے خواب و بے قرار راتوں اور جگر کے پار ہوجانے والی خلش کی داستان بیان کرتے ہوئے اس موڑ پر آتا ہے۔ جہاں دھندلی دھندلی یادیں ذہن کے پردے پر ابھرتی ہیں ان میں ایک شبیہ صائمہ کی ہے۔ جو میری ہمسفر اور غمگسار تھی۔ بچپن میں میرے پیارے دوست، اپنے پرائے مجھے چھیڑ کے میری مجروح شخصیت کا مذاق اڑاتے تو وہ ڈھال بن جاتی۔ لڑنے بھڑنے کے لئے تیار ہوجاتی''۔

راوی کے اس بیان سے مترشح ہے کہ صائمہ اسے پیار کرتی تھی۔ آگے بڑھتی ہوئی کہانی احساس دلاتی ہے کہ، وہ ابھی بھی اسے چاہتی ہے۔ لیکن اسکی زندگی میں شامل نہیں ہوسکتی۔ یہ اسکی مجبوری تھی۔ اور

ہے۔راوی کا یہ بیان اس کے دل کی لگی اور جگر کی خلش کا عکاس ہے۔:

''میرے اندر کسی کو چاہنے اور چاہے جانے کی خواہش تھی، کسی ہمسفر کی آرزو تھی جو میری تنہائی کی شریک ہو، مجھ سے راز و نیاز کی باتیں کرے باتیں، کبھی پیار کی باتیں اور کبھی تکرار کرے۔''

راوی کے بیان سے ہی واقعات و واردات کے نشیب و فراز ظاہر ہوتے ہیں۔ راوی ہی اس کہانی کا مرکزی کردار ہے اور وہی اپنی روداد حیات بیان کرتا ہے اور اسی سے اسکی کیفیت کا بھی اظہار ہوتا ہے جس کی بے شمار خواہشیں ،اور فطری خواہشیں ہیں۔ جو احساس دلاتی ہیں کہ ہر خواہش پر دم نکلا جا رہا ہے۔ بیان کی کیفیت قاری کو بھی اکثر گھٹن میں مبتلا کرتی ہے۔

کردار کی سعادت مندی، اس کی خاندانی نجابت اور شرافت کا احساس دلاتی ہے۔اور واضح ہوتا ہے کہ وہ جس تہذیبی روایت اور روایتی معاشرے کا زائیدہ و پروردہ ہے وہ تصور خدا اور اس کی قدرت کاملہ کا معتقد ہے اور یہی اعتقاد اسے زندہ رکھے ہوئے ہے ورنہ وہ خودکشی کر کے جان

دے دیتا یا ایسے اقدام کرتا جو خاندان کے نام کو بٹہ لگا دیتا۔ وہ اپنے احساس کے عفریت سے نجات حاصل کرنے کے لئے خود کو مطالعے میں مشغول رکھتا ہے جو بظاہر ایک فراری میلان ہے۔لیکن یہی چیز اسے زندگی سے رشتہ استوار رکھنے کا حوصلہ بھی دیتی ہے اور زندگی سے پیچھا چھڑا کے بھاگنے نہیں دیتی۔اس کی سعادت مندی کا اظہار اور اسکے ابو کا اعتراف ملاحظہ ہو:

''میں اپنی لائبریری میں محو مطالعہ تھا کہ اچانک ابو اندر داخل ہوئے۔ انکی آنکھیں نم تھیں اور چہرے پر حزن و ملال چھایا تھا۔ آتے ہی انہوں نے مجھے گلے لگا کر کہا۔

''بیٹا میں تمہارا دکھ جانتا ہوں۔تمہاری محرومی کا ذمہ دار میں ہوں۔ میں ہی تمہاری خوشیوں کا قاتل ہوں۔ بیٹا مجھے معاف کر دینا۔ میں بہت تھک گیا تھا۔ بچے کبھی نعمت ہوتے ہیں اور کبھی زحمت بھی بن جاتے ہیں۔اہل وعیال کی کفالت کرتے کرتے میری کمر ٹوٹ گئی تھی۔شاید میرے بزرگوں نے یہ دعا دی تھی۔''دودھوں نہاؤ، پوتوں پھلو''

''دودھوں نہانا تو نصیب نہ ہوا لیکن خدا نے اولاد کی دولت سے جی بھر کے نوازا۔ جب مجھے خبر ہوئی کہ ایک بچہ اور میرے گھر آنے والا ہے تو میرے ہوش اڑ گئے مزید اور بوجھ اٹھانے کی مجھ میں طاقت نہ تھی۔ میں کسی صورت اس بوجھ سے چھٹکارا پانا چاہتا تھا۔لیکن یہ کہاوت سچ ثابت ہوئی کہ'' جسے اللہ رکھے اسے کون چکھے''۔

چنانچہ اسقاط حمل کی تدبیروں کا بھی حسب دل خواہ نتیجہ نہیں نکلتا بلکہ اس کے مضر اثرات کی وجہ سے عضو خاص ٹھٹھر کر رہ جاتا ہے۔ یہ ڈاکٹروں کی متفقہ رائے تھی۔

اپنے باپ کے احساس گناہ اور اقبال جرم پر افسانے کے اس کردار کا جو ردعمل ہونا چاہئے تھا وہ دکھائی نہیں دیتا اور یہی اس کے سعادت مند ہونے کی دلیل ہے۔اس کا آخری بیان جس پر اس افسانے کا اختتام ہوتا ہے۔یہ ہے:

''میں حیرت وحسرت سے انہیں دیکھ رہا تھا۔کیا کوئی اولاد بھی اپنے والدین پر بوجھ بن سکتی ہے؟اور پھر میری نظریں کسی معجزہ کی امید میں آسمان کی طرف اٹھ گئیں۔''

متذکرہ بالا افسانوں میں مرکزی کرداروں کو جن حالات سے گزرنا پڑا ہے،ان میں ہوش وحواس کا بجا رہنا حیرت انگیز ہے لیکن اعتقادو اقدار کی ان دیکھی قوت کی ایسی کارفرمائی ہے جس نے زندگی کے شیرازے کو بکھرنے سے بچالیا ہے۔لیکن زندگی کے ارتقائی سفر میں جو خلیج پیدا ہوئی ہے،وہ پٹ نہیں سکی ہے۔ایسی خلیج معاشرتی سطحوں پر کئی جگہ دکھائی ہے۔ایک افسانہ بھی ''خلیج'' کے عنوان سے اس مجموعے میں شامل ہے،اور یہی سرنامۂ کتاب بھی ہے۔اس خلیج کی نوعیت متذکرہ افسانوں سے قدرے مختلف ہے۔

اس افسانے میں رشتوں کے درمیان سیاسی خلیج دکھائی دیتی ہے۔ناقابل عبور خلیج!وہ خلیج جو تقسیم ملک سے پیدا ہوئی تھی ۔زمین بٹ گئی تھی،آسمان بٹ گئے تھے،خاندان بٹ گیا تھا۔رشتے بٹ گئے تھے۔اگر بٹنے سے کچھ رہ گیا تھا تو وہ تقسیم ہند کا المیہ تھا جس نے دونوں طرف سینے کے داغ کو تازہ رکھا تھا۔اور یہی آمدورفت اور ملاقات بات کا جواز تھا۔خلیج کے کردار اس المیہ کے شکار ہوتے ہیں۔رومانہ کسی تقریب سعید میں شرکت کے لئے انڈیا آتی ہے۔یہاں آکر وہ اپنے کزن احمر کی پسند بن جاتی ہے۔فاصلے اور خلیج کے احساس کے باوجود حسب روایت بزرگوں کے فیصلے کے مطابق شادی ہو جاتی ہے۔تین مہینے کا ویزا ختم ہونے پر آتا ہے تو بار بار بڑھوایا جاتا ہے۔شہریت حاصل کرنے کی کوشش بھی جاری رہتی ہے،اس طرح کہ رومانہ کو انڈیا کی یا احمر کو پاکستان کی شہرت مل جائے۔اس تک ودو کے درمیان رومانہ ایک بچی کی ماں بن جاتی ہے۔اس افسانے کا جو کلائمکس ہے وہی اس کا المیہ بھی ہے اور وہ یہ ہے کہ ایک نوٹس کے ذریعے اسے انڈیا چھوڑ دینے کا فرمان ملتا ہے اور لامحالہ اسکی تعمیل کرنی پڑتی ہے۔فنی تکنیک کے لحاظ سے افسانے کی ابتدا کراچی کے لئے پرواز سے ہوتی ہے جس کا اختتام کراچی ایرپورٹ پر لینڈنگ سے ہوتا ہے کہانی فلیش بیک کی تکنیک میں اپنا سفر کرتی ہے۔

''تاوان'' کی کہانی بھی الم انگیز تاثرات سے لبریز ہے ہر چند کہ یہ آج کی کہانی نہیں لیکن جاگیر دارانہ نظام اور سماجی حقیقتوں کی عکاس ہے۔ماضی بعید اور اس کی تاریخ میں ایسے انگنت اوراق ہیں جن میں رشتوں کے درمیان پیدا ہونے والی ''خلیج'' کا تعلق معاشی نشیب وفراز ہے۔

اس کہانی کا راوی واحد متکلم ہے اور یہی اس کا مرکزی کردار بھی ہے۔حسب معمول اس کہانی

کا آغاز بھی تجسس آمیز ہے:

''کئی مہینوں کی ذہنی کشمکش اور انتشار کے بعد آخر میں نے ایک فیصلہ کر ہی لیا۔ فیصلے کی گھڑی بہت کٹھن تھی لیکن دل کے اوپر سے بھاری پتھر سرک گیا تھا۔''

راوی اپنا خاندانی پس منظر یوں بیان کرتا ہے:

''میں اس گاؤں کا باشندہ تھا جو ایک روایتی گاؤں ہے۔ اس کا اپنا ایک الگ ہی رکھ رکھاؤ تھا ۔رعب تھا دبدبہ تھا۔ وہاں کے رؤساء اور سابق زمینداروں کے خلاف پرندہ پر نہیں مار سکتا تھا۔ ہماری بلند و بالا حویلی اپنے جاہ وجلال کے اعتبار سے پورے گاؤں میں بے مثال تھی ۔ میرے والد جوانی ہی میں ملک عدم کو سدھار گئے تھے۔ لہٰذا نظیر احمد صاحب یعنی میرے بڑے ابو ہی ساری دولت اور جائداد کے مختار کل تھے۔''

سابق زمیندار نظیر احمد صاحب ساری دولت اور جائداد ہی کے نہیں بلکہ اپنے چھوٹے بھائی کی وراثت کے علاوہ وارث کے بھی سر پرست ونگراں اور مختار کل تھے۔ اور ان کے حکم سے سر مو اختلاف نہیں کیا جاسکتا۔ انہوں نے اپنے بھتیجے سے اپنی لاڈلی بیٹی کا رشتہ طئے کر دیا جب کہ لڑکی لڑکے سے عمر میں کافی بڑی تھی لیکن مسئلہ عمر کے اس طویل فرق کا نہ تھا۔ بقول راوی:

''جو سزا مجھے ملی تھی اس میں اس ہستی کو شریک کرنا مجھے گوارا نہ تھا جو مجھے سب سے زیادہ عزیز، سب سے زیادہ پیاری تھی۔ جس کا دامن پکڑ کر میں نے چلنا سیکھا تھا۔ جس نے قدم قدم پر میری رہنمائی کی تھی ۔جس نے میرے بکھرے وجود کو سمیٹ لیا تھا۔ اگر رشتوں کے شکنجے میں جکڑا اور احسان کے بوجھ سے دبا ہوا میں اتنا بے بس نہ ہوتا تو شاید یہ نوبت نہ آتی ۔ میری بزدلی اور سعادت مندی نے مجھے بہت دکھ دئے۔''

شادی میں آڑے آنے والا مسئلہ لڑکے کے لئے نہ عمر ہے نہ رشتہ جو معاشرتی طور پر ظاہر ہے لیکن ہے بہر طور رشتہ ہی جس کی نوعیت مختلف ہے۔ جیسا کہ راوی کے اس بیان سے ظاہر ہوتا ہے:

> ''پورے پانچ سال تک وہ اس حویلی اور ماں باپ کے دل پر تنہا راج کرتی رہیں آنکھوں کا نور اور دل کا سرور بنی رہیں۔ ان کی ہر خواہش زبان سے نکلتے ہی پوری ہو جاتی۔ انکے سامنے کھلونوں کا ڈھیر لگا رہتا لیکن جس دن میں آیا انہوں نے سارے کھلونے پھینک دئے۔ انہیں تو وہی گڈا چاہئے تھا جو چھوٹی امی کی گود میں تھا۔ وہ ہر وقت ان کے پہلو سے لگی بیٹھی رہتیں۔ بچے کو گود میں لینے کی ضد کرتیں۔ کبھی نظر بچا کر بچے کا منھ کھول کر دیکھتیں اور کبھی آنکھیں۔''
>
> ''جب میں پانچ سال کا تھا تو ایک ناگہانی حادثہ میں میرے ابو امی چل بسے۔ یہ ایک ایسا حادثہ تھا جس نے میری زندگی میں ایک بہت بڑا خلا پیدا کر دیا تھا۔ میں رو

روکر بے حال ہو جاتا۔ان کے پاس جانے کی ضد کرتا۔ پورے گھر کو سر پر اٹھا لیتا
۔ایسے میں بڑے ابو اور بڑی امی نے مجھے گلے لگا لیا اور آپا کا دامن تھامے ان کے
پیچھے لگا رہتا۔ہم دونوں کا ہر وقت کا ساتھ تھا کھیلتے کودتے بڑے ابو کے کمرے میں
ان کے آزو باز و بیٹھنے کے لئے یا بڑی امی کی گود میں بیٹھنے کے لئے'' پہلے ہم، پہلے
ہم کی گردان کرتے ہوئے ہم بڑے ہوتے گئے۔''

ان کے بیانات سے مترشح ہے کہ آپا ہی نہیں رہ جاتیں اور عمر میں پانچ چھ سات سال کی بڑائی، چھوٹائی بھی کوئی معنی نہیں رکھتی۔ آپا کا ماں جیسا سلوک اس رشتے کو اور گہرائی اور پیچیدگی عطا کر دیتا ہے اور چھوٹے بھائی کے دل و دماغ میں نفسیاتی گرہ ڈال دیتا ہے۔اس کا دل گوارہ نہیں کرتا کہ اس کی شادی آپا سے ہو۔اسکی بزدلی یا سعادت مندی بڑے ابو کا حکم ماننے پر مجبور کر دیتی ہے لیکن وہ اس معاشی پہلو کو نظر انداز نہیں کر پاتا کہ بڑے ابو نہیں چاہتے کہ انکی پشتینی جاگیر میں کسی دوسرے خاندان کی شرکت ہو۔گھر کی دولت جائداد گھر میں رہ جائے یہی بہتر ہے۔

وقت و حالات کے جبر سے شادی تو ہو گئی لیکن طرفین نے اس رشتے کو دل سے قبول نہیں کیا۔اس کہانی کا اختتام یوں ہوتا ہے:

''پھر طلاق نامہ اور جائداد سے دست بردار ہونے کے کاغذات انکے ہاتھوں میں تھما کر کسی کو کچھ بتائے بغیر نا معلوم سمت کی طرف چل پڑا۔اس عزیز ہستی سے ناطہ توڑ تیا اور اپنی جائداد سے دست بردار ہوتے وقت دل کے ٹکڑے ہو رہے تھے لیکن مجھے اسخاندان میں پیدا ہونے کا تاوان تو ادا کرنا ہی تھا۔''

جاگیر دارانہ نظام، زمیندارانہ مزاج و میلان اور حویلیوں کے کلچر والی اور بھی کہانیاں اس مجموعے میں شامل ہیں۔''ڈرامے کا ڈراپ سین''

اور'' آخری وعدہ'' کا تعلق بھی ایسی ہی کہانیوں سے ہے۔

'' آخری وعدہ'' کی لاوارث حویلی میں جھونپڑی والی عورت کا بچہ معاہدے کے تحت گود لے لیا جاتا ہے۔اور سگی اولاد کی طرح پالا جاتا ہے لیکن اس پرورش میں گرم جوش محبت کی کمی کا احساس ہوتا ہے اور بالآخر بڑا ہونے پر بچے کو پتہ چلتا ہے کہ اس کی ممی اسکی حقیقی ماں نہیں اسی لئے ان سے وہ ممتا بھرا پیار نہ مل سکا جو اس کی کھلائی سے ملا کہ وہی اس کی حقیقی ماں تھی۔لیکن اس کا کیا ہوا وعدہ یاد دلا کر اسے کہیں اور نا معلوم جگہ پر جا بسنے کا حکم دیا گیا۔

اس کہانی میں ممی اور ماں دونوں ہی زد آتی ہیں رشتوں کے درمیان پیدا ہونے والی خلیج یہاں بھی نا قابل عبور نظر آتی ہے۔

حویلی اور نوابی شان وشوکت کے پس منظر کی کہانی ''ڈرامے کا ڈراپ سین'' بھی ہے۔نورنظر مرد اور شہوار عورت کردار ہیں۔نورنظر نے ولایت سے وکالت پاس کی ہے۔پریکٹس خوب چلتی ہے۔اس لئے زیادہ مصروف رہتے ہیں۔حویلی میں شہوار کو کسی بات کی کمی نہیں لیکن یہی

فارغ البالی اور خوش حالی نہ صرف اسے تنہائی کے شدید احساس میں مبتلا کر دیتی ہے بلکہ وہ خود کو شوکیس میں سجائی ہوئی چیتھڑے کی گڑیا سمجھنے لگتی ہے کیونکہ اس کے احساسات وجذبات یا مرضی اور خواہش کا اس حویلی میں کوئی پرسان حال نہیں:

''اماں حضور نے تو مجھے قیدی بنا کر رکھ لیا ہے۔نہ میری اپنی کوئی مرضی ہے نہ کوئی زور، مجھے مائکے جانے کی بھی اجازت نہیں ہے۔''

اسی احساس قید وبند سے نجات حاصل کرنے کے لئے وہ اماں حضور کو زندگی کے حصار سے نکال باہر کرنے کی تدبیر کرتی ہے۔لیکن وہی تدبیر سے پُر دودھ کا گلاس بھول سے نورنظر کو چلا جاتا ہے جس کے پیتے ہی ایسی کیفیت پیدا ہوتی ہے کہ ڈاکٹر کو بلانے کی بھی نوبت نہیں آتی۔اور کہرام برپا ہو جاتا ہے اماں حضور کی ایسی چیخ نکلتی ہے کہ دوسری بار چیخنے کا موقع نہیں ملتا۔یہی چیخ زندگی کی آخری ہچکی ثابت ہوتی ہے۔

نوشابہ خاتون کے اس مجموعے میں کل پچیس افسانے ہیں۔ان کے اصل موضوعات اور مسائل میں تنوعات ہیں۔معاشرتی نظام اخلاقیات میں بھی تنوع ہے۔یہ کہانیاں عورت اور مرد دونوں قسم کے کرداروں کے مسائل پیش کرتی ہیں۔بچوں اور بوڑھوں کی نفسیات کی بھی عکاس ہیں ماضی اور حال کا معاشرہ بھی ان کہانیوں میں عکس ریز دکھائی دیتا ہے۔اونچے، درمیانہ،اور نچلے طبقے کی بھی کہانیاں اس میں موجود ہیں۔علاوہ ازیں اپنے وطن عزیز ہندوستان سے بسلسلہ کسب معاش نکل کر دوسرے خلیجی اور یورپی ،امریکی ملکوں میں بود وباش اختیار کر لینے والوں اخلاقیات،نفسیات اور رویوں کا فنکارانہ تجزیہ بھی کئی کہانیوں میں ملتا ہے۔ہوس زر کے مثبت اور منفی اثرات کی بھی جھلک ان کہانیوں میں ملتی ہے۔مقیم ان مغرب کی عدیم الفرضی اور بے حسی کے اشارے بھی دکھائی دیتے ہیں خاص طور پر اولڈ ایج ہاؤس کے حوالے سے بھی میرے مطالعے میں ایک کہانی آئی ہے جس سے معاشرتی اور اخلاقی سطح پر نفسیاتی خلیج کا احساس اجاگر ہوتا ہے۔اس طرح افسانہ خلیج کے علاوہ دوسرے افسانوں میں بھی معنوی کیفیات کے لحاظ سے اسے ایک قدر مشترک قرار دیا جا سکتا ہے۔اس سے نوشابہ خاتون کی بنیادی تخلیقی فکر ورحجان کا انعکاس ہوتا ہے۔

ایک دوسری مشترک قدر بھی ہے جسے اسلوب زبان وبیان اور فنی نکات کے تناظر میں دیکھا جا سکتا ہے۔یہ الگ بات ہے کہ عصر حاضر کے فنی میلانات کے تناظر میں بعض مقامات پر تشنگی کا بھی احساس ہوتا ہے لیکن حکایات دلپذیر کا بیان از خود اس تشنگی کو بجھا دیتا ہے۔اور ایک کہانی کو دوسری کہانیوں سے کسی حد

تک مربوط و مسلسل بھی رکھتا ہے۔ کرداروں کا ماحول، معاشرہ یا منظر و پس منظر کچھ بھی ہو، ان میں عمومیت ہے۔ یہ ہماری مختلف معاشرتی سطحوں کی ترجمانی اور نمائندگی کرتے ہیں۔ کوئی انقلابی اور مثالی کارنامہ انجام نہیں دیتے لیکن متعلق کہانی کے حدود میں اپنی کار گزاریاں انجام دیتے ہوئے اپنے قاری کی توجہ کا محور و مرکز بنے رہتے ہیں۔

ان کہانیوں کا عمومی میلان سنجیدہ ہے۔ زبان و بیان شستہ اور شائستہ ہے جو مکالمات کے برمحل اور برجستہ فقروں اور جملوں سے بھی ظاہر ہے۔ محاوروں میں علاقائیت بھی ہے اور عمومیت بھی لیکن سب سے بڑی خوبی ان کی یہ ہے کہ عبارت آرائی کے درمیان یہ بڑے ہی دلچسپ معلوم ہوتے ہیں اور کہانی کی فضا کو خوشگوار بنانے میں اہم کردار ادا کرتے ہیں۔

⏮ ⏺ ⏭

● ڈاکٹر اقبال حسن آزاد

قرۃ العین حیدر اور ''آگ کا دریا''

قرۃ العین حیدر کا تعلق اتر پردیش کے ضلع بجنور کے ایک ذی علم اور ذی شان خانوادے سے تھا ۔ان کے والد ماجد سجاد حیدر یلدرم اردو کے مشہور افسانہ نگار گزرے ہیں۔وہ منشی پریم چند، سلطان حیدر جوش، نیاز فتح پوری، حجاب امتیاز علی اور مجنوں گورکھپوری کے ہم عصر تھے۔اول اول انہوں نے ترکی افسانوں کے اردو تراجم کیے مگر بعد میں طبع زاد افسانے بھی لکھے۔وہ ادب برائے زندگی سے زیادہ ادب برائے فن کے قائل تھے۔وہ کہتے ہیں ''ادب کا زندگی سے تعلق ہے لیکن زندگی کا ہر رخ ایسا نہیں کہ جسے ادب کا موضوع بنایا جا سکے۔ادیب کو نہ تو مصلح اور مبلغ ہونا چاہیے اور نہ ادب کو وعظ و نصیحت کا دفتر۔'' ان کے افسانوں کا مجموعہ ''خیالستان'' کے عنوان سے شائع ہوا ہے جس کے مطالعہ کے بعد یہ پتہ چلتا ہے کہ اردو ادب میں ادب برائے ادب یا ادب لطیف کی بنیاد رکھنے والے پہلے شخص سجاد حیدر یلدرم ہی تھے۔

بیسویں صدی کے ابتدائی برسوں میں سر عبدالقادر نے رسالہ ''مخزن'' کی اشاعت شروع کی تھی جس کے قلم کاروں میں مولانا شبلی نعمانی، سر محمد اقبال اور مولانا ابوالکلام آزاد جیسی عبقری شخصیتیں شامل تھیں۔اس رسالے میں بنت باقر نام کی ایک خاتون افسانہ نگار بھی شامل ہوا کرتی تھیں۔ ۱۹۱۲ء میں موصوفہ کی شادی سجاد حیدر یلدرم سے ہوئی اور وہ نذر سجاد کہلائیں۔سجاد حیدر یلدرم علی گڑھ مسلم یونیورسیٹی میں رجسٹرار کے عہدے پر فائز تھے۔وہیں قرۃ العین حیدر عرف عینی کی پیدائش ہوئی۔قرۃ العین حیدر کی صحیح تاریخ پیدائش کا کسی کو علم نہیں۔بعض ان کی تاریخ پیدائش ۱۶/جنوری ۱۹۲۶ء لکھتے ہیں اور بعضے ۲۰/جنوری ۱۹۲۶ء مگر Global Media Publications کے مطابق ان کا سن ولادت ۱۹۲۷ء ہے۔ اس میں تاریخ اور مہینے کا ذکر نہیں۔

قرۃ العین حیدر نے اندر پرستھ کالج دلی سے بی۔اے کی ڈگری لینے بعد لکھنؤ یونیورسیٹی سے انگریزی ادب میں ایم۔اے کیا۔تقسیم ہند کے وقت وہ اپنے خاندان والوں کے ساتھ مملکت خداداد کو ہجرت کر گئی تھیں۔مگر اپنے ترقی پسندانہ خیالات کی وجہ سے وہاں معتوب ہوئیں اور وہاں سے برطانیہ چلی

گئیں۔انتظار حسین نے ایک جگہ لکھا ہے کہ" قرۃ العین حیدر نے آگ کا دریا میں تقسیم کو برصغیر کی ہزار سالہ ہندو مسلم روایت کی شکست قرار دیا۔اس نقطہ نظر کے ساتھ ان کا پاکستان میں رہنا ناممکن نہیں تو مشکل ضرور تھا۔" مگر قرۃ العین حیدر کو ہجرت راس نہیں آئی اور وہ پھر ۱۹۶۰ء میں وطن مالوف ہندوستان آ گئیں اور زندگی کے بقیہ ایام پرورش لوح و قلم اور سیر و سیاحت میں گزار کر اسّی برس کی عمر میں مالک حقیقی سے جا ملیں۔وہ ایک طویل عرصے سے بیمار تھیں اور دلی کے نواحی شہر نوئیڈا کے کیلاش اسپتال میں زیر علاج تھیں۔۲۰،۲۱ر اگست ۲۰۰۷ء کی درمیانی شب تین بجے انتقال فرمایا اور اسی روز شام ساڑھے چار بجے جامعہ نگر نئی دلی کے قبرستان میں دفن ہوئیں۔

قرۃ العین حیدر بچپن ہی سے نہایت زیرک اور حساس تھیں۔ان کی ذہانت و فطانت کا اس سے بڑھ کر اور کیا ثبوت ہو سکتا ہے کہ جس عمر میں لڑکیاں گڈے گڑیا کا بیاہ رچاتی ہیں،انہوں نے کہانیوں سے کھیلنا شروع کر دیا تھا۔اس وقت ان کی عمر گیارہ سال تھی اور پھر محض انیس سال کی عمر میں ایک کامیاب ناول "میرے بھی صنم خانے" پیش کر دیا۔اس کے بعد انہوں نے قلم کو ہی اپنا رفیق حیات بنالیا۔زندگی بھر کنواری رہنے والی اس ادیبہ نے اردو ادب کو ایسے ایسے لعل و گہر سے نوازا ہے جن کی چمک دمک سے آنکھیں خیرہ ہوئی جاتی ہیں۔موصوفہ نے دو درجن سے زیادہ تصانیف اپنے پیچھے چھوڑیں جن کے نام حسب ذیل ہیں؛

افسانوں کے مجموعے : (۱) ستاروں سے آگے (۲) شیشے کے گھر (۳) پت جھڑ کی آواز (۴) روشنی کی رفتار

ناول:(۱) میرے بھی صنم خانے (۲) سفینۂ غم دل (۳) آگ کا دریا (۴) آخر شب کے ہمسفر (۵) گردش رنگ چمن (۶) کار جہاں دراز ہے (جلد اول دوم،سوم) (۷) چاندنی بیگم

ناولٹ:(۱) سیتا ہرن (۲) چائے کے باغ (۳) دلربا (۴) اگلے جنم موہے بٹیا نہ کیجیو

رپورتاژ:(۱) کوہ دماوند (۲) گلگشت (۳) جہاں دیگر (۴) خضر سوچتا ہے (۵) ستمبر کا چاند

تراجم: (۱) ہمیں چراغ ہمیں پروانے (پورٹریٹ آف اے لیڈی از ہنری جیمز)
(۲) آدمی کا مقدر (میخائل شولوخوف) (۳) آلپس کے گیت (واسل بائی کوف) (۴) ماں کی کھیتی (چنگیز اعتمادوف) (۵) کلیسا میں قتل (ٹی،ایس ایلیٹ) (۶) تلاش (ٹرومین کاپوٹ)

علاوہ ازیں انہوں نے اپنے ناول آگ کا دریا کا ترجمہ The River Of Fire کے عنوان سے خود ہی کیا۔ Wikipedia'The Free Encyclopedia کے مطابق:

Her best known novel was the epic"Aag ka darya"(The River Of Fire),a massive historical tale that moves from the fourth century B.C.to the modern period and which the author herself translated into English.

موصوفہ کی تحریریں دنیا کی مختلف زبانوں میں شائع ہو کر قبول عام کی سند پا چکی ہیں۔ان کے افسانوں کے مجموعے ''پت جھڑ کی آواز'' کا ترجمہ "The sound of Falling Leaves" کے عنوان سے ۱۹۹۷ء میں اور ان کے ناول ''آخر شب کے ہمسفر'' کا ترجمہ "Travellers unto Night" کے عنوان سے انگریزی میں ہوا۔شکاگو یونیورسیٹی میں south Asian Languages کے شعبہ ءزبان و ادب کے استاد چودھری محمد نعیم نے Seasons of Betrayel کے عنوان سے موصوفہ کے دو ناولٹ ،سیتاہرن (Sita Betrayed) اور ہاؤسنگ سوسائٹی (Housing Society) اور ایک افسانہ ''پت جھڑ کی آواز'' کا انگریزی میں ترجمہ کیا۔علاوہ ازیں ان کے افسانوں کا ہندی ترجمہ ''قرۃ العین کی شریشٹھ کہانیاں'' کے عنوان سے سامنے آیا۔ان کتابوں کے علاوہ ان کا ایک انگریزی ناول "Fireflies In The Mist" کے ٹائٹل سے ۱۹۹٦ء میں شائع ہوا۔

موصوفہ کے انگریزی افسانوں کا مجموعہ "The street singers of lucknow and other stories " کے نام سے ۱۹۹٦ء میں شائع ہوا۔حقیقت اور رومان کے امتزاج سے بنی گئی یہ کہانیاں ہجو ملیح کی عمدہ مثال ہیں۔ٹائٹل کہانی "The street singers of lucknow" میں ستم رسیدہ عورتوں کے حال زار کی تصویر کشی کی گئی ہے۔علاوہ ازیں انہوں نے "A woman's life" کے عنوان سے انگریزی میں ایک ناول تحریر کیا جو ۱۹۷۹ء میں شائع ہوا۔انہوں نے حسن شاہ کے اردو ناول کا ترجمہ "The dancing girl" کے عنوان سے ۱۹۹۳ء کیا اور ساتھ ہی ساتھ یہ بھی ثابت کیا کہ اردو کا پہلا باضابطہ ناول نگار حسن شاہ ہے نہ کہ ڈپٹی نذیر احمد جیسا کہ اب تک سمجھا جاتا رہا تھا۔

قرۃ العین حیدر نے چند کتابیں دوسرے مصنفوں کے اشتراک سے بھی لکھیں مثلاً "Ghalib'His life and poetry" علی سردار جعفری کے اشتراک سے،اور ہندوستانی کلاسیکل شہنائی نواز بڑے غلام علی خان کی سوانح عمری محترمہ بیناتی گلاٹی کے اشتراک سے لکھی۔

قرۃ العین حیدر نے کیلی فورنیا یونیورسٹی ، شکاگو ، وزکونسن (Wisconsin) اور ایری زونا (Arizona) جیسے تعلیمی اداروں میں تشنگان ادب کی پیاس بجھائی۔محترمہ جامعہ ملیہ اسلامیہ میں خان عبد الغفار چیئر کے لئے بھی مامور کی گئی تھیں جہاں انہوں نے بحیثیت پروفیسر اپنی تدریسی خدمات سے پوری ایک نسل کو سیراب کیا۔ وہ صحافت کے بھی وابستہ تھیں اور السٹریٹڈ ویکلی آف انڈیا اور Imprint جیسے اعلیٰ رسالوں کے شعبہ ادارت سے منسلک رہیں۔موصوفہ کو ۱۹٦۷ء میں ان کے ناول ''آخر شب کے ہمسفر''

کے لیے ساہتیہ اکادمی ایوارڈ سے نوازا گیا۔ ۱۹۶۹ء میں انہوں سویت لینڈ نہرو ایوارڈ سے سرفراز کیا گیا۔ ۱۹۸۵ء میں غالب ایوارڈ ۱۹۸۹ء میں گیان پیٹھ ایوارڈ بھی دیا گیا۔ اردو ادب میں پیش بہا خدمات کے صلے میں انہیں حکومت ہند کی جانب سے ۱۹۸۵ء میں پدم شری اور ۲۰۰۵ء میں پدم بھوشن جیسے اعلیٰ اعزازات دئے گئے ۔

قرۃ العین حیدر دنیا کی بہترین فکشن نگاروں میں سے ایک ہیں۔ انہوں نے اردو میں اس وقت ناول نگاری کا آغاز کیا جس وقت اردو ادب پر شاعری اور بالخصوص غزل غالب تھی اور فکشن چند ناولوں اور مختصر افسانوں تک محدود تھا۔ ڈپٹی نذیر احمد کے اصلاحی، عبدالحلیم شرر کے تاریخی، مرزا ہادی رسوا کے سماجی اور منشی پریم چند کے نیم ترقی پسندانہ ناولوں اور افسانوں کے علاوہ اس کے پاس اور کچھ نہیں تھا۔ روایت شکنی قرۃ العین حیدر کے خمیر میں شامل تھی۔ انہوں نے فکشن کے جمود کو توڑا اور اسے خیالی باتوں، فنتاسی، گھٹیا رومان اور بیہودہ حقیقت نگاری کے دائرے سے باہر نکال کر ایک ایسے آفاق سے روشناس کرایا جس پر اب تک لوگوں کی نگاہیں نہیں پڑی تھیں۔ انہوں نے فکشن کے قاری کو ان زمینوں کی سیر کرائی جہاں اب تک دوسروں کے قدم نہیں پڑے تھے۔ انہوں نے اپنی تخلیقی ہنرمندی، وسیع مطالعہ اور عمیق مشاہدے سے اردو فکشن میں تخیل اور رومان کے ساتھ ساتھ معقولیت پسندی کو بھی راہ دی۔ اپنی تخلیقی صلاحیت اور حقیقت پسندانہ نظریہ کے لئے مشہور قرۃ العین حیدر نے اپنے ناولوں آگ کا دریا آخر شب کے ہمسفر اور چاندنی بیگم کے ذریعہ برصغیر کی عظیم الشان تاریخ کو نثر کے پیرائے میں بحسن وخوبی پیش کیا ہے۔ انہوں نے اپنی تحریروں میں شعور کی رَو (Stream Of Concious) کی تکنیک استعمال کیا۔ اسی لئے انہیں اردو کا ''ورجینیا وولف'' کہا جاتا ہے۔ ان کا ناول آگ کا دریا ایک Magnum Opus ہے۔ یہ ناول ماری پور، کراچی میں اگست ۱۹۵۶ء اور دسمبر ۱۹۵۷ء کے دوران تحریر کیا گیا اور ۱۹۵۹ء میں پہلی بار زیور طبع سے آراستہ ہو کر منظر عام پر آیا۔ مصنفہ نے اس کا عنوان جگر مرادادی کے مشہور شعر:

یہ عشق نہیں آساں بس اتنا سمجھ لیجئے اک آگ کا دریا ہے اور ڈوب کے جانا ہے

سے مستعار لیا ہے۔ مندرجہ بالا شعر زبان زد عام ہے اور ایک عام قاری اس کا مفہوم یہی نکال سکتا ہے کہ عشق ایک آگ کا دریا ہے جس میں ڈوب کر ہی دوسرے کنارے پر پہنچا جا سکتا ہے۔ یا یوں کہیں کہ عشق میں کامیابی حاصل کرنے کے لیے انسان کو آگ کے دریا سے گزرنا پڑتا ہے مگر شہرہ آفاق مصنفہ محترمہ قرۃ العین حیدر نے اپنے لافانی شاہکار کا عنوان ''آگ کا دریا'' رکھ کر اس شعر کو ایک نئی جہت عطا کر دی ہے۔ تقسیم ہند کے المیے پر مبنی یہ ناول ایک ایسی تخلیق ہے جس پر وقت اور آتے جاتے موسموں کا کوئی اثر نہیں پڑ سکا۔ یہ ناول کل بھی نیا تھا۔ آج بھی ہے اور کل بھی رہے گا۔ اس ناول کو ضبط تحریر میں لانے کی وجہ وہ یوں بیان کرتی ہیں:

''ملک کیوں تقسیم ہوا؟ کیا تقسیم تاریخی حیثیت سے ناگزیر تھی؟ اس سوال نے مجھے فلسفہ تاریخ کی سمت کھینچا اور اس کا جواب دینے کی کوشش میں ایک ناول آگ کا دریا لکھ کر میں نے تین ہزار سال کی پھیلی ہوئی اور الجھی ہوئی ہندوستانی تاریخ میں سے ہندوستانی شخصیت کی عظمت رفتہ کو گرفت میں لانے کی کوشش کی ہے۔''

آگ کا دریا کا موضوع تاریخ ہے اور وقت اس کا مرکزی کردار ہے۔ناول کی ابتداء میں محترمہ نے ٹی۔ایس۔ایلیٹ کی ایک نظم کا اردو ترجمہ پیش کیا ہے۔یہ ترجمہ بھی انہوں نے خود ہی کیا ہے۔اس نظم میں وقت کو مرکز مان کر شاعر نے اپنے خیلات کا اظہار کیا ہے۔نظم اس طرح ہے:

میں دیوتاؤں کے متعلق زیادہ نہیں جانتا، لیکن میں سمجھتا ہوں کہ دریا
ایک طاقتور مٹیالا دیوتا ہے، تند مزاج، غصیلا
اپنے موسموں اور اپنے غیظ و غضب کا مالک' تباہ کن
وہ ان چیزوں کی یاد دلاتا رہتا ہے جنہیں انسان بھول جانا چاہتے ہیں
وہ منتظر ہے اور دیکھتا ہے اور منتظر ہے
دریا ہمارے اندر ہے، سمندر نے ہمیں گھیر رکھا ہے
خاتمہ کہاں ہے...... بے آواز چیخوں کا
خزاں میں خاموشی سے مرجھائے پھولوں کا
جو چپ چاپ اپنی پنکھڑیاں گراتے ہیں
جہاز کے بہتے ہوئے شکستہ ٹکروں کا خاتمہ کہاں ہے؟
خاتمہ کہیں نہیں ہے صرف اضافہ ہے
مزید دنوں اور گھنٹوں کا گھٹتا ہوا تسلسل
ہم نے کرب کے طول کو ڈھونڈ نکالا
(سوال یہ نہیں کہ یہ کرب غلط فہمی کا نتیجہ تھا
یا غلط چیزوں کی تمنا کا یا غلط چیزوں کے خوف کا)
یہ لمحے مستقل ہیں جس طرح وقت مستقل ہے
ہم اس بات کو بہ نسبت اپنے کرب کے دوسرے کے کرب میں
بہتر طور پر سمجھ سکتے ہیں
کیونکہ ہمارا اپنا ماضی کرم کی دھاراؤں میں چھپا ہے

لیکن دوسروں کی اذیت ایک غیر مشروط تجربہ ہے
جو کبھی فرسودہ نہیں ہوتا
لوگ بدل جاتے ہیں مسکراتے ہیں مگر کرب موجود رہتا ہے
لاشوں اور خس وخاشاک کو اپنی موجوں میں بہاتے ہوئے دریا کی مانند
وقت جو تباہ کن ہے قائم بھی رکھتا ہے
میں اکثر سوچتا ہوں کیا کرشن کا یہی مطلب تھا
کہ مستقبل ایک مدھم گیت ہے
اور ان کے واسطے جو ابھی پچھتانے کے لیے پیدا نہیں ہوئے
پچھتاوے کا گل سرخ
جو ایک ایسی کتاب کے پیلے اوراق میں رکھا ہے
جو کبھی کھولی نہیں گئی۔
آگے بڑھو، مسافرو ماضی سے بھاگ کر
تم مختلف النوع زندگیوں یا کسی قسم کے مستقبل کی طرف
رواں نہیں ہو
آگے بڑھو۔ تم جو سمجھتے ہو کہ سفر میں ہو
تم وہ نہیں جنہوں نے بندرگاہوں کو پیچھے ہٹتے دیکھا
یا جو دوسرے ساحل پر اترو گے
اس لمحے کے دونوں کناروں کے درمیان وقت معطل ہے
مستقبل اور ماضی پر یکساں دھیان کرو
یہ لمحہ کرم یا نہہ کرم کا نہیں، جانو
کہ موت کے سمے انسان کا دماغ وجود کے جس نقطے پر
بھی مرکوز ہو (اور موت کا سمے ہر لحظہ ہے)
وہ محض ایک کرم ہے
جو دوسروں کی زندگیوں میں بار آور ہوگا
کرم کے پھل کا خیال نہ کرو۔ آگے چلو
اور مسافرو اور ملاحو!

تم جو گھاٹ پر اترو گے اور
تم جن کے جسم سمندر کے فیصلے سہیں گے
یا جو کچھ بھی تم پر بیتے گی۔ یہ تمہاری منزل ہے
کرشن نے ارجن سے میدان جنگ میں کہا
الوداع نہیں بلکہ۔ آگے بڑھو
مسافرو!　　　　(ٹی۔ایس۔ایلیٹ)

اس ضخیم ناول میں قرۃ العین حیدر نے تاریخ کے مختلف ادوار کا تقابلی مطالعہ کرتے ہوئے ہندوستان کے تہذیبی پس منظر کو اجاگر کرنے کی کوشش کی ہے۔اس ناول کے مطالعے سے اس امر کا انکشاف ہوتا ہے کہ قرۃ العین حیدر کو عصری مسائل سے ہی نہیں بلکہ اپنی ہزار ہا سالہ تہذیب اور تاریخی روایت سے بھی دلچسپی ہے۔تین ہزار برسوں کی نہایت پیچیدہ اور الجھی ہوئی تاریخ کو مصنفہ نے چار ادوار میں تقسیم کیا ہے اور ہر دور سے متعلق چار مختلف کہانیوں کو اس طرح ایک لڑی میں پرو کر پیش کیا ہے کہ ہندوستان کی پوری تاریخ ،ارتقائی دور سے لے کر تقسیم ہند کے سانحے تک ہماری آنکھوں کے سامنے آ جاتی ہے۔ناول کی پہلی کہانی چندر گپت موریہ کے عہد سے تعلق رکھتی ہے جس کا مرکزی کردار گوتم نیلمبر ہے۔وہ سراوستی کا طالب علم ہے اور فلسفہ کے گہرے مطالعہ کی وجہ سے تشکیک میں گھر جاتا ہے۔یہ وہ زمانہ تھا جب مہاتما بدھ کی تعلیمات پورے برصغیر میں پھیل رہی تھیں۔اس کی ملاقات ہری شنکر نام کے ایک نوجوان سے ہوتی ہے جو بودھ مت کا پیرو ہے۔دونوں دوست بن جاتے ہیں۔پھر وہ چمپا نام کی ایک لڑکی سے ملتا ہے اور اس پر عاشق ہو جاتا ہے ۔وقت کا دریا بہتا رہتا ہے اور ایک عہد کا خاتمہ ہو جاتا ہے۔دوسرے دور میں پھر گوتم، ہری شنکر اور چمپا ہمارے سامنے آتے ہیں۔یہ مغلوں کا عہد تھا اور سرزمین ہند پر اسلام کی روشنی پھیل چکی تھی۔بغداد سے ایک شخص ابوالمنصور کمال ہندوستان وارد ہوتا ہے۔اس کی ملاقات گوتم، ہری شنکر اور چمپا سے ہوتی ہے۔یہ سارے کردار مختلف تہذیبوں کی آویزش کی نمائندگی کرتے نظر آتے ہیں۔ چمپا کا نام ہر دور میں بدلتا رہتا ہے۔ڈھائی ہزار سال پہلے وہ چمپک تھی۔اسلامی دور میں چمپاوتی ہوگئی،اودھ میں اس کا تیسرا دور شروع ہوا تو وہ چمپا جان بن کر ابھری اور آخری دور میں چمپا احمد ہوگئی۔اس وقت دنیا کی دو بڑی قوموں کی آمیزش سے ایک نئی تہذیب وجود میں آ رہی تھی۔اس ناول کا تیسرا دور ایشیا میں انگریزوں کی آمد سے شروع ہوتا ہے اور کہانی میں ایک نیا کردار سرل ایشلے (cyril Ashley) ہمارے سامنے آتا ہے۔وہ ایک انگریز ہے۔یہ سبھی کردار وقت کے تسلسل کے ساتھ ساتھ ہمارے سامنے آتے رہتے ہیں۔ چوتھی کہانی ان لوگوں کی ہے جو ۱۹۴۷ء تک ایک قوم کی حیثیت سے مل جل کر رہتے تھے اور بعد از تقسیم ہند دو مختلف قوموں اور

مختلف تہذیبوں میں بٹ جاتے ہیں۔ ہندوستان انگریزوں کے تسلط سے آزاد ہوا مگر آزادی کے ساتھ ساتھ اسے تقسیم کے کرب کو بھی جھیلنا پڑا اور دنیا کے نقشے پر ایک نیا ملک پاکستان اُبھر آیا۔ ہندوستانی مسلمانوں کی ایک بڑی تعداد نے اس نئے ملک کی جانب ہجرت کی اور تاریخ میں ایک نئے باب کا اضافہ ہوا۔ مسلمان کس طرح ہندوستان آئے اور کس طرح یہاں سے دربدر ہوئے اس واقعہ کو محترمہ قرۃ العین نے چند جملوں میں سمیٹ دیا ہے۔ آگ کا دریا کا ایک اقتباس ملاحظہ فرمائیے:

پھر یک بیک وہ چپ ہو گیا۔ ندی پر شفق کی سرخی پھیل گئی تھی۔ وہ دونوں بے حد اداس ہو گئے۔

''یار گوتم!''

''ہاں!''

''یار کمال ہمیں دغا دے گیا۔'' ہری شنکر نے چند لمحوں آہستہ سے کہا۔

''ہاں!''

''تم کو پتہ ہے، سالی دلی ہوتا ہوا گیا۔ اگر مجھے تار دے دیا تو میں اس سے آ کر وہیں مل لیتا۔''

''میں تو دلی میں موجود تھا۔ اس کے باوجود مجھ سے نہیں ملا۔'' گوتم نے آہستہ سے جواب دیا۔

وہ دونوں پھر چپ ہو گئے۔

''نہ جانے اس وقت وہ کہاں ہوگا۔'' ہری شنکر نے تاسف سے کہا۔

''کراچی میں ہوگا۔ اور کہاں ہوگا۔'' گوتم نے نیچی آواز میں جواب دیا

وہ دونوں خاموش ہو گئے۔ سیڑھیاں اتر کر وہ ندی کے کنارے آئے اور پانی کو دیکھتے رہے۔ شاید دونوں اکٹھے سوچ رہے تھے کہ ابوالمنصور کمال الدین کس طرح ہندوستان میں داخل ہوا تھا اور کس طرح ہندوستانی سے نکل گیا۔

مندرجہ بالا اقتباس میں محترمہ نے جس اختصار کے ساتھ تاریخ کے ایک تاریک پہلو کو روشن کیا ہے اس کی مثال اردو ادب میں کہیں اور نہیں ملتی۔

کسی ضخیم ناول کی پلاٹ سازی کرنا نہایت دشوار ہوتا ہے۔ مختلف کہانیوں کو ایک دھاگے سے اس طرح باندھنا کہ انہیں دیکھ کر کسی اکائی کا گمان ہو، ناممکن نہیں تو مشکل ضرور ہے۔ قرۃ العین حیدر کا کمال یہ ہے کہ تین ہزار برس پر محیط اس کہانی کو انہوں نے گوتم نیلمبر سے شروع کیا ہے اور گوتم نیلمبر پر ہی اسے ختم کیا ہے۔ ناول کی ابتدا اس طرح ہوئی ہے۔

گوتم نیلمبر نے چلتے چلتے ٹھٹھک کر پیچھے دیکھا۔ راستے کی دھول بارشوں کی وجہ سے کم ہو چکی تھی گو اس کے اپنے پاؤں مٹی سے اٹے ہوئے تھے۔

برسات کی وجہ سے گھاس اور درخت زمرد کے رنگ کے دکھائی پڑ رہے تھے۔ اشوک کے نارنجی اور سرخ پھول گہری ہریالی میں تیزی سے جھلملاتے تھے اور ہیرے کی ایسی جگمگاتی پانی کی لڑیاں گھاس پر ٹوٹ ٹوٹ کر بکھر گئی تھیں۔ ندی کے پار پہنچتے پہنچتے بہت رات ہو جائے گی۔ گوتم کو خیال آیا۔ گھاٹ پر کشتیاں کھڑی تھیں اور برگد کے نیچے کسی من چلے ملاح نے زور زور سے ساون الاپنا شروع کر دیا تھا۔ آم کے جھرمٹ میں ایک اکیلا مور پر پھیلائے کھڑا تھا۔ شراوستی یہاں سے پورے پچیس کوس تھا اور گوتم نیلمبر کو ندی تیر کر پار کرنا تھی۔ گھاٹ پر تین لڑکیاں ایک طرف کو بیٹھی باتیں کر رہی تھیں۔ ان کے ہنسنے کی آواز یہاں تک آ رہی تھی۔ لڑکیاں کتنی باتونی ہوتی ہیں۔ گوتم نے سوچا۔ انہیں بھلا کون سے مسئلے حل کرنا ہیں۔ اس کا دل چاہا کہ نظر بھر کر انہیں دیکھ لے۔ خصوصاً اس کسری ساری والی لڑکی کو جس نے بالوں میں چمپا کا پھول اُڑس رکھا تھا۔ اس کے ساتھ نچلی سیڑھی پر جو لڑکی آلتی پالتی مارے بیٹھی تھی اس کے گھنگھریالے بال تھے اور کتابی چہرہ اور جڑی ہوئی سیاہ بھنویں۔ قریب پہنچ کر گوتم نے ان دونوں کو لحظہ بھر کے لئے دھیان سے دیکھا اور جلدی سے نظریں جھکا لیں۔ گھاٹ کی آخری سیڑھی پر پہنچ کر اس نے تیزی سے پانی میں چھلانگ لگا دی اور دوسرے کنارے کی طرف تیرنے میں مصروف ہو گیا۔

اور ناول کا اختتام ان الفاظ میں ہوتا ہے۔

گھاٹ سے کچھ فاصلے پر کمیونیٹی پروجیکٹ کے سینٹر میں روشنی ہو رہی تھی۔ لوک گیت منڈلی نے سالانہ یوتھ فیسٹیول کے لئے اپنی پریکٹس شروع کر دی تھی۔ ان کی آوازیں تیرتی ہوئی ان دونوں تک آ رہی تھیں۔ دور گاؤں کی چوپال میں نوٹنکی ہو رہی تھی۔ آم کے جھنڈ کے باہر آلہا اودل گایا جا رہا تھا۔ کانگریس کمیٹی کے دفتر میں الکشن کی تیاریاں ہو رہی تھیں۔ دور مسلمانوں کے محلے میں پنڈال لگے تھے اور گیس کے ہنڈے نصب تھے اور شاید میلاد شریف پڑھا جا رہا تھا۔ آگے سول لائنز میں ڈپٹی کمشنر کی کوٹھی میں یوروپین مہمان ڈنر کھا رہے تھے۔

گوتم نے ایک الٹی ہوئی ناؤ پر پیر ٹکا کر آنکھیں بند کر لیں۔ پھر اس نے آنکھیں کھول کر دیکھا۔ وہ ندی کے کنارے اکیلا کھڑا تھا۔ ہری شنکر کسی کسان سے باتیں کرتا کمیونیٹی پروجیکٹ سنٹر کی طرف جا چکا تھا۔ بادل اب دریا پر بہت نیچے

جھک آئے تھے۔

اس نے اپنے تھکے ہوئے پاؤں کو دیکھا۔ بڑھتی ہوئی تاریکی پر نظر ڈالی لیکن ڈرنے کی کیا بات تھی۔ وہ زمین کے ساتھ تھا۔ زمین اس کی ماں تھی۔ زمین اس کا ساتھ دے گی۔

اس نے آگے چلنا شروع کیا۔

گھاس کی بھینی خوشبو، پتھروں کی خنکی اور مٹی کی قوت اس نے اپنے تلووں کے نیچے محسوس کی۔ اس نے بازو پھیلا کر ہوا کو چھوا اور آہستہ آہستہ دہرانا شروع کیا۔ زمین تیری پہاڑیاں، برفانی پہاڑ اور جنگل مسکرا رہے ہیں۔ میں تیری سطح پر کھڑا ہوں۔ میں مغلوب نہیں ہوا۔ مجھے کوئی گزند نہیں پہنچا۔ مجھے زخم نہیں لگے۔ میں سالم ہوں مجھے کوئی ختم نہ کر سکا۔

طرح طرح کے پودے اور پھولوں کی ٹہنیاں اس کے راستے میں جھک آئیں۔ پرندے اسکے ہمراہ سیٹیاں بجا رہے تھے۔ ساون کی بوندیں کنول کے پتوں پر جل ترنگ بجا رہی تھیں۔

وہ ایک منڈیر پر کھڑا ہو گیا اور بھیگی آنکھوں سے اس نے کھیتوں کو دیکھا۔ بڑھتی بڑھتی جاؤ! جو کی بالیو تا کہ ہمارے گھڑے بھر جائیں۔ طوفان سے محفوظ رہو جو کی الوہی بالیو۔ سمندر کی طرح اتھاہ رہو۔ وہ سب امر رہیں جو تمہاری خدمت کرتے ہیں، تمہارے کھلیان امٹ رہیں۔

وہ منڈیر پر سے اتر کر پگڈنڈی پر آ گیا اور دریا کے کنارے کنارے سڑک پر چلنے لگا۔ افق پر سیاہ بادل گرج رہے تھے۔ اس کے دل میں طوفانی دریا لہریں مار رہے تھے۔ اس کے دماغ میں سریلے آبشار گیت گا رہے تھے۔ مور جھنکار رہے تھے، پپیہے چلاتے تھے۔ بھنورے گونج رہے تھے۔ کدم کے بہت سے پھول ڈال سے ٹوٹ کر اس کے قدموں میں آن گرے۔

گانے والوں کی آوازیں قریب آ گئیں۔

منڈلی نے گایا۔

بنجر آج ہرے رے
کھتن میں ناج بھرے

جیون آج سپھل رے
اچھی دھان اچھی فصل رے
وہ ٹہنیاں ہٹاتا اس طرف بڑھنے لگا جدھر سے آوازیں آرہی تھیں۔
ڈالوں کے بچوں بیچ پتوں کے بیچ بیچ
موتین کی لالن کی لڑیاں اُگائیہو
اونیرے آئے ہو

وہ غور سے سنا کیا۔ جب الفاظ سمجھ میں آئے تو تبسم اس کے ہونٹوں پر بکھر گیا۔ چٹانیں ،اولانش، گلیشیر، آندھیاں، طوفان، جھکڑ، ان سب سے گزرتا سر کی لہروں پر بہتا وہ گوری شنکر کی اونچی چوٹی پر چڑھ کر بادلوں میں چھپ گیا ۔ چوٹی پر وہ دوزانو بیٹھ گیا۔ اور اسنے دیکھا کہ چاروں اور خلا ہے اور اس میں ہمیشہ کی طرح وہ تنہا موجود ہے، دنیا کا ازلی وابدی انسان، تھکا ہوا، شکست خوردہ، بشاش پرامید، انسان جو خدا میں ہے اور خود خدا ہے۔ وہ مسکرا کر نیچے اترا اور اس نے آنکھیں کھولیں۔

جاگنے والو کو جاگنا مبارک ہو
قانون کا پرچار مبارک ہو
سنگھ میں امن مبارک ہو
ان لوگوں کی ریاضت مبارک ہو
جنہیں شانتی میسر آگئی ہے
شاکیہ منی نے کہا

وہ منڈیر پر سے اترا۔ اس نے ایک لمبا سانس لیا۔ اور آہستہ آہستہ قدم رکھتا بستی کی طرف واپس چلا گیا۔

ان کا یہ ناول پچھلے تمام ناولوں سے زیادہ وقیع اور تکنیکی اعتبار سے مکمل ہے۔ اسے پڑھنے کے بعد یہ احساس ہوتا ہے کہ وہ اندرونی زندگی اور اس کی تنہائیوں سے اکتا کر بیرونی دنیا پر حیرت ومسرت سے نظریں ڈال رہی ہیں۔ اس ناول کے مطالعے سے تاریخ کے پس پردہ پوشیدہ بہت سے دلچسپ معنی خیز اور توجہ طلب حقائق منکشف ہوجاتے ہیں۔ جب وہ ہزاروں برس پیچھے کی تہذیبی تاریخ میں سفر کرتے کرتے عصری مسائل کی طرف متوجہ ہوتی ہیں تو فطری طور پر انہیں عالمی سیاسی پہلوؤں پر غور کرنے کا موقع ملتا ہے۔

پھر انہیں تقسیم شدہ برلن کے باشندوں کے انسانی مسائل کا خیال آتا ہے، کوریا کی جنگ سے پیدا شدہ مسائل پر نظر پڑتی ہے۔ ہندوستانی شرنارتھیوں اور پاکستانی مہاجرین کے دکھوں کا مداوا تلاش کرتے کرتے امریکن نیگرو، جرمن یہودیوں اور عرب پناہ گزینوں کے مسائل کی طرف ان کا ذہن چلا جاتا ہے اور آخر کار انہیں یہ احساس ہوتا ہے کہ انسان مسائل کا حل سرحدوں کی حدود میں نہیں پایا جاسکتا ہے۔ اپنے وسیع کینوس کی وجہ سے اس ناول کو Gabriel Garcia Marquez کے One hundred years of solitude کے برابر رکھا جاسکتا ہے۔ ٹائمز لندن نے اپنے ادبی صفحات میں لکھا تھا کہ اردو فکشن میں آگ کا دریا کو وہی حیثیت حاصل ہے جو ہسپانوی ادب میں تنہائی کے سو برس(One hundred years of solitude) کو۔ کہا جاتا ہے کہ ان کا مقام چیکوسلاواکیہ کے مشہور مصنف میلان کندیرا اور مارکوس سے بلند تر نہ سہی مگر ان کے مساوی ضرور ہے۔

محترمہ قرۃ العین حیدر نے طویل عمر پائی اور ایک بھرپور زندگی گذاری۔ لیکن ان کی موت سے ادبی دنیا میں جو خلا پیدا ہوا ہے وہ شاید کبھی پر نہ ہوسکے۔

موت اس کی ہے زمانہ کرے جس کا افسوس
ورنہ دنیا میں سبھی آئے ہیں مرنے کے لیے

● ڈاکٹر سید احمد قادری

قرۃ العین حیدر......تہذیب و تاریخ کی داستان

قرۃ العین حیدر نے ۲۷ جنوری ر ۱۹۲۷ء کو علی گڑھ میں آنکھیں کھولیں، اور اپنا افسانوی سفر اپنے افسانہ ''یہ باتیں'' (ہمایوں، لاہور، ۱۹۴۴ء) سے شروع کر افسانوی ادب میں نہ صرف اعلیٰ مقام حاصل کیا، بلکہ اردو افسانے کی آبرو بن گئیں۔ اگر ان کے افسانوں پر ایک نظر ڈالی جائے تو اندازہ ہوگا کہ قرۃ العین حیدر ایک بے حد مشکل پسند اور منفرد فنکار کا نام ہے۔ ان کے افسانوں کے موضوعات، کردار، ماحول، واقعات، اسلوب، آرٹ اور طرزِ بیان سب کچھ مختلف ہیں۔ مشکل پسندی اور عام ڈگر سے الگ ہٹ کر افسانے لکھنا ہی ان کی خاص پہچان تھی۔ گرچہ انہوں نے جو کچھ لکھا، وہ خود ان کے مطابق، اپنے ماحول کے بارے میں لکھا، جو لوگوں کو اجنبی لگا، لیکن قرۃ العین حیدر کا اصرار تھا کہ ان کے ابتدائی دور میں ان کے گرد و پیش جو فیوڈل ماحول تھا، مغرب زدہ امیر طبقے کے جو لوگ تھے، جن کی لڑکیاں کانونٹ کالج میں پڑھ رہی تھیں، فوجی افسران تھے، پارٹیاں، کلب اور ڈانسیز تھے، غرض پورا میلو ہندوستان کے بہت ہی خاص طبقے سے تعلق رکھتا تھا، جن کے یہاں کئی نسلوں سے مغربیت تھی اور یہ خاص طبقہ برٹش انڈیا کا تھا، اسی ماحول میں عینی نے آنکھیں کھولیں، گھر کا پورا ماحول تعلیم یافتہ اور مغربیت کے زیر اثر تھا۔ گھر کا ہر فرد کسی نہ کسی آرٹ سے جڑا ہوا، کوئی موسیقی کا دلدادہ تھا، تو کسی کو مصوّری کا شوق، کسی کو شاعری سے تو کسی کو نثری ادب سے۔ والد اور والدہ کو افسانے سے دلچسپی تھی۔ والد سیّد سجاد حیدر یلدرم (۱۹۴۳ء-۱۸۸۰ء) کو اس وقت اس فن میں ایک اہم مقام حاصل تھا۔ فطری طور پر فن افسانہ نگاری نے عینی کو بھی متوجہ کیا اور بہت کم عمر میں انھوں نے کہانیاں لکھنے کی شروعات کی، پہلی کہانی ''بی چوہیا کی کہانی'' لاہور سے شائع ہونے والے بچوں کے ایک اخبار ''پھول'' میں ۱۹۳۹ء کے شمارہ میں شائع ہوئی، اس کہانی کی پذیرائی سے عینی کا حوصلہ بڑھا اور انھوں نے بچوں کے لئے کئی کہانیاں لکھیں، فکر و احساس میں تھوڑی پختگی آئی تو عینی نے بڑوں کے لئے کہانیاں لکھنے کی ابتدا کی اور پہلی باضابطہ کہانی ''یہ باتیں'' کے عنوان سے لاہور کے مشہور زمانہ رسالہ ''ہمایوں'' میں ۱۹۴۴ء کے ایک شمارہ

میں شائع ہوئی اس وقت عینی کی عمر چودہ پندرہ سال کے قریب تھی، یہ عمر یقیناً ایسی نہیں تھی، جو اس وقت چل رہی تحریکات کی شدت کو محسوس کر سکتی تھی، گرچہ ان کے گھر کے اندر اور باہر ان تحریکات کے مباحث اور مناظر پوری طرح جلوہ گر تھے۔ بورژوا، رومانیت، Feudal کے درمیان جو ایک کشمکش تھی، ان حالات اور واقعات کے Shadows،ان کے پہلے افسانوی مجموعہ ''ستاروں سے آگے'' (۱۹۴۷ء) کے کئی افسانوں میں ملتے ہیں۔گرچہ ان افسانوں میں وہ پختگی اور فنی التزام موجود نہیں ہیں ، جو بعد میں عینی کی مخصوص پہچان بنے۔اس مجموعہ کے بیشتر افسانے ایسے ہیں جو عینی کے خاندان اور نجی حالات سے متعارف کراتے ہیں۔اس تعارف میں رئیسانہ شان وشوکت کی خودنمائیاں زیادہ اور فن کی کارفرمائیاں بجھی بجھی سی ہیں،اس کی وجہ فکری اور فنّی ناپختگی ہے،گرچہ کچھ بڑااور اہم کام کرگزرنے کا جنون بھی ہے۔Nostalgia کی وادیوں میں عینی کو سیر کرنا بے حد پسند رہا اور یہ شوق شروع سے آخر تک برقرار رہا۔یہی وجہ ہے کہ ان کے ابتدائی افسانوں سے لے کر آخری ایام تک کے افسانوں میں سوانحی انداز بتدریج عرفان وآگہی کے منازل طۓ کرتا ہوا بام عروج تک پہنچا۔

عینی کے ابتدائی افسانوں میں یہ عناصر کس طرح نمو پاتے ہیں۔اس کے نقوش ''ستاروں سے آگے'' کے کئی افسانوں میں نمایاں ہیں۔ان افسانوں میں بیشتر کردار عینی کے اسکول وکالج کی لڑکیاں ہیں ،ماحول بھی پوری طرح ان کا اپنا ہے۔مثلاً :

> ''...... ہائے دہرہ دون میرا پیارا بچپن کا رفیق......(صفحہ ۱۴۰) 'آہ' آئے دوست، ہائے دہرہ دون، گرمیاں آرہی ہیں،یعنی کیلے اور فالسے کے جھنڈوں میں بھنورے گونجنا شروع کردیں گے، ہائے یوپی، میرا پیارا یوپی، تم نے کبھی یوپی کی گرمیاں نہیں دیکھیں۔آم کے باغوں میں دوپہر کے سنّاٹے کی خاموش موسیقی کا بوجھ محسوس نہیں کیا۔ارودوں کے جھرمٹ میں سے بلند ہوتی ہوئی برہا اور آلھا اُددل کی تانیں نہیں سنیں۔شاید کبھی ملیح آباد جا کر آم نہیں کھائے اور گومتی کے خربوزے۔آہ میرا اودھ۔قیصر باغ کی بارہ دری میں اندرسبھا ہو رہی ہے......''
>
> (صفحہ ۱۴۱)
>
> ''......ارے تو گویا قنوطیت پسندی بھی الٹرافیشن بنتی جارہی ہے......''
>
> (صفحہ ۱۴۲)

یہ بات واضح رہے کہ عینی نے ابتدائی وثانوی تعلیم دہرہ دون، لاہور اور لکھنؤ میں پائی، انٹر بھی لکھنؤ کے ایک کالج سے کیا۔بی.اے، دہلی کے ایک کالج سے اور پھر ایم.اے کے لئے انھوں نے لکھنؤ

یونیورسیٹی میں داخلہ لیا۔

افسانہ ''آہ اے دوست'' میں مندرجہ بالا جملوں سے کس قدر لکھنؤ اور دہرہ دون سے جذباتی لگاؤ عینی کو تھا، اس کا اندازہ لگایا جا سکتا ہے۔

عینی اپنی ذہانت، قابلیت اور علمیت کا اظہار کس طرح کرتی ہیں، یہ دیکھئے۔

''حیاتین کی کمی سے انسان کمیونسٹ بن جاتا ہے اور راز حیات پر گفتگو کرنے لگتا ہے۔ میں اتنی دیر سے کس قدر بصیرت افروز گفتگو کر رہی ہوں، بڑی گہرائیاں ہیں، اس حیات مستعار میں جناب عالی وہ تو یہ سمجھو کہ کیا کیا فلسفے ہیں، افوہ کیا ٹھکانہ ہے، میری قابلیت کا۔ بہت قابل ہوں۔ چین اور روس اور فرائیڈ پر ساری کتابیں پڑھ چکی ہوں، گو یہ معلوم نہیں کہ ان کتابوں میں کیا کیا لکھا ہے۔ اصل بات یہ ہے کہ ہندوستان میں رہ کر تم کچھ نہیں کر سکتے۔ بہت کم نظری اور رجعت پسندی اس ملک میں عام ہے اور سوئز پار کر لینے کے بعد ایک نہایت ہی وسیع قسم کی بلند نظری انسان میں پیدا ہو جاتی ہے۔ دماغ کے اندر بے حد اعلیٰ اعلیٰ خیالات آتے ہیں۔''

(افسانہ ''آہ اے دوست'' صفحہ ۱۴۳)

عینی کا یہ اعتراف بھی قابلِ توجہ ہے۔

''بات یہ ہے بھئی کہ میری اردو کافی سے زیادہ کمزور ہے۔ بچپن سے کانونٹ میں پڑھا ہے اس لئے.... بات بات میں انگریزی کی مدد لینی پڑتی ہے۔ یعنی جملے کے جملے انگریزی کے ٹھونسے جاتے ہیں.....''

(افسانہ ''ایں دفتر بے معنی'' صفحہ ۱۵۳)

پھر دوسری طرف اس امر کا بھی اظہار ہے کہ......

''خوب مس حیدر، آپ کی تو نثر میں نظم کی سی حلاوت، روانی اور لچک ہے۔''

(افسانہ ''ہم لوگ'' صفحہ ۱۷۵)

عینی کے ابتدائی افسانوں میں ''دیودار کے درخت'' اور ''جہاں کارواں ٹھہرا تھا'' اچھے افسانے ہیں، ان میں رومانیت کی بھرپور فضا، محبت کے لطیف اشارے اور مناظر فطرت کا حسن پوری طرح جلوہ گر ہے۔ افسانہ ''اودھ کی شام'' میں ہندو، مسلم اور انگریز کے اختلاط سے جدید ہندوستانی تہذیب کس طرح اثر انداز ہوتی ہے۔ اس کا خوبصورت اظہار ہے۔

ویسے تو عینی نے خود اس امر کا اعتراف کیا ہے کہ ''میرا مسئلہ یہ ہے کہ پہلے تو میں نے لکھا بالکل

انٹ سنٹ ، Emotionally، Compulsively''۔لیکن جیسے جیسے ان کا شعور بیدار ہوتا گیا، احساسات و جذبات میں گہرائی و گیرائی اور مطالعہ و مشاہدہ میں وسعت پیدا ہونے لگی، وہ فکری و فنی بلندیوں کو چھونے لگیں۔تاریخ و تہذیب سے گہری دلچسپی ،مختلف ممالک کی سیر یا قیام کے دوران وہاں کے ماحول اور معاشرتی تہذیب کے براہ راست مطالعہ و مشاہدہ نے عینی کے افسانوں کو وسیع کینوس اور متنوع موضوعات دیئے ،جن پر انھوں نے بے حد سنجیدگی سے لکھا۔نقادوں کو وہ ماحول اور حالات اجنبی لگے،لیکن عینی کا اردو ادب پر اس قدر رعب طاری تھا کہ اچھے اچھے نقاد، ان کے فن پر تنقید کرنے سے گھبرا تے، اس کی وجہ عینی یہ بتاتی ہیں کہ......

''ہمارے یہاں ادب میں ایک Anti intellectual attitude چل رہا ہے ۔ان دنوں پڑھنے کا شوق نہیں رہا ۔ میرے افسانوں میں بہت کافی Variety ہے اور اس طرف کسی نقاد نے توجہ نہیں دی۔میرے مختلف افسانوں کی جو Back Ground ہے، وہ کہیں منیلا کی ہے، کہیں جاپان کی ہے، کہیں ایران کی ۔ جہاں جہاں میں گئی ہوں اور جن چیزوں نے مجھے Inspire کیا ہے، میں نے لکھا اور نقادوں نے ان کو سنجیدگی سے پڑھا نہیں ہے۔اگر کسی نقاد نے ۱۹۵۱ء میں میری کوئی تخلیق پڑھ لی تو آج تک اسی چیز کے متعلق اور اسی نظریے سے لکھے کو دہرایا جائے گا۔کسی اللہ کے بندے کو یہ توفیق نہیں ہوگی کہ ذرا آگے بھی پڑھ لیں ۔ پھر پہلے نقاد نے جو بات کہہ دی۔ دوسرے بھی وہی دہرائے جائیں گے اور دہراتے رہیں گے۔''

(ماہنامہ ''شاعر'' صفحہ ۲۴۔جلد ۴۹ شمارہ :۷، ۸، ۱۹۷۸ء)

''ستاروں سے آگے'' کے بعد عینی کے اندر غایت سنجیدگی ،متانت اور خود احتسابی کی کیفیت پوری طرح جلوہ گر ہوئی اور انھیں اس امر کا شدت سے احساس ہوا کہ فنکار کو خود اپنے فن کی خامی یا خوبی سے واقف ہونا چاہئے ،فنکار کیا لکھ رہا ہے، کیوں لکھ رہا ہے اور اس کی اہمیت اور معنویت کیا ہے، اس احساس نے بھی ان سے بہت اچھے اور معیاری افسانے لکھوائے ، جو ان کے مختلف افسانوی مجموعے مثلاً '' شیشے کے گھر'' (۱۹۵۴ء) ''پت جھڑ کی آواز'' (۱۹۶۶ء) ''روشنی کی رفتار'' (۱۹۸۲ء) اور '' جگنوؤں کی دنیا'' (۱۹۹۰ء) میں شامل ہیں۔

ان افسانوی مجموعوں کے افسانوں کے مطالعے سے اندازہ ہوتا ہے کہ عینی نے حیات و کائنات کے بہت سارے اسرار و رموز کو اپنے افسانوں کا موضوع بنایا اور قومی اور بین الاقوامی

تناظر میں دیکھنے اور برتنے کا اعلیٰ معیار قائم کیا۔ گرچہ عینی کے افسانوں کے بعض موضوعات وہی ہیں ، جو ان کے بعض ہم عصر یا پیش رو افسانہ نگاروں کے تھے، مثلاً تقسیم ہند، ہجرت، فرقہ وارانہ فسادات، جاگیردارانہ نظام اور زمین دارانہ نظام کا خاتمہ، تہذیب و اقدار کا بکھراؤ اور عورت کے نت نئے روپ وغیرہ۔ لیکن ان تمام موضوعات میں عینی کا جو اندازِ بیان اور فکر و احساس کی ندرت اور انفرادیت ہے، وہ دوسروں سے بالکل مختلف ہے۔ مثال کے طور پر جلا وطن، پت جھڑ کی آواز، ہاوسنگ سوسائٹی، ''ملفوظات حاجی گل بابا بیک تاشی'' یہ غازی یہ تیرے پُر اسرار بندے، کیکٹس لینڈ، وغیرہ ایسے افسانے ہیں، جو موضوع، مواد، کردار، اسلوب کے لحاظ سے شاہکار کا درجہ رکھتے ہیں۔ چند اقتباسات سے اندازہ لگایا جا سکتا ہے۔

> ''اب میں نے دیکھا کہ آفتاب اور بدر کامل دونوں افق پر موجود ہیں۔ صنوبروں پر رات کے پرندے نغمہ زن ہوئے۔ پھر سورج اور چاند دونوں جھیل کے پانیوں میں گر گئے۔ جھیل کا رنگ سیاہ ہو گیا۔''

(ملفوظات حاجی گل باب بیک تاشی)

ان چند سطروں میں عینی نے عصر حاضر کی مادہ پرستی اور لادین سیاسئین کے ظلم و استحصال سے ترکی، مشرقی یورپ اور ایشیائے کوچک میں تصوفِ اسلامی کی خانقاہوں کی تباہی و بربادی کا المناک پہلو اجاگر کیا ہے۔ اسی طرح افسانہ ''پت جھڑ کی آواز'' میں افسانہ کی ہیروئن تنویر فاطمہ، جس نے پُر بہار زندگی گزاری، اپنے حسن سے خوش وقت سنگھ، فاروق وغیرہ کو دادِ عیش دیا، لیکن خواہش ہمیشہ یہ رہی ہے ——

> ''اس رات تیمار پور کے اس سنسان بنگلے میں اس (خوش وقت سنگھ) نے میرے ہاتھ جوڑے اور رو رو کر مجھ سے کہا کہ میں اس سے بیاہ کر لوں، ورنہ وہ مر جائے گا۔ میں نے کہا ہرگز نہیں، قیامت تک نہیں۔ میں اعلیٰ خاندان سیّد زادی بھلا اس کالے تمباکو کے پنڈے ہندو جاٹ سے بیاہ کر کے خاندان کے ماتھے پر کلنک کا ٹیکہ لگاتی۔ میں تو اس حسین و جمیل، کسی بہت اونچے مسلمان گھرانے کے چشم و چراغ کے خواب دیکھ رہی تھی، جو ایک روز دیر یا سویر بارات لے کر مجھے بیاہنے آئے گا۔''

(پت جھڑ کی آواز)

اس افسانہ میں تقسیم ہند کے تناظر میں ایک تعلیم یافتہ اور روشن خیال عورت کی نفسیاتی کشمکش کو بڑے فنکارانہ انداز میں عینی نے پیش کیا ہے۔ افسانہ ''ہاؤسنگ سوسائٹی'' یقینی طور پر ایک ایسا افسانہ جسے

بین الاقوامی سطح کے افسانوں میں بھی سرفہرست رکھا جا سکتا ہے۔اس افسانہ میں بدلتے سیاسی حالات، نئی تہذیب اور جدید معاشرہ پر جس انداز سے طنز کیا گیا ہے، وہ صرف اور صرف عینی کا حصہ ہے۔اس طویل افسانہ کے چند جملوں سے اس کا اندازہ لگائیے۔۔۔۔

''آج کی دنیا ایک بہت عظیم الشان بلیک مارکیٹ ہے، جس میں ذہنوں، دماغوں، دلوں، روحوں کی اعلیٰ پیمانے پر خرید وفروخت ہوتی ہے۔ بڑے بڑے فنکار، دانشور، عینیت پسند اور خود پرست میں نے اس چور بازار میں بکتے دیکھے ہیں۔میں خود اکثر ان کی خرید وفروخت کرتا ہوں۔''

(ہاؤسنگ سوسائٹی)

افسانہ ''جلا وطن'' میں عینی فکر وفن کے لحاظ سے بھی کافی بلندی پر نظر آتی ہیں۔اس افسانہ میں ہندوؤں اور مسلمانوں کی مشترکہ تہذیب اور قدروں کے واقعات کے تانا بانا کو جس انداز میں بُنا گیا ہے، وہ صرف تہذیبی اور تاریخی روایت کا سر چشمہ ہے، بلکہ تقسیم ہند سے جو مشترکہ تہذیب وتمدن کے بکھرتے شیرازہ کا جو المناک فضا بنائی ہے، اس کی زبردست ٹیس ہے، ایک اقتباس دیکھیں۔۔۔۔

''رفیقو' انسان نے خودکشی کرلی۔ پرانی اقدار تباہ ہوگئیں۔اپنے پرائے ہوگئے۔ یہ سب پچھلے سال سے دہراتے دہراتے تم لوگ اکتا نہیں گئے۔ یہ جو کچھ ہوا، یہی ہونا تھا اور آپ تھیں کہ ایک نہایت رومینٹک تصوّر لئے بیٹھی تھیں، گویا زندگی نہ ہوئی، شانتارام کی فلم ہوگئی۔''

(جلا وطن)

ایسے خوبصورت، معنی خیز اور زندگی کے حرکت وعمل کو وسیع تناظر میں پیش کرنے والے، ان افسانوں کو جو موضوعات سے لے کر کردار، واقعات تجسس، تحیر، تکنک، ٹریٹمنٹ، زبان، ماحول اور کلائمکس تک ایک خاص معنویت اور انفرادیت بخشتا ہے، فراموش کرنا ممکن نہیں۔لیکن اس کے باوجود ہمارے نقادوں نے ان پر توجہ نہیں دی۔عینی اپنی زندگی کے آخری ایام یعنی ۲۰ رمئی ۲۰۰۵ء کو بھی نظر انداز کئے جانے کا شکوہ، ان لفظوں میں کرتی ہیں۔

''ہمارے فکشن کے ناقدین ناچیز کے ناولوں کے بارے میں تو لکھ لیتے ہیں، لیکن افسانوں کو انھوں نے تقریباً نظر انداز کر رکھا ہے۔''

(پیش لفظ 'آئینۂ جہاں' جلد۔اول)

ویسے عینی بذات خود افسانے کے معیار کی جو تعریف پیش کرتی ہیں، وہ یہ ہے کہ:

''افسانہ، افسانہ ہے، افسانہ اچھا بھی ہوسکتا ہے، بُرا بھی ہوسکتا ہے۔ میرے نزدیک معیار یہ ہے کہ وہ اچھا ہو، ہر لحاظ سے۔''

As a human doccuments, As a piece of literature and as something to enjoy, and as something which disturbs you, something which stimulates you."

عینی ہمیشہ اپنے ان خیالات پر کاربند رہیں، اور کئی ایسے شاہکار افسانے لکھے، جو افسانوی ادب میں قیمتی سرمایہ کی حیثیت رکھتے ہیں۔

◀◀ ● ▶▶

• ڈاکٹر محمد جعفر احراری

شبلی اور عطیہ فیضی

شبلی کی شخصیت کا سب سے دلچسپ اور متنازع فیہ پہلو وہ خطوط ہیں جو عطیہ فیضی کو لکھے گئے۔ شبلی اور عطیہ فیضی کے تعلقات اور معاشقے کی داستان بڑی طویل ہے جسے کچھ ادیبوں نے بہت چٹخارے لگا کر بیان کی ہے۔ اس حقیقت سے انکار نہیں کیا جاسکتا کہ شبلی رنگین مزاج تھے اور اُنھوں نے عطیہ کو جو کچھ بھی لکھا وہ دل کی گہرائیوں سے لکھا۔ عطیہ نے ہمیشہ شبلی کو معزز سمجھا اور احترام کی نظر سے دیکھا لیکن شبلی عطیہ کو کس نظر سے دیکھتے تھے یہ ایک خالص نفسیاتی مسئلہ ہے۔ شبلی اپنے عہد کے نامساعد حالات سے بے حد متاثر تھے، چنانچہ کسی کو اپنا دردِ دل سنا کر اور اس میں کسی کو شریک کرنا اگر معاشقہ ہے تو اس صورت میں سارے انسانی اقدار پامال ہوتے نظر آتے ہیں۔ ظاہری اسباب کو دیکھ کر کسی کو موردِ الزام ٹھہرانا یا اس پر بدطینتی کا فتویٰ لگانا آسان کام ہے لیکن اس کی تہوں میں اُتر کر بات کرنا ایک مشکل ترین کام ہے۔

شبلی کی شخصیت کا ایک رنگین پہلو ''خطوطِ شبلی'' مرتبّہ مولوی محمد امین زبیری کی اشاعت کے بعد سامنے آتا ہے۔ اس پر مولوی عبدالحق کا مقدمہ معنی خیز ثابت ہوا۔ انھوں نے عطیہ بیگم کے نام شبلی کے خطوط کو رنگین بنا کر پیش کرنے کا سلسلہ شروع کیا۔ شیخ محمد اکرام اور وحید قریشی نے اسے اور بھی زیادہ ہوا دی۔ ان لوگوں نے شبلی کے خطوط کو ضرورت سے زیادہ رومانی بنا دیا اور بین السطور کو پڑھ کر قیاس آرائیاں کیں۔ ''خطوطِ شبلی'' کی اشاعت کے بعد ایسا محسوس ہو رہا تھا کہ کچھ لوگ اسی کے منتظر تھے۔ جو سمجھ میں آیا کہہ دیا اور اپنی مرضی کے مطابق معنی پہنانے میں بھی دریغ نہیں کیا، یہ بھی ہوش نہ رہا کہ کون سا خط کس کے نام ہے۔ ابنِ فرید نے لکھا ہے کہ ''اکثر اقتباسات کو جو اصلاً زہرہ بیگم کے خطوط سے ہیں، عطیہ کی طرف منسوب کر کے زبردستی حیاتِ معاشقہ ثابت کرنے کی کوشش کی گئی۔''[1]

عطیہ سے شبلی کی خط و کتابت کا سلسلہ 17 فروری 1908ء سے شروع ہو کر 28 مئی 1911ء کو ختم ہوا۔ شبلی عطیہ کی شخصیت سے بے حد متاثر تھے۔ ان کی تمنا تھی کہ مسلم عورتوں میں کوئی سروجنی نائیڈو کی طرح مقرر بن سکے۔ وہ چاہتے تھے کہ عطیہ ایک اچھی مقرر، پاکیزہ مذاق کی ادیبہ اور تعلیمی میدان کی سرگرم

کارکن بنیں۔ چنانچہ وہ اپنے ایک خط میں لکھتے ہیں:

''میں چاہتا ہوں کہ آپ ان مشہور عورتوں کی طرح اسپیکر اور لیکچرار بن جائیں جو انگریز اور پارسی قوم میں ممتاز ہو چکی ہیں۔ لیکن اردو میں، تاکہ ہم لوگ بھی سمجھ سکیں۔ آپ میں ہر قسم کی قابلیت موجود ہے۔ صرف مشق کی ضرورت ہے۔''[۲]

شبلی، عطیہ کے نام جو خط بھیجتے ہیں وہ عزیزی، خاتونِ محترم یا قرۃ العینی سے شروع ہوتے ہیں۔ یہی القاب وہ اپنی بیٹی فاطمہ کے لیے بھی استعمال کرتے ہیں۔ رومانیت کے کھلاڑی کچھ اور ہی القاب و آداب سے مخاطب کرتے ہیں اور جواب میں آئے ہوئے خطوط اپنے اہل وعیال یا کسی دوسرے کو دکھانا پسند نہیں کرتے اور نہ ہی اس کا سرِ عام ذکر کرتے ہیں۔ عطیہ کے نام ایک خط میں شبلی لکھتے ہیں:

''میری لڑکی علاج کے لیے آئی ہوئی ہے۔ وہ تمھارے خط پڑھ کر سخت حیرت زدہ ہوتی ہے کہ اس قابلیت کی بھی عورتیں ہوتی ہیں۔ میں نے اس کا بھی جواب دیا کہ وہ عورت کب ہے؟۔''[۳]

عطیہ اور شبلی کے درمیان خط و کتابت کا سلسلہ کبھی کبھی طویل وقفے تک بند نظر آتا ہے۔ اس کی تفصیل سیّد شہاب الدین دسنوی اپنی کتاب میں پیش کرتے ہیں:

''کبھی کبھی دو خطوں کے درمیان خاصا طویل عرصہ ہے۔ 28 اپریل سے 13 اکتوبر 1908 (44 دن)، 21 ستمبر سے 26 مئی 1909 (515 دن)، 5 جولائی سے 13 اکتوبر 1910 (تین ماہ 8 دن)؛ یہ وقفے کافی طویل ہیں۔ کیا اس درمیان مراسلت بند رہی؟ یا یہ کہ مراسلت جاری رہی مگر وہ خطوط منصۂ شہود پر نہیں آئے۔ جس احتیاط کے ساتھ عطیہ شبلی کے خطوط کو بقولِ محمد امین زبیری 'آہنی الماری' میں سنبھال کر رکھتی تھیں اس سے ان کے ضائع ہونے کا امکان تو بعید معلوم ہوتا ہے۔''[۴]

خط و کتابت کے درمیان طویل وقفے کی حقیقت کیا ہے؟ جولائی اور کتوبر 1910 کے درمیانی سکوت کے بعد عطیہ کا جو خط آیا اسے رومان کا رنگ دیتے ہوئے شیخ محمد اکرام لکھتے ہیں:

''مدت کے بعد جب ادھر سے ایک شفقت بھرا خط آیا تو شبلی کے تصور نے انگڑائی لی اور دفعتاً بہت سے مردہ خیالات پھر زندہ ہو گئے۔ اب انھوں نے پھر 'عزیزی' سے خطاب شروع کیا بلکہ تصویر کی فرمائش کی لیکن غالباً جواب حوصلہ افزا نہ تھا۔ شبلی کے دل میں عطیہ کی یاد آخر تک ایک خوش گوار نقش کی طرح محفوظ رہی۔ کبھی کبھی ملاقاتیں بھی ہوئیں لیکن ٹوٹے ہوئے دل پھر نہ جڑ سکے۔''[۵]

مناسب معلوم ہوتا ہے کہ شبلی کا وہ خط بھی تحریر کیا جائے جس کی بنا پر شیخ محمد اکرام نے مولانا کے

رومان کی کہانی بنائی ہے:

''عزیزی! مدت کے بعد تم نے یاد کیا، دفعتاً بہت سے مردہ خیالات زندہ ہو گئے۔ کانفرنس تو ناگپور ہی میں ہو گی لیکن تم ضرور الہ آباد آؤ۔ افسوس ہے کہ میرے خاندان کی عورتیں وہاں نہ ہوں گی ورنہ تم سے بڑے شوق سے ملتیں کیوں کہ تمھارا اکثر تذکرہ میری زبان سے سنتی رہتی ہیں۔ الٰہ آباد میں میرا چھوٹا بھائی اسحاق رہتا ہے۔ میں تو یہ چاہتا تھا کہ تم کو اسی مکان میں اُتاروں لیکن اطمینان نہیں کہ تمھاری مرضی کے موافق تم کو آرام مل سکے گا۔ دریا قطرہ میں نہیں سما سکتا، تاہم فوراً مجھ کو مطلع کرو کہ کیا کوئی خاص بندوبست کیا ہے یا گورنمنٹ کی مہمان ہو گی اور نمائش میں قیام کرو گی۔ بہرحال میرے ملنے کو خود تشریف لاؤ گی تو بہتر ورنہ میں خود آؤں گا۔ پتہ دے دینا وہاں کے اسلامی گرل اسکول بھی دیکھنا جس کے سکریٹری سیّد کرامت حسین ہیں۔ میں آج کل بہت پژمردہ رہتا ہوں، طبیعت اچھی نہیں، تفریح بھی نہیں کرسکتا۔ اس ویرانہ میں سال پورا ہو گیا۔ الٰہ آباد کی نمائش نے قلمی یادگاروں پر میرا لیکچر مقرر کیا ہے لیکن توقع نہیں کہ میں تیار کرسکوں۔ اپنی تصویر بھیج دو۔[6]
شبلی، 13 اکتوبر 1910ء''

یہ وہ خط ہے جس سے شیخ محمد اکرام شبلی کے تصور کو انگڑائی لیتے ہوئے دیکھتے ہیں۔ ''مردہ خیالات'' سے فوراً ان کا ذہن منتقل ہوتا ہے کہ شبلی عطیہ سے نکاحِ ثالث کا ارادہ رکھتے تھے۔ شہاب الدین دسنوی ان جملوں کی بہت اچھی توجیہ کرتے ہیں کہ مردہ خیالات سے مراد وہی خیالات ہیں جن کے تحت شبلی عطیہ کو ایک اچھی مقرر اور خطیب دیکھنا چاہتے تھے۔ شیخ اکرام کو نہ جانے کیسے اس بات کا علم ہو گیا کہ ان کا دل ایسا ٹوٹا کہ پھر جڑنے کا کوئی امکان نہیں تھا۔ شیخ صاحب نے نہ جانے کیسے جان لیا کہ عطیہ نے تصویر نہیں بھیجی۔ انھیں یہ نہیں پتہ چلا کہ تصویر جس تحکمانہ لہجے میں طلب کی گئی ہے اس کا مقصد کیا تھا؟

عطیہ میں بے پناہ صلاحیت تھی۔ وہ اردو، فارسی، انگریزی، فرنچ، مصوری، نقشہ کشی، پالٹکس اور قوتِ تحریر میں ممتاز تھیں۔ ایسی صلاحیتوں کی مالک مسلمان خاتون کی عزت نہ صرف شبلی بلکہ دوسرا دانشور طبقہ بھی کرتا تھا۔ مسلمان عورتوں میں ان کا اہم مقام تھا جس کی وجہ سے لوگ ان کی جانب متوجہ ہوتے تھے۔ شبلی عطیہ کی ذہنی صلاحیتوں سے کام لینا چاہتے تھے۔ یہی وہ پہلو ہے، شبلی جس کے گنہگار ہیں۔ ان پر عشق و محبت، رشتۂ ازدواج اور نرگسیت کے رنگ کو تیز کر کے پیش کیا گیا اور انھیں مجرم کے کٹہرے میں کھڑا کرنے کی کوشش کی گئی ہے۔ شبلی پر الزام لگانے والوں میں وحید قریشی کا بھی نام اہم ہے۔ انھوں نے شبلی اور عطیہ کے تعلقات کو مکمل معاشقہ کی نظر سے دیکھا ہے۔ چنانچہ وہ بہت وثوق کے ساتھ کہتے ہیں:

''(1905 میں شبلی کی دوسری بیوی فوت ہو گئیں) اس کے بعد ابوالکلام اور عطیہ بیگم سے بیک

وقت محبت کا آغاز ہوتا ہے... مولانا کا مزاج ان دنوں بڑا رومانی تھا... چندے کی خاطر اور بعض دوسرے کاموں کے لیے مولانا کو اب بمبئی بھی جانا پڑتا تھا۔ بمبئی اور اس کی رونقیں اکثر مولانا کو گرمیوں میں وہاں کھینچ لے جاتیں۔''[7]

مولوی عبدالحق، شیخ محمد اکرام اور وحید قریشی نے شبلی کی جو تصویر پیش کی ہے حقیقت میں انھوں نے مولانا کی شخصیت کو مجروح کرنے کی کوشش کی ہے اور صرف ایک طرفہ فیصلہ سنایا ہے اور مولانا کی ذات کے ساتھ انصاف نہیں کیا ہے۔ ڈاکٹر اخلاق نے بالکل درست کہا ہے:

''عشق کسی کی میراث نہیں۔ حافظ ہوں یا خیام، غالب ہوں یا شبلی، ہر ایک کو اپنے ذوق وشوق اور جمالیاتی حسن کو اجاگر کرنے کا پورا حق حاصل تھا۔ یہ ذاتی، طبعی اور جبلی چیزیں ہر ایک میں یکساں نہیں پائی جاتیں۔ ان کا تعلق جنس سے نہیں بلکہ فن اور تشکیل سے ہوتا ہے۔ شبلی ایک عظیم فن کار تھے... عشقِ خدا اور عشقِ رسول سے نہ کسی کو انکار ہوسکتا ہے نہ عشقِ بتاں کو روکا جاسکتا ہے۔''

◄◄ ● ►►

حواشی:

1. (ماہنامہ) 'ادیب' شبلی نمبر، ص 273، علی گڑھ، 1960۔
2. محمد امین زبیری، خطوطِ شبلی، ص 2، بھوپال۔
3. ایضاً، مکتوب 15 جولائی 1909۔
4. سیّد شہاب الدین دسنوی، شبلی معاندانہ تنقید کی روشنی میں، ص 68، دہلی، 1987۔
5. شیخ محمد اکرام، یادگارِ شبلی، ص 342، لاہور، 1971۔
6. محمد امین زبیری، خطوطِ شبلی، ص 48، بھوپال۔
7. وحید قریشی، ادیبوں کی حیاتِ معاشقہ، ص 36-35، لاہور۔
8. (سہ ماہی) فکر ونظر، شبلی نمبر، ص 97، علی گڑھ، 1993۔

● ڈاکٹر ممتحنہ اختر

موضوع اور مواد

ادب میں مواد اور ہیئت کی کوئی جداگانہ کوئی حیثیت نہیں۔ دونوں ایک دوسرے سے اس قدر پیوستہ اور ہم رشتہ ہے کہ دونوں کا علیحدہ علیحدہ تصور ممکن نہیں اور نہ ہی ایک کو دوسرے پر فوقیت دی جاسکتی ہے۔ بلکہ خیال، موضوع، معانی یا مواد ہیئت سے علیحدہ کوئی حیثیت نہیں رکھتے اور نہ ہی مواد و معنی کے بغیر کامل ہیئت متشکل ہوسکتی ہے۔ بلکہ مواد و معانی غیر مرئی یا غیر موجودگی کی صورت کے بعد تخلیق میں جب اپنا وجود پکڑ لیتے ہیں یا ہیئت اختیار کر لیتے ہیں تو مزید ہیئتوں میں ڈھلنے کے امکانات اپنے ساتھ لاتے ہیں۔ ہر ہیئت اپنی انتہا میں مواد بنتی ہے اور ہر مواد اپنی ابتداء میں ایک ہیئت لیے سامنے آتا ہے بقول ڈیوڈ مورلی:

Form is content as arranged;

Content is form-as- deployed"(1)

ڈیوڈ مورلی (David Morley) کے اس خیال سے اگر مواد و موضوع کا تعین کیا جائے۔ تو ہیئت سے علیحدہ اس کی کوئی اہمیت نہیں اور نہ ہی اس کی کوئی مجرد تعریف متعین ہوسکتی ہے۔ حامدی کاشمیری نے بھی اس کے پیش نظر اس طرح اپنے خیالات کا اظہار کیا ہے: ''ہیئت موضوع یا تجربے سے الگ کوئی شے نہیں، ہیئت ہی تجربہ ہے'' ؂۲

یعنی ادبی تخلیق میں الفاظ ہی معنی و موضوع یا تجربے کی قدر متعین کرتے ہیں۔ الفاظ یا ہیئت ایک خاص سانچے میں ڈھل کر مواد و معنی کی بازآفرینی کرتے ہیں۔

تاہم ادبی تنقید میں جہاں تک مجرد معنی و مواد کے تصور کا تعلق ہے تو اس کے بارے میں کئی آراء سامنے آتی رہی ہیں۔ اس کو ادیب و شاعر کے تعقلی، تخیلی اور وجدانی عناصر سے بھی جوڑا گیا ہے اور جذباتی، نفسیاتی و روحانی پہلو سے بھی جوڑا گیا ہے چنانچہ ان خیالات کے پیش نظر یہ بحث غور طلب رہی ہے کہ جو تصورات و خیالات فنکار فنی تخلیق میں پیش کرتا ہے یا فنی تخلیق کی بنیاد جن تجربات و تصورات و خیالات پر رکھتا

ہے ان کی اصلیت و معنویت کیا ہے؟ وہ کن عناصر سے تشکیل پاتے ہے؟ ایسے کون سے محرکات ہوتے ہیں جن سے وہ پیدا ہوتے ہیں؟ نوعیت کے اعتبار سے وہ کیسے اور کیونکر مختلف ہوتے ہیں۔ ادبی تنقید میں مواد و موضوع کی اصلیت و معنویت انھی تصورات کے پیش نظر سامنے آتی رہی ہے بلکہ ادب کی ماہیت کو لے کر جوں جوں مختلف ادوار میں مختلف نظریات سامنے آتے رہے ہیں توں توں ادب میں مواد و موضوع کی معنویت پر نئے زاویے سے روشنی پڑتی رہی ہے۔ فن و ادب پر تنقید کرتے ہوئے باضابطہ طور پر سب سے پہلے ارسطو نے اپنے نظریہ نقل کو سامنے لاتے ہوئے اس بات کی طرف توجہ دلائی کہ فن کار یا شاعر جن خیالات و تصورات پر فن کی بنیاد رکھتا ہے یا جس موضوع و مواد کی بناء پر وہ فنی تخلیق کو معرض وجود میں لاتا ہے وہ اصل میں اسی مادی دنیا کی پیداوار ہوتے ہیں یا اسی مادی دنیا کی عکاسی یا نمائندگی کے طور پر سامنے آتے ہیں۔ ارسطو سے پہلے اگرچہ اصل میں افلاطون نے نظریہ نقل کی بنا پر اس بات کی طرف توجہ دلائی تھی کہ مادی دنیا ہی فن پارے کا موضوع بنتا ہے لیکن تصوراتی حقیقت کو مادی حقیقت سے علیٰحدہ کر کے اس کی فوقیت یا برتری کے پیش نظر انہوں نے فن کو یا فنی تصورات کو بے معنی اور غیر اہم قرار دے کر یہ تصور سامنے لایا کہ چونکہ شاعر مادی حقیقت کی نمائندگی کرتا ہے یا شاعری میں پیش کیے گئے خیالات مادی دنیا کی پیداوار ہوتے ہیں اس لیے ان کی کوئی اہمیت نہیں، یہ محض نقل کی نقل ہے کیونکہ جن حواس اور محسوس کیے گئے (اشیا) پر ان کی بنیاد ہے ان کا علم اور ان کی اصل محض ظاہری اور سطحی ہے۔ لیکن اس کے باوجود اپنے فکری و فلسفیانہ تصورات کے پیش نظر تنقیصی او رمنفی زاویہ نظر سے شعر و ادب کا جو تجزیہ افلاطون نے پیش کیا اور اس پر جو اصطلاحیں پیش کیں وہی تجزیہ اور اصطلاحات بعد میں مثبت تصریحات کے طور پر ادب و شاعری کی ماہیت پر کارآمد بنیاد ثابت ہوئیں او رموضوع و مواد کی اہمیت و معنویت کی تفہیم اور پرکھ کے نئے دریچے وا ہو گئے بقول جمیل جالبی:

> ''افلاطون نے اس بحث نظریہ نقل یا نظریہ (ادب) کے سلسلے میں جو اصطلاحیں استعمال کیں اور ان اصطلاحوں کے ذریعے ادب و شعر کے جن آفاقی اصولوں کو پیش کیا ان پر آج بھی اسی طرح بحث ہو رہی ہے...... انھی مسائل کو لے کر ارسطو نے سارے ادب و شعر کا جائزہ لیا اور اپنے منطقی ذہن سے ان گتھیوں کو سلجھا کر ادبی تنقید کا سنگ بنیاد رکھا'' [۳]

فلاطون کے برعکس نظریہ نقل یا نظریہ ادب کے تعلق سے ارسطو کا تصور یہ تھا کہ فن کار یا شاعر جس خارجی کائنات یا مادی حقیقت کی نقل کرتا ہے یا اس کو اپنا موضوع بناتا ہے وہ تصوراتی حقیقت سے علیٰحدہ نہیں، بلکہ مادی حقیقت میں ہی تصوراتی حقیقت پوشیدہ ہوتی ہے جس کو فن کار اپنے تصور اور تخیل سے آشکار کرتا ہے۔ مواد کی موجودگی اس کی تغیر پذیری اس کا مسلسل او ر نہ ختم ہونے والا سلسلۂ اس کا مسلسل

ارتقاء upward progress ہی فنکار کے اندر ہیجانات پیدا کرتے ہیں اور فن کار اس مسلسل ارتقاء کی نقل کر کے اس کو نئی معنویت سے ہمکنار کرتا ہے یعنی ارسطو کے نزدیک شاعر واقعاتی دنیا سے ہی اپنے موضوع ومواد کی تلاش کرتا ہے اور موجود واقعات اور حقائق ہی اس کی تخلیق کی بنیاد بنتے ہیں۔''اس کے نزدیک حقیقت اس دنیا سے ماورا نہیں بلکہ یہ مادی عالم محسوسات ہی دراصل حقیقتوں کا جہاں ہے اور اس میں روح اور ماورائی ساری پنہایاں سمائی ہوئی ہیں'' اور شاعر اپنے تخلیقی عمل سے انہی ماورائی پنہایوں یا تصوراتی حقیقت کو فن میں آشکار کرتا ہے اور ارسطو کے نزدیک نقل، نقل محض نہیں جیسا کہ افلاطون کا خیال تھا یا یہ مصوری کی طرح کسی جامد شے کی تصویر کشی نہیں بلکہ کائنات کی تحرک پذیر وجودوں کا تخلیقی اظہار ہیں یعنی انسانی فطرت، ان کے اعمال وافعال، خیالات اور جذبات بلکہ پوری انسانی زندگی کا اظہار ہے چنانچہ اس کے پیش نظر انھوں نے لکھا ہے کہ ''فن فطرت کی تقلید ہے'' ؎

اور پھر ایک اور جگہ لکھا ہے کہ ''تقلید (یا نقل) کے معروض عمل کرتے ہوئے انسان ہوتے ہیں''

؎ فن میں چونکہ ارسطو مواد اور ہیئت دونوں کی وحدت کا قائل تھا اس لیے ان کے تصور نقل میں مواد کی ہیئت سے علیحدہ تفہیم ممکن نہیں قرار پاتی بلکہ اسی وحدت کے بنا پر ان کا تصور نقل افلاطون کے نظریہ نقل سے اپنی ایک الگ حیثیت اختیار کر لیتا ہے یا ان کا نظریہ نقل اسی وحدت کے بنا پر ہر جگہ ظاہر ہوتا ہے۔

> افلاطون اور ارسطو کے نظریہ نقل میں مواد وموضوع کی معنویت کے پیش نظر چونکہ ذہن انسانی کو خاص اہمیت حاصل رہی، خاص طور پر ارسطو کے نظریات میں ذہن انسانی کی غیر معمولی اہمیت ہے نے آگے چل کر مواد وموضوع کی معنویت کے پیش نظر یہ تصور سامنے لایا کہ عالم محسوسات یا حقیقی عالم یا فطرت اور فطری قوانین اور اس کی مختلف ہیئتیں عقل کو متاثر کرتی ہیں اور اس کے لیے معرض تقلید بنتی ہیں۔ لیکن اٹھارویں صدی کے اواخر میں عقلیت پسندی اور نو کلاسیکی ضابطوں کی سخت گیری کے خلاف انسانی جذبات واحساسات کی اہمیت نے مواد وموضوع کو ایک نئی معنویت سے ہمکنار کیا۔ اصل میں یہ ایک ردعمل تھا جو بعد میں رومانیت یا رومانوی تحریک کے نام سے سامنے آیا۔ اس تحریک نے عقل کے برعکس، تخیل اور جذبات واحساسات کو اہمیت دی، یہاں ادب فطرت کی ''تقلید'' نہیں بلکہ ''اظہار'' قرار پایا۔ انسانی جذبات واحساسات کا اظہار بلکہ انسانی فطرت اور کائنات کے غیر حتمی، تغیر پذیر، تخلیق پذیر اور مبدل عناصر کا اظہار جو محض

انسانی عقل کو نہیں بلکہ انسان کے بنیادی' امتیازی اور قابل قدر صلاحیتوں (جبلتوں' جذبات' تخیل' کو متاثر کرتے ہیں اور جن عناصر کو کولرج نے "روح فطرت" کا نام دے کر یہ لکھا تھا کہ "فن کار کو اشیا کی تقلید کرنے کے بجائے ان اشیا میں کارفرما روح کی تقلید کرنی چاہیے" ۶ لیکن اس "اظہار" کا مبدا و محور خاص طور پر شاعر کی ذات اس لیے قرار پائی کہ وہ انسانی سطح پر فطرت اور اس کے قوانین سے ہم آہنگ ہونے کے ساتھ ساتھ قوت اختراع Genius یا متخیلہ کا مالک ہوتا ہے۔ وہ اپنے جذباتی امور کا بقول شلیگل "تخیلی پیکر میں عکاسی کرتا ہے" ۷ وہ بقول ورڈز ورتھ (Words Worth) قلب انسانی اور روح فطرت کی ہم آہنگی کو منکشف کرتا ہے اور اس ہم آہنگی کے اصولوں کو تصویروں اور لفظی پیکروں کی صورت میں پیش کرتا ہے" ۸ اور بقول کولرج وہ پورے روح انسانی کو تحرک میں لاتا ہے۔ (4) "Brings the whole soul of man into activity, with the subordination of its faculties to each other, according to their relative worth and dignity" (9)

اس لیے ادب میں "اظہار" ادیب و شاعر کے باطن' اس کے تخلیقی تصور کی تجسیم قرار پائی اور مواد و موضوع کی معنویت شاعر کی داخلی دنیا یعنی اس کے جذبات و احساسات کے متحرک ہونے کا نتیجہ قرار پایا اور یہ امور موضوع و مواد کی معنویت و اہمیت کے لحاظ سے یہ لازمی قرار پائے کہ "ادیب موضوع کو تخلیق کے بطن سے دریافت کرتا ہے۔ اساسی اہمیت تخلیقی لمس کو حاصل ہے اور یہی موضوع کو تازگی اور توانائی عطا کرتا ہے" ۱۰ جذبے کا زیر و بم ہی ہیئت کی داخلی و خارجی عناصر کی تشکیل کرنے میں معاون ثابت ہوتا ہے چنانچہ کولرج نے ان الفاظ میں اس کی طرف اشارہ کیا کہ "شدید جذبہ کی زبان عام بول چال کی زبان سے زیادہ باوزن ہوتی ہے" ۱۱ وہ صنائع بدائع کو جذبہ کی تخلیق سمجھتا ہے۔ اس کے نزدیک اوزان و بحور خود جذبہ کی تخلیق ہوتے ہیں۔ ادب کی اہم ترین صفت تخیل قرار پائی لیکن تخیل کے محرکات بھی جذبات ہی قرار پائے شاعری شاعر کے جذبات و احساسات اس کے نقطہ نگاہ کی تخیلی ترجمانی قرار پائی Imaginative rendering of poets vision چنانچہ ورڈز ورتھ نے ان الفاظ میں اس کی طرف توجہ دلائی کہ:

''شاعر کا کام یہ ہے کہ وہ اشیا کو اس طرح استعمال نہ کرے جیسی وہ ہیں بلکہ اس طرح جیسی وہ دکھائی دیتی ہیں۔ اس طرح نہیں جیسا کہ ان کا حقیقی وجود ہے بلکہ اس طرح جیسے وہ احساسات اور جذبات کے سامنے خود کو پیش کرتی ہیں'' ۱۲

ادب پارہ یا نظم کو ایک جسم واحد یا نامیاتی کل ہونے کی بنا پر اس کے کل اجزاء کے پیش نظر مواد اور ہیئت کی وحدت کو لازمی قرار دیا گیا لیکن اولیت (Priority) اور امتیازی (Privilage) مواد و موضوع کو یہ کہہ کر دیا گیا کہ ''فن فطرت کے نامیاتی نظام کی تقلید کرتا ہے اور اس قوت کا انحصار موضوع کے نامیاتی خصائص پر ہوتا ہے'' ۱۳ اس لیے تخیل فن اور فطرت کو ہم آہنگ کرنے کے باوجود ''فن کو فطرت کے اور اسلوب کو مواد کے تابع رکھتا ہے'' ۱۴

رومانیت بغاوت تھی ان مسلمہ اقدار کے خلاف جو ادب کو محض ایک نہج پر دیکھنے کے حق میں تھی۔ یہ کسی اصول و قواعد کی پابندی نہیں تھی اور نہ ہی ادب کی پرکھ کے پیش نظر اس نے اپنے کوئی مخصوص اصول وضع کیے۔ یہ محض شاعر میں تخیل کے خود مختارانہ عمل Free play to the imagination of the poet کی ہی قائل نہیں تھی بلکہ اس نے ادیب و شاعر کی ذات، اس کی شخصیت، اس کے تخلیقی و تخیلی پہلوؤں کو لے کر نئی فکر کے ہر دروازے پر دستک دی۔ اس نے متنوع پہلوؤں سے یہ باور کرایا کہ شاعر کا تخلیقی ذہن مختلف النوع (Multidimentional) خصوصیات کا حامل ہوتا ہے خود کولرج جس نے شاعر میں تخیلی خصوصیت کو سب سے زیادہ اہمیت دی ہے ان الفاظ میں اس کی طرف توجہ دلائی:

"Every man's language "varies according to the extent of his knowledge, the activities of his faculties, and the depth or quickness of his feelings"......No two men of the same class or of different classes speak alike, although both use words and phrases common to them all, because in the one case their nature are different and in the other their classes are different"(15)

رومانی تنقید کے اسی آزادانہ رویہ سے ہی جدید تنقید کا آغاز ہوا جس نے تاریخی' سماجی' نفسیاتی' جمالیاتی اور تاثراتی طریقے سے ادیب کے تخلیقی ذہن پر روشنی ڈالی اور مواد و موضوع کی معنویت واصلیت میں فنی توضیحات سامنے لائیں۔

ان کے نزدیک بنیادی مفروضہ وہی رہا جو رومانی تنقید کی دین تھی کہ ادب شاعر کے تخلیقی ذہن اور شخصیت کا ''اظہار'' ہے لیکن اس کے ساتھ ساتھ انہوں نے ادیب وشاعر کے شخصی' معاشرتی' تہذیبی او رنفسیاتی پہلوؤں پر خاص طور پر توجہ دی اور ان امور کو مواد و موضوع کی اصلیت کے پیش نظر سامنے لایا کہ ادب پارہ چونکہ ادیب وشاعر کے خیالات اور شخصیت کا اظہار ہوتا ہے اس لیے سائنسی اصولوں کے تحت شاعر کی سوانح عمری کا مخصوص طور پر جائزہ لیا جائے' شخصی پہلو کے ساتھ ساتھ چونکہ شاعر یا ادیب ''اپنے زمانے کے اثرات کے اندر سے نمودار ہوتا ہے ١٦ اس لیے شاعر کے تخلیقی ذہن کو اس کے تہذیبی و معاشرتی تاریخ میں پرکھا جائے کیونکہ ادب ''ادیب کی زندگی کا عکس ہونے کے ساتھ قوم کی اجتماعی زندگی کی ایک قدرتی سرگرمی ہے۔(Tain)''١٧ ساں بوا (Saint Beuve) اور تین (Tain) نے خاص طور پر ادیب وشاعر کے ان پہلوؤں پر روشنی ڈالی اور باطنی عوامل کے ساتھ ساتھ خارجی عوامل سے ادب کا رشتہ جوڑا جس کو بعد میں مارکسی تصورات نے یہ کہہ کر فروغ دیا کہ ادیب چونکہ سماج کا ایک فرد ہوتا ہے اس لیے مادی عوامل یا معاشی حالات و کوائف ہی ادیب کے خیالات و افکار کی بنیاد قرار پاتے ہیں اس لیے اس کی تخلیق کی پرکھ اپنے دور کے معاشی و مادی حالات کے پس منظر میں کی جائے۔

اسی طرح رومانوی نفسیات کے بعد ادبی تنقید میں مواد و موضوع کو جدید نفسیاتی طریقۂ کار نے ایک الگ معنویت واصلیت سے ہمکنار کرایا یہ اصل میں ایک مکتبہ علم کے طور پر وجود میں آیا جس نے ذہن انسانی اور اس کے متعلقات پر نئی فکر اور نئے انداز سے روشنی ڈالی۔اس نے تحلیل نفسی کے عمل سے لاشعور میں پوشیدہ تصورات اور دبی ہوئی خواہشات کو شعر و ادب کی بنیاد قرار دے کر ادب اور فن کے تخلیقی عمل کو زیادہ وضاحت اور نئے ذخیرۂ اصطلاحات سے بیان کیا خاص طور پر فرائیڈ' یونگ او راڈلر نے اپنے نظریات کی بنیاد لاشعوری عمل پر رکھ کر ان تصورات کو سامنے لایا کہ ''انسان کی داخلی تحریکات' ذہنی کشمکش اس کی شخصیت اور لاشعور کو اچھی طرح سمجھنے کی ضرورت ہے اور چونکہ ادب کو بھی دبی ہوئی خواہشات کا ذریعہ کہا گیا ہے۔اس لیے اس کے محرکات اور ادیب کی کشمکشوں کو بھی اس طرح دیکھنے کی ضرورت ہے'' ١٨ ان کے نزدیک ادب میں مواد و موضوع کی اصلیت ادیب وشاعر کی نفسیاتی الجھنیں' تشنگیاں اور ناکامیاں قرار پائیں۔فرائیڈ کے یہاں انسانی جبلت میں جنسی قوت کی اہمیت نے جنسی تشنگیوں اور خواہشات کو ادب کا مواد و موضوع قرار ڈالا اور ادب اور فن کو انسان کی بنیادی جبلتوں کی رقص گاہ کہہ کر ہیئت کو دبی ہوئی

خواہشات کا ذریعہ قرار دیا۔ یونگ (Yung) نے اجتماعی یا نسلی لاشعور کو فنی تخلیقات کا سرچشمہ قرار دے کر انسان کے اس جذباتی رویہ کو اہم تصور کیا جسے وہ آبا و اجداد سے ورثے میں حاصل کرتا ہے۔ اجتماعی لاشعور کو تخلیق کی بنیاد قرار دے کر مواد و موضوع اس کے نزدیک انسانی آرزوئیں پرانے نسلی میلانات بلکہ قدیم و جدید عہد کے وہ تصورات وخیالات قرار پائے جو انسانی شخصیت کے بننے میں لاشعوری طور پر بنیادی کردار ادا کرتے ہیں۔ اڈلر نے احساس کمتری کے پیش نظر مستقبل کی آرزوؤں، ناکامیوں، خواہشات اور اعصابی ادھورے پن سے پیدا شدہ تصورات کو مواد و موضوع کی اصلیت قرار دیا اور ادب واظہار کو اس کی تلافی صورت قرار دیا۔

نفسیاتی تنقید کے اس نئے طریقہ کار نے آگے چل کر ادبی تخلیق اور تخلیقی عمل کی کئی گتھیوں کو سلجھانے میں اہم رول ادا کیا خاص طور پر یونگ کے اجتماعی لاشعور کے نظریے نے ادب میں مواد کے ساتھ ساتھ ہیئت اور اس کے متعلقات پر ایک نئے انداز سے روشنی ڈالی۔

رومانوی اور نفسیاتی تنقید نے ادیب وشاعر کی داخلی دنیا کو زیادہ اہمیت دے کر شاعر کی ذات، اس کے احساسات وجذبات، اس کے تخلیقی وتخیلی وذہنی عمل، اس کی فطری وجبلی خواہشات کو ہی ادبی تخلیق کی بنیاد قرار دیا۔ ان کے نزدیک باہر کی زندگی شاعر یا ادیب کے لئے محض ایک مہیج کی حیثیت قرار پائی۔ شاعری کی کائنات کو انہوں نے کسی خارجی عوامل سے نہیں بلکہ شاعر کے باطنی عوامل سے دیکھنے کی کوشش کی۔ اُن کے نزدیک شاعر کے اعماق میں موجود محسوسات اور اس کے لاشعور میں دبی ہی خواہشات ہی ادب قرار پائی۔ اِس لئے مواد و موضوع کی اصلیت بھی اُن کے نزدیک انہی خیالات سے مشروط قرار پائی۔ نفسیاتی تنقید کے علاوہ حقیقت پسندی، سرریلزم اور نیچرل ازم بھی رومانی تنقید کے اثرات سے ہی منظر عام پر آیئے جن میں کلاسکیت سے لے کر جدید تنقید تک ملے جلے خیالات کی بازآفرینی نظر آتی ہے

اس طرح اگر مجموعی حیثیت سے دیکھا جائے تو مواد و موضوع کی معنویت کو دریافت کرنے میں یا اس تصور کے تعلق سے ہر مکتبہ فکر نے اپنے اپنے میلان ورجحان کے تحت اس کی قدر و قیمت متعین کی۔

◂◂ ● ▸▸

حواشی:

۱۔ introduction to creative writing -David Morley-www.muni.cz/.../contemporary art .

۲۔ تنقیدی مقالات (امکانات) حامدی کاشمیری، ادارہ ادب شالیمار، سرینگر۔ ص ۱۴۵

۳۔ ارسطو سے ایلیٹ تک، جمیل جالبی، ایجوکیشنل پبلشنگ ہاوس دہلی۔ ص ۲۷۰

۴ مغرب کے تنقیدی اصول' باقر رضوی' مقتدرہ قومی زبان اسلام آباد۔ص ۵۳
۵ ایضا۔۔۔۔۔ص۵۳
۶ مغرب کے تنقیدی اصول' سجاد باقر رضوی' مقتدرہ قومی زبان اسلام آباد۔ص ۲۲۷
۷ تنقیدی دبستان' سلیم اختر' (بک کارپوریشن' دہلی) ص ۸۸
۸ اشارات تنقید' سید عبداللہ' (بسمہ کتاب گھر دہلی) ص ۸۳
۹ Principles and History of Literary Criticism, Sc. Mundra, Sc. Agarwal - Prakash Book Depot. P-319.
۱۰ اردوادب کی تحریکیں ابتدا تا ۱۹۷۵ء 'انور سدید' کتابی دنیا دہلی۔ص ۹۹
۱۱ مغرب کے تنقیدی اصول' سجاد باقر رضوی' مقتدرہ قومی زبان اسلام آباد۔ص ۲۲۹
۱۲ ایضا......ص ۲۱۰
۱۳ ایضا......ص ۱۹۶
۱۴ ایضا......ص ۲۲۷
۱۵ History and principales of literary criticism ,Raghukul Tilak'Rama Brother. P 221
۱۶ شارات تنقید' سید عبداللہ' بسمہ کتاب گھر دہلی۔ص ۹۸
۱۷ ایضا......ص ۹۸
۱۹ جدید اردو تنقید اصول و نظریات' شارب ردولوی' اتر پردیش اردو اکادمی۔ص ۱۸۹

● ڈاکٹر عرش کاشمیری

خدیجہ مستور کا افسانہ ''محاذ سے دور''......ایک جائزہ

خدیجہ مستور تانیثی ادب کی ایک فعال مصنفہ کا نام ہے۔جنہوں نے بے شمار افسانے اس نوعیت کے لکھے جن کی بنا پہ انہیں تانیثی ادب کی ٹولی میں سرفہرست رکھا جائے گا۔زیر نظر مقالہ میں ان کے اہم افسانہ'' محاذ سے دور'' کا جائزہ لیتے ہوئے ان کے تخلیق کردہ اہم نسوائی کرداروں کی تانیثی اہمیت پر روشنی ڈالی جائے گی۔اس افسانے میں 'مائی' خدیجہ مستور کا مرکزی کردار ہے جو تانیثی ادب میں ایک لافانی کردار کے طور پر یاد کیا جائے گا۔اس کردار میں وہ سارے پہلو موجود ہیں جو تانیثیت کے بنیادی موضوعات ہیں۔

تانیثیت مابعد جدیدیت کی ایک اہم تھیوری ہے۔جس کا مقصد ادب میں نسوائی کردار کو اُجاگر کرنا ہے۔یہ تھیوری ادب میں فیمنزم کے نام سے بھی جانی جاتی ہے۔مغربی دنیا میں اس تھیوری کو عورتوں کا نظریہ ،تحریک نسواں یا عورتوں کی حمایت کرنے کا نظریہ جیسے ناموں سے موسوم جاتا ہے۔معنوی اعتبار سے تانیثیت ایک ایسا رجحان،فکر یا نظریہ ہے جو سوسائٹی میں عورت کے مقام کا تعین کرے،عورت کو اس کے کھوئے ہوئے وقار کو بحال کرے اور اس کے علاوہ مرد کی بالادستی،مرکزیت،عورت کا ثانوی درجہ وغیرہ کو ہدف تنقید بنائے۔اس نظریہ کے دائرہ عمل میں دورِ حاضرہ میں عورت پر ہو رہے ظلم و جبر،جنسی استحصال،غیر مساوی حقوق جیسے مسائل پر بحث و مباحث کرنا اور اس کے خلاف تحریر وتقریر کرنا شامل ہے۔مابعد جدیدیت کے بانی کاروں اور نقادوں کا ماننا یہ بھی ہے کہ تانیثیت سے مراد خواتین قلم کاروں کو ادب میں حاشہ پر رکھنے کے بجائے مرد کے برابر مرکز میں جگہ دینا اور ان کی تحریرات کو ادب میں شامل کرنا بھی اس تحریک کے دائرہ میں آتا ہے۔اس طرح بات صاف ہو جاتی ہے کہ عورتوں کے سماجی ،سیاسی ،معاشی اور خارجی و داخلی مسائل کو ادب میں اجاگر کرنے کی عملی کوشش کو بھی اس تھیوری کے زمرے میں شامل کیا جاسکتا ہے۔تانیثی ادبی تحریک کی تعریف پروفیسر قدوس جاوید ان الفاظ میں کرتے ہیں:

> '' تانیثی ادبی تحریر وہ ہے جس میں سماجی وثقافتی ،آئینی و معاشی وغیرہ تمام انسانی سطحوں پر عورت کو حاشیہ پر رکھنے کی بجائے مرد کے برابر مرکز میں رکھا

جائے۔ چناچہ ایسی ادبی تحریر (شعر، نظم، افسانہ، ناول یا مقالہ) جس میں عورت کو مساوی حقوق، انصاف اور مقام و مرتبہ دینے کی وکالت کی گئی ہو۔اس سے غرض نہیں کہ لکھنے والا عورت ہے یا مرد۔ طبقہ نسواں میں شعورِ ذات کی بیداری، عرفان نفس کا حصول اور زندگی کے تمام شعبوں میں عورت (طبقہ نسواں) کو مرد کے مساوی حقوق اور مواقع فراہم کرنا ہی تانیثیت کی تحریک، فکر یا تھیوری کے بنیادی خصائص ہیں۔''

(متن معنی اور تھیوری: پروفیسر قدوس جاوید، ص ۱۵۳-۱۵۲)

خدیجہ مستور افسانہ نگاروں کی ایسی ٹولی میں شامل ہیں جنہوں نے اپنے قلم کو تانیثی ادب کے لئے وقف کیا ہے۔ان کے بے شمار افسانے معاشرتی حقائق اور سماجی موضوعات پر قلم بند ہیں۔انہوں نے عورت اور سماج کے مابین مسائل کو بنیاد بنا کر بے شمار کہانیاں لکھی ۔ان کے خاص موضوعات بھوک، افلاس، ناانصافی، جنسی استحصال اور ظلم و جبر ہیں۔ رشید جہاں اور عصمت چغتائی سے متاثر ہونے کی صورت میں ان کی کہانیوں میں عورت ذات کا منفرد لہجہ ملتا ہے۔ جنسیات اور تانیثت پر انہوں نے جتنا بھی لکھا بے باک انداز میں لکھا ہے۔ کھیل، ٹھنڈا میٹھا پانی، بوچھاڑ، برہنہ لاشیں، دادا، محاذ سے دور اور چپکے چپکے ان کی اس ہنرمندی کی بہترین مثالیں ہیں۔ان کی کہانیوں کے کردار فعال اور متحرک ہیں۔ کرداروں کے افعال پر ان کی گرفت مضبوط رہتی ہے جس سے وہ کرداروں کو بڑی چابکدستی کے ساتھ استعمال میں لاکر کہانی کو موثر بناتی ہے۔ فکشن میں پلاٹ سے زیادہ کرداروں کو اہمیت حاصل ہے۔اردو ادب میں بہت سی کہانیاں ہیں جو ان کے مصنف سے نہیں بلکہ کرداروں سے مشہور ہیں۔ کردار جتنا فعال اور متحرک ہوگا کہانی کا کلائمکس اتنا ہی پُر تاثیر ہوگا۔اس ضمن میں پروفیسر احتشام حسین لکھتے ہیں۔

''مختصر افسانے میں پلاٹ سے زیادہ کردار کی اہمیت ہے...... کردار جو حقیقی اور زندہ ہوتے ہیں وہ پڑھنے والے کے حافظے میں داخل ہو کر وہیں ٹھہر جاتے ہیں۔''

تنقید اور عملی تنقید: احتشام حسین، ص ۵۴)

افسانہ ''محاذ سے دور'' خدیجہ مستور کی ایک اہم تخلیق ہے۔اس افسانے میں انہوں نے عورت کے سماجی مسائل اس طرح بیان کئے ہیں کہ قاری کی ساری توجہ عورت ذات پر مرکوز ہوتی ہے۔افسانے میں کئی نسوائی کردار موجود ہے جو اپنی منفرد نفسیات کے ساتھ کہانی میں اُبھرتے ہیں۔ان سب کرداروں کے نسوانی مسائل ہیں۔ کہانی کی ہر عورت سماجی ہاتھوں استحصال کا شکار ہو جاتی ہے۔اس کے علاوہ یہاں ایسے معاشری کی عکاسی کی گئی ہے جہاں عورت کا مقام ثانوی ہے۔افسانے میں عورت کی عظمت اور عفت کو یہاں پامال ہوتا ہوا قاری اپنی آنکھوں سے دیکھتا ہے۔قاری یہاں اس حقیقت سے بھی آگاہ ہوتا ہے کہ

عورت ہی ہر قسم کی آفت کا شمار ہو جاتی ہے۔ جنگ ہو یا وبا دونوں صورتوں میں عورت کی عصمت و آبرو کی قربانی کو لازمی قرار دیا جاتا ہے۔افسانے کا کردار 'مائی' پہلی جنگ عظیم میں اپنے پتی سے ہاتھ دھو بیٹھی اور دوسری جنگ عظیم میں اپنے جوان بیٹے کی شہادت دیتی ہے۔غرض جنگ ہاری جائے یا جیتی جائے ایک عورت کے لئے دونوں صورتوں میں نقصان ہی ہوتا ہے۔قدرت نے ایک عورت میں جو محبت اور شفقت داخل کی ہے یہی دراصل اس کی سب سے بڑی فطری کمزوری ہے۔اسی وجہ سے وہ ہر بار داخلی طور پر متاثر ہو جاتی ہے۔ پہلی جنگ عظیم میں مائی کا پتی شہید ہوتا ہے۔اس کا گھر لٹ جاتا ہے۔افسانہ نگار نے بڑی فنکارانہ صلاحیت کے ساتھ اس کی منظر نگاری کی ہے۔اقتباس ملاحظہ ہو:

> ''پہلی جنگ عظیم...... جب اس کا شوہر اس کی جوان آغوش میں صرف ایک ننھی سی جان سونپ کر لڑائی پر چلا گیا تھا۔ وہ اس لئے گیا تھا کہ غریب کسان کی محنت کا پھل زمیندار کھاتا تھا۔ وہ اسے روک نہ سکی تھی۔ اس کا حسن، اسکی جوانی اور معصوم بچے کی کلکاریاں اس کے پاؤں کی بیڑیاں نہ بن سکی تھی۔ وہ ننگا بھوکا رہتے تنگ آ چکا تھا...... لیکن وہ نہ آیا اس کی موت کی خبر آ گئی اور اس کے انتظار نے بھی دم توڑ دیا۔'' (خواتین کے نمائندہ افسانے: محمد قاسم صدیقی 'مرتب' ص ۲۲۳۔۲۲۴)

مائی کے شوہر کو جنگ کھا گئی۔ مائی نے اپنی جوانی کے سارے حسین پل تنہا گزارے تھے۔خدیجہ مستور نے مائی کی خستہ حالی کے علاوہ اس معاشرے کی تصویر کشی بھی کی ہے جہاں عورت ذات کو بیوہ ہونے پر بڑی قیمت چکانی پڑتی ہے یعنی سماج میں بُرے لوگوں کا سامنا، بُری نظروں کا مقابلہ۔موجودہ سماج کے مرد ایسی عورتوں کو سہارا دینے کے بجائے ان کا استعمال کرنے کی چاہ رکھتے ہیں۔قاری افسانے میں ایک ایسے سماج کی سیر کرتا ہے۔ جسے تانیثی تھیوری میں مرداساس معاشرہ کے نام سے موسوم کیا جاتا ہے۔ یہاں عورت کو ثانوی حیثیت حاصل ہے اور مرد عورت کو اپنا غلام یا خریدی ہوئی شے سمجھتا ہے۔اس ضمن میں پروفیسر قدوس جاوید رقمطراز ہیں:

> ''مذہبی، اخلاقی، سیاسی اور سماجی سطحوں پر مرد اور عورت کے حقوق و فرائض کے درجے مختلف ہیں وہ کہیں داسی ہے، کہیں کنیز، کہیں کٹھ پتلی، تفریح کا ذریعہ، کہیں ملکیت گویا عورت ایک شے (commodity) یا طبقے کی طرح ٹائپ ہے اور تابعداری جس کی تقدیر۔'' (متن معنی اور تھیوری: پروفیسر قدوس جاوید، ص ۱۶۵)

افسانے کے سب سے اہم کردار 'مائی' کے سر پر بھی ایسے بادل منڈلا رہے تھے۔لیکن مائی نے اپنی نفسانی خواہشات کو اپنی گرفت میں رکھنے کی از حد کوشش کی ہے۔'مائی' کا کردار یہاں خدیجہ مستور نے کٹھ

تپلی کی طرح نہیں نچایا بلکہ اسے ایک وفادار اور شرم سار عورت کے روپ میں دیکھانے کی کامیاب کوشش کی ہے۔اس کے کردار میں ہمت اور شجاعت شامل کر کے اسے لافانی کر دیا۔ جب مائی بیوہ ہو جاتی ہے۔سماج کے کچھ بد ضمیر لوگ اسے اپنے جال میں پھنسانا چاہتے تھے۔مگر مائی نے ہمت نہ ہاری۔ ڈٹ کر اپنے کچے بوسیدہ مکان میں ایام مفلسی گزارتی رہی۔کبھی کسی کے سامنے دست سوال نہیں کیا۔ اس نے اپنا ضمیر نہیں بیچا۔ایک عورت ہونے کے باوجود بھی نفسانی خواہشات اور جنسی ضرورتوں سے خود کو محروم رکھا تاکہ سماج میں اُس کا وقار بلند رہے۔اس سلسلے میں ایک اقتباس ملاحظہ فرمائیں:

> ''وہ رات دن اپنے شوہر کا انتظار کرتی رہتی۔لیکن وہ نہ آیا اس کی موت کی خبر آ گئی اور اس کے انتظار نے بھی دم توڑ دیا۔کچھ دن تک وہ ہر طرف غافل ہو کر روتی بلکتی رہی اور پھر اپنی محبت کے اچھے دنوں کی یادگار کو پروان چڑھانے میں خود کو گم کر دیا۔ان دنوں یہ بھی ہوا کہ جب لوگوں نے میدان صاف دیکھا تو ایک ذرا دوڑ لگانے کی کوشش کی مگر اس نے بھی ایسی ایسی پٹخنیاں دیں کہ اچھے اچھے ہمت کھو بیٹھے۔اس کی دنیا اس کا لال تھا۔وہ محنت اور مزدوری کر کے اپنے بچے کو پالنے لگی اور جب سرکار کی طرف سے زندگی کی قیمت ہر ماہ چند سکوں میں چکائی جانے والی تھی تو لوگوں نے دشمنی کر کے اس کا بھی خاتمہ کر دیا تاکہ وہ مصیبتوں سے تنگ آ کر خود کو بیچ دے۔''
>
> (خواتین کے نمائندہ افسانے: محمد قاسم صدیقی' مرتب۔ص ۲۲۴)

درجہ بالا اقتباس میں خدیجہ مستور سماج کی اس تلخ حقیقت کو بے پردہ کرتی ہے جہاں ایک لاچار عورت کو سماج ہی غلط راہ پر چلنے کا موقع فراہم کرتا ہے۔سماج ہی ایک شریف عورت کو قحبہ خانوں اور کوٹھوں پر بیٹھنے کے لئے اس کا مقام متعین کرتا ہے۔اور پھر اسی عورت کو یہی لوگ ہدف تنقید بناتے ہیں۔ یہ عورت کی لاچارگی ہے جس کا فائدہ اُٹھانے کی کوشش کی جارہی ہے۔اس طرح خدیجہ مستور نے بین المتن میں کئی طرح کی باتیں پوشیدہ کر کے قاری کو سوچنے پر مجبور کیا۔افسانے میں اس فقرے 'مصیبتوں سے تنگ آ کر خود کو بیچ دے' میں ایک پوری کہانی چھپی ہوئی ہے۔اس طرح افسانہ نگار مرد اساس معاشرے پر کئی طرح کے سوالات کھڑا کرتی ہے۔سماج میں رہنے والے مرد اس مظلوم عورت کی مدد بھی کر سکتے تھے۔اس کا سہارا بھی بن سکتے تھے لیکن اس طرح کی سوچ سے سارا سماج خالی نظر آتا ہے۔

مائی سماج کی بُرائیوں کا مقابلہ ہمت سے کرتی ہے یہاں تک ہمت نہیں ہارتی جب تک کہ اس کا بیٹا جوان ہو جاتا ہے۔محنت مزدوری کر کے اس نے اپنے بیٹے کو پڑھایا لکھایا اور اس قابل بنایا کہ اب وہ شہر جا کر کوئی اچھا سا کام دھندا کر سکے۔ یہاں مصنفہ کے ذریعے ایسی باہمت عورت کی تصویر کشی کی جارہی ہے جو شوہر کی

موت کے بعد مرد بن جاتی ہے اور خود ہر مشکل کا حل ڈھونڈ نکالنے کی ممکن کوشش کرتی ہے۔ اس کا جوان بیٹا شہر جا کر نوکری نہ ملنے سے مایوس ہو جاتا۔ اس کا اثر بوڑھی ماں پر پڑتا ہے۔ وہ اس رات بہت روتی ہے جب اس کے بیٹے کا خط آتا ہے جس میں وہ اصرار کرتا ہے کہ وہ ساتھ سمندر پار جا کر جنگ میں حصہ لینے کے لئے تیاری کرتا ہے۔ مائی کو بیٹے کی اس طرح مایوسی کی توقع نہ تھی۔ اس نے ایک باپ کی طرح اپنے بیٹے کا ہاتھ پکڑ کر اس قابل بنایا تھا کہ وہ محنت کر کے ماں اور اپنا پیٹ پال سکتا تھا۔ لیکن وہ بھی اپنے باپ کی طرح حالات سے لڑتے لڑتے تھک کر ہار چکا تھا۔ خدیجہ مستور نے ماں کی نفسیاتی کیفیت کو یہاں جس انداز میں ظاہر کیا وہ ایک حساس قاری کو جھنجوڑ کر رکھ دیتا ہے۔ ماں پر گزری ہوئی اس صورت حال کا اندازہ اس اقتباس سے لگایا جا سکتا ہے:

> ''وہ روتی رہی اور سوچتی رہی کہ اس کا بیٹا جاہل کیسے ہے۔ اس نے اُسے مڈل تک پڑھایا ہے یہاں کتنے مڈل پاس ملازم ہیں۔ اسکول ماسٹر تک مڈل پاس ہیں اور پھر اس نے اپنے بیٹے کو خط لکھوایا کہ وہ آجائے وہ پھر اسی طرح محنت مزدوری کر کے سب کا پیٹ بھرے گی۔ اب اس میں کام کی طاقت آگئی ہے۔ اور اب وہ بیکار بیٹھے بیٹھے بھی اُکتا گئی ہے۔ وہ گھر ضرور آجائے دُلہن اداسی رہتی ہے، اور اس کی گود ہری ہونے والی ہے، مگر وہ نہیں آیا۔''
>
> (ایضا۔ص ۲۲۵۔۲۴۶)

خدیجہ مستور نے اس افسانے میں عورت کے بیشتر مسائل اُبھارے۔ دنیا کی ہر تکلیف مائی کے کردار میں شامل کی۔ مائی کا کردار اس طرح پوری عورت ذات کی عکاسی کرتا ہے۔ اس نے شوہر کی موت کے بعد خود کمر باندھ کر محنت کی۔ سماج سے کسی قسم کی کوئی مدد نہ ملی۔ اس کے بعد بھی محنت مزدوری کر کے اپنے بیٹے کو جوان کیا۔ بیٹا بھی جب باپ کی طرح جنگ میں مارا گیا تب تک مائی کے کالے بال سفید ہو چکے تھے۔ وہ ایک عورت سے بوڑھی بن چکی تھی۔ اس کے چہرے کی رنگت ختم ہو چکی تھی۔ اس کی کمر ٹیڑھی ہو چکی تھی اور اسی حالت میں اس کی بہو نے اسے دھوکا دیا اور موقع پا کر مائی کے گھر سے فرار ہو گئی۔ ایک بار پھر مائی سماج کے آگے کٹھ پتلی بن کر رہ گئی، اس وقت مائی کو حقیقتاً اس سماج کی اشد ضرورت تھی۔ آخر کار یہ سماج اس ماں کا احسان فراموش کیسے ہو سکتا ہے؟ اسی سماج اور انہیں لوگوں کے لئے اس نے پہلے اپنا خاوند اور پھر اپنا جوان بیٹا کھو دیا تھا، لیکن بدلے میں مائی کو در در کی ٹھوکریں کھانی پڑی۔ ایک مظلوم بے سہارا عورت کی منظر نگاری خدیجہ مستور اس طرح کرتی ہے:

> ''رو دھو چکنے کے بعد اب صرف ایک سوال بھوت کی طرح اس کے سامنے کھڑا تھا۔ وہ اب اپنا پیٹ کیسے بھرے گی۔ اب اس سے محنت مزدوری نہ ہو سکتی تھی

۔اس کی کمر ٹوٹ چکی تھی۔ محلے والوں نے دو چار دن ترس کھا کر اسے دو وقت کھانا کھلا دیا تھا مگر کوئی یوں کب تک کھلاتا...... گھر میں پڑی چپ چاپ رویا کرتی جب کئی کئی وقت خالی پیٹ گزر جاتے تو پھر بلبلا کے گھر سے نکل پڑتی۔ اِدھر اُدھر گھروں میں جا بیٹھتی، کبھی بے مانگے تو کبھی مانگنے کے بعد آدھی ٹکڑا روٹی سے زیادہ ملتی جس سے پیٹ کی آگ تو تھوڑی بہت بُجھ جاتی مگر دل کی آگ زیادہ ہو جاتی جسے آنسوؤں سے بُجھانے کی کوشش کرتی۔'' (ایضاً۔ص۲۳۴)

کردار نگاری کے اعتبار سے افسانہ ''محاذ سے دور'' قابل تعریف ہے۔ مائی کے علاوہ افسانے میں بہو اور زمیندار کی بیٹی کا کردار بھی اہم ہے۔ مائی کے بعد سب سے فعال کردار بہو کے روپ میں نظر آتا ہے۔ جب اس کا شوہر مرجاتا ہے وہ بے ہوش گر جاتی ہے۔ چیخ و پکار کرتی ہے۔ آخر وہ بیوہ ہوگی۔ ایک ہندوستانی وفادار عورت کے سارے گُن قاری اس میں پاتا ہے۔ وہ وفا شعاری کی ایک مثال بن جاتی ہے۔ اس رات پتی کے موت کی خبر سُنتے ہی اس نے رورو کر خود کا بُرا حال کیا۔ محلے بھر کی عورتیں جمع ہو جاتی ہیں۔ سمجھاتی، بہلاتی ہیں مگر بہو پریشان ہو کر اپنے بستے ہوئے گھر کو اُجڑتا ہوا نہیں دیکھ سکتی۔ اس کی دُنیا لٹ چکی تھی۔ ان کا شوہر ان کی گود میں ایک معصوم چھوڑ کر ہمیشہ کے لئے چلا جاتا ہے۔ اس کی گود میں پلتا معصوم دُنیا کے نشیب و فراز سے بالکل بے گانہ تھا۔ اس طرح خدیجہ مستور نے موت سے ہونے والے منظر کو بڑی فنکارانہ صلاحیت کے ساتھ پیش کیا۔ جب وہ صدمے سے سنبھل جاتی ہے تو ساس کی خدمت میں جُٹ جاتی ہے۔ آخر کار وہ ایک عورت تھی جوان عورت جس کی نفسانی ضرورت تھی۔ وہ ایک جوان عورت ہونے کے ساتھ ساتھ خوبصورت بھی تھی۔ اس کے لئے تنہائی کی راتیں گزارنا بہت مشکل تھا۔ خدیجہ مستور یہاں بہو کے جذبات اور نفسانی زندگی کا احاطہ اشاراتی انداز میں کرتی ہے۔ مائی کی زبان سے بہو کی نفسیاتی الجھن بیان کی گئی ہے۔ اقتباس ملاحظہ ہو:

''وہ دیکھتی کہ بہو کس طرح کونوں کھدروں میں منھ چھپا چھپا کر رویا کرتی ہے ۔اس کی راتیں کروٹیں بدل بدل کر گزر جاتی ہیں۔ اس کے کپڑے میلے چیکٹ رہتے ہیں۔ وہ سر میں تیل نہیں ڈالتی۔ وہ کنگی نہیں کرتی، اس کے بال بیا کا جھونجھ ہو رہے ہیں اور اسے دنیا کا ہوش نہیں۔' (ایضاً۔ص۲۳۰)

اس طرح یہاں خدیجہ مستور نے اس عبارت سے سماج پر سوالیہ نشان کھڑا کیا ہے۔ یہ وہ سماج ہے جہاں ایک بیوہ کی دوسری شادی کو عزت کی نگاہ سے نہ دیکھا جاتا ہے۔ مرداساس سماج میں ایسی عورتوں کو کوئی خاص مقام حاصل نہیں ہوتا ہے۔ بس اگر مفت ہاتھ آ جاتی تو ٹھیک ورنہ عزت کے ساتھ بیاہ کر لے جانے کے لئے کوئی تیار نہیں تھا۔ یہاں بہو کی کسمپرسی، ذہنی تناؤ اور نفسیاتی الجھنوں کو موضوع بنایا گیا۔ بہو

نے پہلے پہل ہمت سے کام لیا تھا۔ بہت کوششوں کے بعد وہ ایسا کرنے سے ناکام ہوئی۔ وہ ایک جوان عورت تھی اسے سہارے کے علاوہ اور بھی بہت سی ضروریات تھیں۔ ایسے ماحول میں وہ اکیلی کیسے رہ سکتی تھی جہاں مدد کے لئے کوئی موجود ہی نہ تھا۔ یہی وجہ ہے کہ یہاں بہو کے کردار میں تضاد پایا جاتا ہے۔ بالآخر وہ ہمت کھودیتی ہے اور غیر رسمی طور پر اپنا گھر بار چھوڑ کر منشی کے ساتھ بھاگ جاتی ہے۔ اقتباس ملاحظہ ہو:

> ''ایک دن صبح سب کو معلوم ہوا کہ بہو اپنا سب کچھ چھوڑ کر اور صرف اپنے بچے کو لے کر راتوں رات منشی کے ساتھ بھاگ گئی ہے۔''

(ایضاً۔ص ۲۳۶)

''مائی'' کا کردار بہو کے کردار سے بھی فعال نظر آتا ہے۔ سارا افسانہ اُسے کے اِردگرد گھومتا ہے۔ کہانی میں مائی کی زندگی کے کئی گوشے دیکھائے گئے ہیں۔ مائی کی جوانی سے لے کر بڑھاپے تک کے سارے دورناک حادثات و واقعات کو کہانی کار نے افسانے میں اُجاگر کیے ہیں۔ کبھی خاوند کے مرنے کا غم، کبھی جوان بیٹے کے مرنے کا الم تو کبھی بہو کی بدمزاجی کا شکار ۔ زندگی کے نشیب و فراز کا زیادہ اثر مائی پر پڑتا ہے۔ ان حادثات میں اُس کی کمر ٹوٹ جاتی ہے۔ خدیجہ مستور نے مائی کے کردار کو دُکھ درد، پریشانی اور مایوسی سے مالا مال کر دیا۔ مائی نہ بیوی رہی، نہ ماں اور ساس بن کر بھی ساس بن نہ سکی۔ وہ دُکھ اور پریشانیوں کے تھپیڑے کھاتی رہی۔ قاری کا ذہن افسانہ پڑھتے ہی مائی کی طرف فوراً مائل ہو جاتا ہے۔ دیکھا جائے تو مائی کا کردار دوسرے اہم افسانوں کے نسوانی کرداروں سے کم تر نہیں ہے۔ آخری کوشش (حیات اللہ انصاری) کی ماں اور کفن (پریم چند) کی بدھیا بھی اسی نوعیت کے کردار ہیں۔ عورت ذات پر ظلم و جبر کے علاوہ جتنے بھی سماجی تکالیف ہیں وہ سارے مائی پر برس جاتے ہیں۔ اس طرح یہ افسانہ تانیثیت کے اعتبار سے اہمیت کا حامل ہے۔ افسانے میں عورت ذات کے بنیادی مسائل پر کھل کر لکھا گیا ۔ خدیجہ مستور ایک نسوائی افسانہ لکھنے میں کامیاب نظر آتی ہے۔

● ڈاکٹر مہناز کوثر

بانو قدسیہ اور معاصر خواتین افسانہ نگار

بانو قدسیہ نے جب افسانے کی دنیا میں قدم رکھا اور لکھنا شروع کیا تو اس وقت اردو افسانہ اپنی کئی منزلیں اور جہتیں مکمل کر چکا تھا۔ پریم چند، کرشن چندر، سعادت حسن منٹو، راجندر سنگھ بیدی، عصمت چغتائی، احمد علی، سید رفیق حسین خواجہ احمد عباس اور کئی دوسرے اردو افسانے کو اپنی افسانوی تخلیقات سے ثروت مند کر چکے تھے۔ وہ اردو افسانے کا شاندار اور کامیاب دور تھا۔ حقیقت نگاری، رومانوی انداز، ترقی پسندانہ انداز اور حلقہ ارباب ذوق کے لکھاریوں کا انداز افسانے کا حصہ بن چکا تھا۔ اس متنوع اور کامیاب افسانے کے دور کو مولانا صلاالدین احمد نے اردو افسانے کا ذریں دور قرار دیا ہے۔

''اردو افسانے کے اس قدر روشن آسمان میں کس نئے ستارے کی آمد بظاہر اس کے مطلع ادب پر طلوع ہونے کی خبر بھی نہ دیتا، لیکن ۱۹۳۰ء میں بانو قدسیہ کا افسانہ ''واماندگی شوق'' ماہنامہ ''ادبِ لطیف'' میں شائع ہوا تو انہوں نے ایک نئے قطبی ستارے کی افسانے کے آسمان پر طلوع ہونے کی خبر بھی دی۔ اس افسانے نے قارئین کی غیر معمولی توجہ کھینچی تو اس کی ایک وجہ شائد یہ بھی تھی کہ اسے ایک لڑکی نے لکھا تھا۔ جو ایم۔ اے اردو کی طالبہ تھی۔ لیکن یہ حقیقت بھی نظر انداز نہیں کی جاسکتی کہ اس وقت تک عصمت چغتائی نے خواتین افسانہ نگاروں کے لیے اس فن کے راستے کے بہت سے کانٹے چن لیے اور انھیں قلم آزمائی کے لیے ایک کشادہ میدان فراہم کر دیا تھا اردو افسانے کی تاریخ یہ حقیقت بڑی دلچسپ ہے کہ پچاس کی دہائی میں تسنیم سلیم چھتاری، قرۃ العین حیدر، جیلانی بانو، واجدہ تبسم، الطاف فاطمہ، پروین سرور، شکیلہ اختر، جمیلہ ہاشمی اور بانو قدسیہ کچھ اس بلند بانگ انداز میں وارد ہوئی کہ ان کے سامنے بہت سے مرد افسانہ نگار بھی پسپا ہوتے نظر آئے۔ اہم بات یہ ہے کہ متذکرہ خواتین اعلی تعلیم سے سرفراز تھیں۔ چناچہ انھیں عصمت کے بعد تمام اصنافِ افسانہ، ناولٹ ناول، اور ڈرامہ پر قدرت رکھنے کا اعزاز حاصل ہے۔ ان کے تخلیقی عمل کا زمانی دورانیہ بھی ۱۹۵۵ء تا ۲۰۰۸ء بہت سی خواتین افسانہ نگاروں سے زیادہ ہے۔ وہ اب تک فن کی تخلیق میں سرگرم عمل ہیں اور اب پوری ادبی دنیا کی ''بانو'' آپا ہیں۔''

بانو قدسیہ ۲۸ نومبر ۱۹۲۸ء کو متحدہ پنجاب کے شہر فروز پور میں پیدا ہوئیں۔ ان کا تعلق جاٹ خاندان کی چٹھہ شاخ سے ہے۔ جس کے بیشتر ارکان کا تعلق کھیتی باڑی اور زمینداری کے پیشے سے تھا۔ والدہ نے ان کا نام قدسیہ بانو رکھا تھا لیکن وہ ادب میں بانو قدسیہ کے نام سے معروف ہوئیں ان کا پہلا افسانہ اس نام سے چھپا تھا۔ ان کے والد کا نام بدر الزماں تھا۔ ایگری کلچرل یعنی زراعت کے شعبے میں بی ایس سی کی ڈگری لینے کے بعد انہوں نے سرکاری ملازمت اختیار کی اور متحدہ پنجاب کے ضلع میں ڈائرکٹر کے عہدے تک پہنچ گئے۔ بدر الزماں کو گوڑ سواری کا شوق تھا۔ لیکن ان کی عمر نے وفا نہیں کی۔۔ قدسیہ بانو اوائل عمری کے چھوتھے سال سے گزر رہیں تھیں کہ ان کے والد کا انتقال ہو گیا۔ پسمندگان میں ان کی والدہ مسز ذاکرہ چٹھہ، بڑا بھائی پرویز چٹھہ اور خود قدسیہ بانو شامل تھیں۔ اس وقت ان کے بھائی کی عمر قریباً پانچ برس تھی۔ بانو قدسیہ کی والدہ کی اس وقت عمر محض ۲۷ برس تھی جب بانو قدسیہ کے والد نے وفات پائی، ان کی والدہ نے اپنے شوہر کی وفات کے بعد اپنی تعلیم مکمل کی اور انھیں ایک اسکول میں ہیڈ ماسٹرس کی نوکری مل گئی۔۔ اس وقت بانو قدسیہ اپنی ماں اور بھائی کے ساتھ ضلع کانگڑہ کے خوبصورت شہر شہر دھرم شالہ میں منتقل ہو گئیں۔ یہ شہر اس لحاظ سے اہم تھا کہ فوجی چھاونی پر مشتمل تھا۔ یہ شہر بانو قدسیہ کی یاداشتوں میں ہمیشہ ایک خوبصورت شہر کی مانند موجود رہا۔ وہ اپنے بچپن کے شہر کو جہاں ان کی زندگی کے حسین اور یادگار دن گزرے یوں بیان کرتی ہیں۔ بقولِ انور سدید:۔

''یہ ۱۹۳۷ء کا واقعہ ہے۔ ان دنوں دھرم شالہ کی کل آبادی پانچ ہزار تھی۔ لیکن اس تھوڑے سے معمورے کے لیے بجلی، پکی سڑکیں، سول ہسپتال، سینما گھر لڑکے اور لڑکیوں کے لیے دسویں تک سکول بمعہ ایک عدد انگریز ہیڈ ماسٹر کے موجود تھا۔ ایک ایسا کلب بھی تھا جس میں فیشن ایبل افسران ٹنس برج اور بیڈ منٹن کھیلتے تھے۔ کلب مخطوط تھا اور اس میں کچھ آزاد خیال پڑھی لکھی اور امیر خواتین بھی برابر کی ممبر تھیں۔ پانچ ہزار کی آبادی کے لیے تہذیبی طور پر تو حکومت نے بہت سی عنایات کر رکھی تھیں، لیکن ان پہاڑی علاقوں کی شامیں پھر بھی اداس رہا کرتی تھیں۔ پہاڑوں میں عموماً شام پڑتے ہی شہر سنسان ہونے لگا ہے اور پہاڑی لوگ اپنے اپنے گھروں پر لوٹنے پر پہاڑوں کو اندھیروں میں ڈوبنا پسند کرتے ہیں''

بانو قدسیہ نے لکھنے کی ابتداء ۱۹۴۷ء کے بعد کی۔ ان کے ذہن پر گرداسپور سے پاکستان تک کی ہجرت کے اثرات زیادہ تھے۔ بی اے تک تعلیم یافتہ اس لڑکی کی سوچ معاشرے کے مسائل اور انسانوں کے دکھ سکھ کا تجزیہ کرتی تو اس کے ذہن میں ایک کہانی صورت پزیر ہونے لگتی جسے وہ کاغذ پر بھی اتار لیتی تھی۔ اشفاق احمد سے کالج کی زندگی کے دوران تعارف ہوا تو وہ گورنمنٹ کالج لاہور کی آزاد فضا اور مخطوط تعلیم سے اعتماد کی دولت سے سرفراز ہو چکی تھی۔ ڈاکٹر انوار سدید نے بانو قدسیہ کو اپنی کتاب ''اردو افسانہ

ایک صدی کا قصہ'' میں رابعہ بصری کہا ہے اپنے اس مضمون میں انہوں نے بانو قدسیہ کے بارے میں بہت اہم خیالات کا اظہار کیا ہے۔

''ابتدا میں بانو قدسیہ کو اس حوالے سے پہچاننے کی کوشش کی گئی کہ وہ اشفاق احمد کی بیوی ہیں، لیکن بہت جلد انہوں نے اپنی انفرادیت کو منوالیا اور ساتھ ہی اپنے تخلیق کار اور نظریہ ساز شریکِ سفر کا ساتھ بھی احساس تفاخر سے دیا۔ ان کے افسانوں میں معاشرتی شعور کے ساتھ ساتھ نفسیاتی بصیرت اور متصوفانہ رنگ کی جھلک بھی ہے۔ کہیں کہیں ان کے ہاں بے باک دہقانیت بھی ملتی ہے جو عریانی کو فحش نہیں ہونے دیتیں۔ بانو نے اشیاء اور محسوسات وافکار کے بطن میں جا نک کر اپنے عہد کے معنی دریافت کرنے کی کوشش کی اور یہ جھانکنا فطرت کا تقاضا تو ہوگا ہی مگر انھوں نے ثابت کیا ہے کہ یہ تجسس اور اضطراب ایک دردمند اور باشعور شخص کا ہے۔''

بانو قدسیہ کی شہرت کا آغاز ان کے مشہور افسانہ 'کلو، سے ہوا اور تب سے اب تک ان کے افسانوں میں مرد اور عورت کی معاشرتی روحانی اور جسمانی روابط نت نئی کروٹیں لیتے نظر آتے ہیں۔ اس میں کوئی شک نہیں کہ انھوں نے عورت کی آدھی دنیا کو جس طرح اپنے افسانوں میں سمیٹا ہے یہ انھیں کا حق ہے۔ بانوں قدسیہ کے افسانوں میں نئی اور پرانی اقدار کا تصادم اور رسم و رواج کی جکڑ بندیاں، ازدواجی زندگی کی پیچیدگیوں کے ساتھ کچھ اس طرح مربوط اور منسلک ہیں کہ انھیں الگ الگ خانوں میں بانٹ کر دیکھا جا سکتا ہے۔ بانو قدسیہ کے افسانوں کی عورت پڑھی لکھی ہے اور وہ مردوں کے معاشرے میں ان کے ساتھ بڑے اعتماد کے ساتھ اپنے فرائض نبھاتے ہوئے پائی جاتی ہے۔ اور اس کے اندر وہ نسوانی قوت بھی جو مردوں کو اپنی طرف متوجہ کر لیتی ہے افسانے کا ایک اقتباس ملاحظہ فرمائیں۔

''پہلے پہل جب وہ شیریں سے ملا اور اس کے زوردار قہقہے سے چونکا تو اس کا یہی خیال تھا کہ وہ ہرنی کی طرح آزاد قدم، بندر کی طرح بے قرار اور کھٹ بڑی جیسی بے قرار ہے۔۔ ان دنوں شیری ایک ڈیلی اخبار میں ملازم تھی۔ وہ جمعہ کے روز رنگین صفحوں میں شہر کے پریشر گروپ میں سے چیدہ چیدہ لوگوں کے انٹرویو چھاپا کرتی تھی۔ اس ہی سلسلے میں اس کی ملاقات افتخار کے دفتر میں نیلی آنکھوں والی دراز قد شہزاد داخل ہوئی تھی۔ تو افتخار نے کافی دیر کے بعد اسے یوں دیکھا جیسے وہ کسی چیلنج سے بھرپور پروجیکٹ کی فیزیبلٹی رپورٹ دیکھا کرتا تھا۔''

بانو قدسیہ کے افسانوں کی عورت اپنے بچوں سے والہانہ محبت کرتی ہے۔ وہ ممتا کے خالص جذبے سے معمور ہے۔ وہ بچوں سے اس انداز سے محبت اور شفقت کرتی ہے کہ اس کا شریکِ حیات اپنی بیوی کے نقشِ قدم پر چل کر بچوں سے والہانہ محبت کرنے لگتا ہے اور بچوں کے ساتھ بیوی کا دیوانہ بن جاتا ہے۔

''ابھی محبت کا سورج نصف النہار پر تھا کہ تینوں آ گئے۔ چونکہ سکندرہ کے محبوب بچے تھے اور سکندرہ تک پہنچنے کا واحد راستہ بچے ہی تھے اس گھر آتے زاہد بھی کسی کو دودھ پلاتے کسی کا نیپکین بدلتا۔ پہلے

چند سالوں میں ہی ان تینوں کو اپنی اہمیت کا بخوبی اندازہ ہو گیا چونکہ زاہد کو سکندرہ سے عشق تھا اور سکندرہ بچوں کی دیوانی تھی۔ اس لیے زاہد کو پتہ بھی نہیں چلا کہ کب اور کیسے وہ محبوب کے محبوب کا غلام ہو گیا۔ بچوں کو لمبیڈ راؤ پر لے جانا، پارک میں گھنٹوں کھلانا، باجے بجا بجا کر بچوں کو بہلانا ہر طرح کے گانے سنانا کندھے سے لگا لگا کر تھپکنا اور سلانا زاہد کے محبوب مشاغل تھے۔"

بانو قدسیہ کا سماجی زندگی کا بہت گہرا مطالعہ ہے، وہ گھروں میں روزمرہ کے واقعات کے بیان کا بہت گہرا شعور رکھتی ہیں۔ بانو قدسیہ سماجی زندگی کے ہر پہلو کا بخوبی مطالعہ اور مشاہدہ رکھتی ہیں۔ وہ اپنے اس افسانے میں ایک ایسی کیفیت کو بیان کرتی ہیں جو ایک ماں کی اپنی ان بیٹیوں سے متعلق ہے جو ماں کو بھری بستی میں بدنام کر جاتی ہیں۔ بانوں قدسیہ نے جس انداز سے اس ماں کی تصویر کشی کی ہے، وہ اس بات کا اشارہ ہے یہ بانوں قدسیہ اپنے نسوانی کرداروں میں ڈوب کر لکھتی ہیں۔

"کچی بستی کے لوگ سمجھتے ہیں کہ صوباں کا باغ ہل گیا ہے۔ وہ کبھی نہیں پوچھتی کہ رجو اور روبینہ کس کے ساتھ بھاگی تھیں۔ وہ یہ بھی نہیں جاننا چاہتی ہیں کہ انہیں اغوا کرنے یا ورغلانے والا کون تھا۔ وہ کبھی ٹیوب ویل والے بڈھے سائیں کے پاس جا بیٹھتی ہے۔ کبھی جمیلہ سے جا پوچھتی ہے کبھی چاچا غفور کی سائیکل روک کر کہتی ہے۔ چاچا تیرا کیا حال ہے وہ اس وقت گئی تھی جب ٹرانسفارمر جلا ہے وہ اس وقت بھاگی ہیں جب بڈھے سائیں کا کتا بھونکنے سے بند ہوا۔ کبھی وہ تھانے دار کے پاس بیٹھ کے بڑے دکھ سے کہتی ہیں، لو بھلا میں کب پوچھتی ہوں کہ مجھے یہ بتاؤ کس کے ساتھ گئی تھیں۔ میں تو بس اتنا جاننا چاہتی ہوں کہ رات کا پہلا پہر تھا کہ پچھلا؟ تھانیدار صاحب آپ مجھے اتنا نہیں بتا سکتے۔ میں کوئی انصاف تھوڑی مانگتی ہوں۔"

بانو قدسیہ کی معاصر افسانہ نگار خواتین میں نیلم احمد بشیر، نیلوفر اقبال اور زاہدہ حنا وغیرہ کے نام نمایاں ہیں۔ نیلم احمد بشیر کے ہاں ہمیں جس عورت کا خاکہ ملتا ہے وہ امریکہ پلٹ یا امریکی معاشرے کی تقلید میں پروان چڑنے والی عورت کا ہے۔ نیلم کے ہاں عورت کا دکھ اس کی گھرداری کے خاتمے کا ہے یا پھر اس کا معاشرے میں آزادانہ جنسی روابط کے فروغ کا ہے۔ نیلم چونکہ امریکہ میں چودہ سال قیام کر کے وطن لوٹی تھی اور پھر وطن عزیز میں وہی امریکہ کی ثقافت کی یلغار دیکھی تھی۔ جس کا بیان انھوں نے عورت کو مرکزی موضوع بناتے ہوئے کیا تھا لیکن بانوں کے یہاں معاملہ مختلف ہے۔ بانوں کے ہاں مشرق کی رومان انگیز فضا موجود رہی ہے۔ بانو کے تمام افسانے مشرق کی دھرتی سے پھوٹتے ہیں یعنی بانو اپنے افسانوں کا خمیر مشرق میں ہی تیار کرتی ہے۔ زاہدہ حنا کے ہاں ہمیں جس عورت کا تصور ملتا ہے وہ قدرے بیباک ہے اور مذہب پر بھی کڑی تنقید کرتی ہے۔ لیکن بانو کا معاملہ مختلف ہے۔ بانو کہ ہاں مذہب کی تقدیس قائم رہی ہے اور ان کے افسانوں پر تصوف کے بادل بھی سایہ کیے رہتے ہیں بانوں نے عورت کی زندگی کے معاشرتی

مسائل کو اس کے رومانی مسائل اور جنسی مسائل کے ساتھ ملا کر لکھا ہے اور کچھ ایسا ہی ہمیں نیلوفر اقبال کے ہاں بھی نظر آتا ہے۔

بانو کے افسانوں میں ابھرنے والی عورت کئی اشکال میں ہمارے سامنے آتی ہے۔ بانو کی عورت اپنی جنسی طاقت سے آگاہ ہے اور اسی قوت کا استعمال کرنا بھی جانتی ہے۔ اس کے لیے عورت کا حسین ہونا ضروری نہیں ہے بلکہ خود آگاہ ہونا ضروری ہے۔ بانوں کی عورت نے وہ منزل پالی ہے جس کی بیسویں صدی کے ابتدائی افسانہ نگاروں نے آرزو کی تھی۔ بھانوں کے افسانوں میں ابھرنے والی خواتین کے کرداروں کا جائزہ درج ذیل ہے۔ بانوں کے پہلے افسانے ''واماندگی شوق'' کی پولی ایک ایسی لڑکی ہے جس کے جسم میں بلاغت کی لہر بیدار ہو چکی ہے وہی کالج کی لڑکی ہے۔ بانو پولی سے ہمارا تعارف یوں کرواتی ہیں۔

'پولی درمیانے قد کی دبلی سی لڑکی تھی۔ صاف کھلتا ہوا گندمی رنگ، اور صابن کی طرح ملائم جلد، اسے چٹی گوری، کشمیری لڑکیوں میں بھی ایک امتیازی حیثیت بخشتی تھی لیکن پولی کے پاس سب سے خوبصورت چیز اس کی آنکھیں تھیں، جس کی طرف ایک آنکھ اٹھا کر دیکھ لیتی، وہی اس کا گرویدہ ہو جاتا۔ پھر بھی مجھے تعجب ہے کہ کوئی لڑکا اس کے پیچھے دیوانہ نہ ہوا۔ وہ بڑے اطمینان سے اکیلی سائیکل پر کالج آتی اور ویسے ہی چلی جاتی۔ اس کی یہی شربتی آنکھیں عموماً غم ناک رہا کرتی تھیں۔''

بانو کا یہ کردار دوسرے کرداروں سے انفرادیت کی بدولت افسانے کی راوی لڑکی کے دل میں جگہ بنا لیتا ہے۔ بانو کا یہ کردار جنسی کھلونہ بننے کا آرزومند بالکل نہیں ہے۔ جس طرح کے تجربات بانو کی ہمعصر افسانہ نگار خواتین کر رہی تھیں۔ بانو کا رویہ ان سے قدرے مختلف ہے۔ زاہدہ حنا کے ہاں ابھرنے والے خواتین کردار معاشرتی پابندیوں کی توڑ کر کھل کھیلنے آرزومند ہیں۔ مگر بانو کا یہ کردار جو ایک عام سی قبول صورت لڑکی کا ہے، رومان کے دور میں بھی مقصود سے ایک فاصلے پر دکھائی دیتا ہے۔ مقصود جب پولی کو لاہور چلنے کی دعوت دیتا ہے تو پولی اس کی یہ آفر یہ کہہ کر ٹھکرا دیتی ہے۔

''آخر تم نے ایسی بات کہی ہی کیوں؟''

''جی چاہا بس......!''

''مجھے دوبارہ ملنے کی کوشش نہ کرنا۔ جانتے ہو میں ان لڑکیوں میں سے نہیں ہوں۔ میں کوئی کھلونا ہوں؟''

بانو کے نسائی کرداروں میں ہر قماش کی خواتین کے کردار مل جاتے ہیں۔ ان میں کالج میں پڑنے والی لڑکیاں بھی ہیں۔ معاشرے کی ٹھکرائی ہوئی خواتین بھی ہیں اور نوجوان بیاہتا عورت بھی ہے۔ غرض ان کے افسانے ہر طرح کی عورت کی نمائندگی کرتے ہیں ''موجِ محیطِ آب'' ایک ایسی عورت کی کہانی ہے جو شادی کے خوابوں کی تعبیر اپنی بہنوں کی شادیوں کی پہلی رات کی تعبیر سے بنتی ہے۔ لیکن جب اس کی شادی ہوتی ہے تو

پہلی رات ہی سارا خواب چکنا چور ہو جاتا ہے۔ یہ مینا کی کہانی ہے جو شب زفاف سے اٹھی تو اسے یوں لگا جیسے کسی نے زبردستی اسے کھاری بوتل میں ریت ملا کر پلا دی۔ اس کا سارا جسم کسی ایسے پہلوان کی طرح جھوٹا پڑ گیا تھا جو اوپر تلے ایک ہی دنگل میں تین چار بار پچھاڑیں کھا کر گرا ہو۔ اس نے اپنی شادی کے لیے زیور اپنے شوق سے تیار کروایا تھا۔ مینا کے کردار میں بانو نے مشرقی لڑکی کی سائیکی کو اچھی طرح بیان کیا ہے۔ مینا جو ایک مشرقی عورت کا کردار ہے شوہر کی شدید تکلیف دینے والی باتیں سن کر بھی خاموش ہو جاتی ہے۔ بانو قدسیہ کے افسانوں میں عورت اور مرد کے معاشرتی روحانی اور جسمانی ایک نئے انداز سے محسوس ہوتے ہیں۔ انہوں نے عورت کے معاملات اور مسائل کو جس طرح اپنے افسانوں میں پیش کیا ہے، وہ انہی کا خاصہ ہے۔

بانو کی معاصر خواتین افسانہ نگاروں میں زاہدہ حنا نے اپنے افسانوں میں مشرقی تہذیب کے سائے میں پروان چڑھنے والی عورت کو موضوع بنایا ہے۔ مشرق میں مرد کی برتری میں کوئی شک نہیں لیکن اس کے ساتھ ایک اور ظلم نام نہاد مذہبی ملاؤں کی طرف سے بھی عورت پر وار کھا جاتا ہے۔ مولانا اشرف علی تھانوی کی 'بہشتی زیور' میں جس طرح عورت کی تعلیم و تربیت کا درس دیا گیا ہے وہ ایک عورت کی زندگی خاک بنانے کے لیے کافی ہے اس طرح نہ جانے اور کتنی کتابیں ہیں جو عورت کو مقید کرنے اور کم تر درجے کی شے ثابت کرتی ہیں۔ زاہدہ حنا کے ہمیں جو فکر کارفرما ملتی ہے وہ ایک لبرل اور ترقی پسند سوچ ہے۔ اس لیے ان کے افسانوں میں جس عورت کے نقوش ملتے ہیں وہ بھی لبرل اور ترقی پسند ہے۔ وہ مشرق کی شوہر پرستی کو برداشت نہیں کرتی اور نہ ہی چادر میں لپٹی لپٹی مشرقی عورت کو جسے عزت کے نام پر چادروں میں لپیٹ دیا گیا ہے۔ عورت کو مرد کی کھیتی تصور کرنے والوں کے سامنے وہ نہایت جرات مندانہ طریقے سے کھڑی ہو جاتی ہے۔ ان کا ایک افسانہ 'جل ہے سارا جال' ان کی جرات و بے باکی کا عمدہ نمونہ ہے اس افسانے میں ایک عورت کو پیش کیا جاتا ہے جو مرد کی کھیتی ہے اور مرد اسے اپنا نفع حاصل کرنے کے لیے مقدس عربوں کے ہاتھ دے دیتا ہے۔ اس تناظر میں افسانے کی چند سطور ملاحظہ فرمائیں۔

''ارم کو شادی کے بعد اندازہ ہوا کہ کسی عرب شاہزادے کی بیوی ہونا کوئی ہنسی ٹھٹھول نہیں۔ وہ اس کی منکوحہ تھی اور عرب شاہزادے کے بقول وہ اس کی کھیتی تھی اور کھیتی اس بات کی مجاز نہیں کہ وہ ہل چلانے والے کو اس بات پر ٹوکے کہ ہل کھیتی کے آغاز پر چلایا جائے یا اختتام سے۔''

عصرِ حاضر میں زاہدہ حنا معاشرے میں خواتین کے ساتھ ہونے والے مظالم کی ایک توانا آواز بن کر ابھری ہیں۔ ان کے افسانوں میں ہمیں ان سب خواتین کا ذکر ملتا ہے جو مشرق میں ظلم و جبر کا شکار ہوئی ہیں۔ ان کی آواز میں اتنی قوت و طاقت ہے کہ اس کے سامنے ظلم کرنے والے بونے معلوم ہوتے ہیں۔ زاہدہ حنا کے ہاں جو عورت نظر آتی ہے وہ ایک ذہین اور پڑھی لکھی، باشعور عورت ہے وہ نہ صرف حال

اور روح عصر کا شعور رکھتی ہے بلکہ، ماضی اور مستقبل کا بھی گہرا شعور اور اس کی بصیرت رکھتی ہے۔ زاہدہ حنا کے افسانوں کی خواندگی احساس دلاتی ہے کہ وہ ایک رومانی طرز کی لکھنے والی افسانہ نگار ہیں۔ ان کے ہاں جو عورت ہے وہ اپنے جسم اور اپنی روح پر سینکڑوں پابندیوں اور ناانصافیوں کے زخم رکھتی ہے۔ اس کے جسم اور روح زخم اور معاشرے کے دیے ہوئے ہیں ایسے معاشرے کے جو عورت کی حیثیت کو تسلیم کرنے سے عاری ہے۔ جیسے کہ پہلے بھی عرض کیا جا چکا ہے کہ زاہدہ حنا کے افسانوں کی عورت ایک پڑھی لکھی عورت ہے یوں اس کا المیہ بھی اسی نوعیت کا اور شدید انداز کا ہے۔ زاہدہ حنا کے افسانوں کی عورت کیوں پڑھی لکھی ہے ؟ دراصل زاہدہ حنا عورت کی تعلیم کی جنگ لڑتی ہیں اور اس بات کی حامی ہیں کہ عورتوں کی تعلیم کے بغیر معاشرہ اور سوسائٹی ترقی نہیں کرسکتی ۔

نیلوفر اقبال نے افسانہ نگاری کا آغاز ۱۹۸۰ء میں کیا۔ خواتین افسانہ نگاروں میں انہوں نے اپنی بے پناہ تخلیقی صلاحیت اور فنی ریاضت کی بدولت اپنا مقام بنالیا۔ نیلوفر کا تعلق قیامِ پاکستان کے بعد وجود میں آنے والی خواتین افسانہ نگاروں کی کھیپ سے ہے۔ نیلوفر اقبال کے افسانوں میں نہ تو ہجرت کا دکھ ہے اور نہ ہی فسادات کی تلخیاں ہیں۔ ان کی کہانیاں سماجی رشتوں پر تعمیر ہوتی رہتی ہیں۔ انہوں نے زیادہ تر تعلیم یافتہ عورت کی زندگی کے مختلف مراحل پر لکھا ہے۔ چاہے شادی سے پہلے زمانہ طالب علمی کے مسائل ہوں یا ہاسٹل لائف میں رومان انگیز واقعات کا بیان ہو یا پھر شادی کے بعد کی زندگی ہو جہاں شوہروں کی ابالی طبعیت سے بیویوں کے دل ملول ہوتے رہتے ہیں۔ نیلوفر کے افسانوں میں صرف یہ مسائل ہی جگہ نہیں پاتے بلکہ ان کے افسانے مکمل زندگی کے آئینہ دار ہوتے ہیں۔

نیلوفر اقبال کے افسانوں میں نسائیت کا عنصر قدرے زیادہ ہے۔ ان کے افسانوں میں نظر آنے والی عورت محض بے جان عورت نہیں بلکہ وہ ایک ایسے کردار کی حامل ہے جو اپنی جگہ مثالی عورت کے روپ میں ڈھل جاتی ہے۔ مثال کے طور پر ہم ان کا افسانہ ''گھنٹی'' پیش کر سکتے ہیں۔ جس میں معمودہ کا کردار ایک مثالی کردار ہے۔ معمودہ اپنے شوہر رشید کے صاحب فراش والد کی دل و جان سے خدمت کرتی دکھائی دیتی ہے اور اس معذوری کے سبب انہیں گھنٹی لے کر دینے کی آرزو دل میں رکھتی ہے تا کہ انہیں کوئی پریشانی یا مشکل ہو تو وہ گھنٹی بجا کر معمودہ کو بلاسکیں۔ مگر ان کا یہ کردار ایسا بھی نہیں جو خدمت میں عظمت تلاش کرے۔ بلکہ یہ ایک ایسا کردار ہے جو ساس اور سسر پر گھر کا دروازہ بند کر دے اور نہ ہی ایسا کردار ہے جو مثالیت کی حدیں عبور کر کے اپنے سسر کی خدمت میں اپنی زندگی کو ضم کر دے۔

'ورکنگ وومن ہاسٹل'' میں ایک متعلقہ خاتون رضیہ کا کردار بڑی مہارت سے وضع کیا گیا ہے۔ وہ اپنے بدن پر جو ریاضت کرتی ہے، نیلوفر نے اسے رفتہ رفتہ اس کی ذہنی و جذباتی ابتلا اور اپنے بدن پر ہی

نہیں بلکہ روح پر بھی بہت کچھ سہنے کی ہمت کے ساتھ جوڑ کر غیر معمولی کردار بنا دیا ہے۔ روضہ کا کردار بلا شبہ ایک جاندار کردار ہے کیونکہ یہ کردار معاشرے کی ہر اونچ نیچ پر سوچ بچار کرتا دکھائی دیتا ہے۔ نیلوفر کے فکر و فن پر تبصرہ کرتے ہوئے ڈاکٹر انوار احمد لکھتے ہیں۔ ''نیلوفر اقبال کے پاس ممتا کا تخلیقی تجربہ ہے جو ٹوٹے ہوئے گھروں بکھرے ہوئے رشتوں یا سعادت پسند والدین کی عادتوں کے ملبے پر بیٹھے ہوئے بچوں کے دکھوں کو ریزہ ریزہ چننے کی آرزو سے منسلک ہے۔''

زمانہ آج کا ہو یا صدیوں پہلے کا ہر دور میں عورت کے مسائل رہے ہیں۔ کہیں سے جنسی پستی کا سامنا رہا تو کہیں مرد کی برتری کا، کہیں وہ ساس ہے تو کہیں بیوی، مسائل گھر داری کے ہوں یا روزی روٹی کے جنس کے ہوں یا عورت کی شناخت کا مسلہ ہو، نیلا فر اقبال نے اپنے افسانوں میں جزئیات کے ساتھ ان سب مسائل کو پیش کیا ہے، یہ بات بھی ذہن میں رکھنی چاہیے کہ ان کے افسانے صرف مسائل کا بیانیہ ہی نہیں ہوتے بلکہ آنے والی معاشرتی تبدیلیوں، جن کا شکار عورت رہی ہے، کی گواہی بھی دیتے ہیں۔

● ڈاکٹر افشاں بانو

ظفر کمالی کے تحقیقی تبصرے

''تحقیقی تبصرے'' ظفر کمالی کے اُن تحقیقی مضامین کا مجموعہ ہے جنھیں وقتاً فوقتاً ۱۹۸۸ء سے لے کر ۲۰۱۶ء تک انھوں نے لکھے ہیں۔ اس کتاب میں کُل گیارہ مضامین ہیں جن کی صنفی حیثیت تحقیقی ہے۔ اِن میں تین تبصرے ان کتابوں پر کیے گئے ہیں: رشید حسن خاں کی ''ادبی تحقیق: مسائل اور تجزیہ''، حنیف نقوی کی ''تحقیق و تدوین: مسائل و مباحث'' اور ابوالبرکات کربلائی کی ''قطب مشتری کا تنقیدی مطالعہ''۔ ان تبصروں سے ظفر کمالی کے تربیت یافتہ تحقیقی ذہن کو سمجھا جا سکتا ہے۔ تحقیق کیسی ہونی چاہیے، کسی موضوع پر قلم اٹھانے سے پہلے کن باتوں کو ملحوظ رکھنا ضروری ہے؛ ایسے چند نکات ان میں اُبھر کر سامنے آتے ہیں جو درج ذیل ہیں:

- ☆ تحقیق کے اصولوں میں سب سے پہلا اور بنیادی اصول یہ ہے کہ آپ جس زبان میں تحقیق کرنا چاہتے ہیں، اسے اچھی طرح جانتے ہوں۔ [ص:۱۵۳]
- ☆ کسی بھی موضوع پر قلم اٹھانے کی اساسی شرط یہ ہے کہ مصنف اس پر پوری دسترس رکھتا ہو۔ موضوع اگر شعری ادب سے متعلق ہو تو اس کی ذمے داریوں میں مزید اضافہ ہو جاتا ہے مثلاً وہ موزوں طبع ہو، اوزان و بحور اور شاعری کی مبادیات سے واقف ہو اور مثالیں پیش کرتے وقت صحتِ متن کا پورا خیال رکھ سکتا ہو۔ [ص ۱۳۲]
- ☆ تحقیق کا بنیادی اصول ہے کہ اس کی ابتدا شک سے ہوتی ہے۔ اس میدان میں خوش عقیدگی کی کوئی جگہ نہیں۔ [ص:۱۳۰]
- ☆ صداقت بیانی تحقیق کی بنیادی شرط ہے۔ [ص:۹]
- ☆ تحقیق کی دنیا میں محسن کشی اور احسان فراموشی کوئی قدرِ مشترک کا درجہ نہیں رکھتیں بلکہ محقق کا براہِ راست تعلق حقائق سے ہوتا ہے خواہ اس کی زد میں اس کا محسن ہی کیوں نہ آتا ہو۔ [ص:۴۷]

یہ تو تھے خود ظفر کمالی کے الفاظ، ساتھ ہی انھوں نے خود بھی کچھ ایسے نکات اپنی تحریر میں شامل کیے ہیں جو ہمارے معتبر محققین کے قلم سے نکلے ہیں۔ دو نکات پیش ہیں:

☆ جس تخریب کے بطن سے تعمیر کی کوئی صورت نمایاں ہو، وہ تخریب نہیں، اصلِ تعمیر ہے [رشید حسن خاں][ص:۵۷]

☆ اغلاط کی نشاندہی میں کسی بڑے نام سے مرعوب نہ ہویئے۔ بڑوں کی غلطی کی تصحیح اور زیادہ ضروری ہے کیوں کہ ان کے نام اور مقام کی وجہ سے قاری ان پر جلد ایمان لے آتا ہے۔اس غلط اعتقادی کا سدِّ باب ہونا چاہیے‘‘۔[گیان چند جین][ص:۱۱]

رشید حسن خاں اور گیان چید جین کے یہ جملے اس کتاب کے لیے اساسی حیثیت رکھتے ہیں۔ظفر کمالی نے اپنی اس کتاب میں چار تبصرے ایسے شامل کیے ہیں جو بالواسطہ کتابوں پر نہیں بلکہ کتابوں کے تبصروں پر یا پھر مضامین پر تبصرہ ہیں۔اس میں سب سے پرانا مضمون ’’قاضی عبدالودود اور گیان چند جین‘‘ ہے جو کہ اکتوبر ۱۹۹۵ء میں زبان و ادب، پٹنہ میں شائع ہوا تھا۔گیان چند جین کے مضمون ’’قاضی عبدالودود اور میں‘‘ پر یہاں تبصرہ کیا گیا ہے۔گیان چند جین نے اپنے اس مضمون میں قاضی عبدالودود کے متعلق کئی اعتراضات کیے ہیں۔ظفر کمالی نے اپنے اس تبصرے میں اُن تمام اعتراضات کے مدلل جوابات تحقیق کی روشنی میں پیش کر دیے ہیں۔اسی طرح فروری ۱۹۹۷ء میں ’شاعر‘ ممبئی میں اُن کا تبصرہ ’’غلطی ہائے مضامین: ایک تبصرے پر تبصرہ‘‘ شایع ہوا تھا۔ ’’غلطی ہائے مضامین‘‘ سید شاہ عطاء الرحمان عطا کاکوی کی کتاب ہے۔اس کتاب پر گیان چند جین کا تبصرہ ’شاعر‘ بمبئی میں ۱۹۸۶ء میں شائع ہوا تھا۔ظفر کمالی نے گیان چند جین کے اسی تبصرے پر تبصرہ کیا ہے۔عطاء الرحمان عطا کاکوی نے اپنی اس کتاب میں اُن اغلاط اور تسامحات کی نشاندہی کی ہے جو انھیں دورانِ مطالعہ کتابوں اور رسائل میں نظر آتے گئے تھے۔گیان چند جین نے اس کتاب پر تبصرہ لکھتے ہوئے یہ اعتراض کیا ہے کہ ’’محض خوبیوں پر اکتفا کرنا بھی اتنا ہی غلط ہے جتنا محض غلطیاں گنانا‘‘۔ ساتھ ہی انھوں نے عطاء الرحمان عطا کاکوی کی اس کتاب میں غلطیوں کی نشاندہی کرتے ہوئے اُن کی تصحیح کرنے کی بھی کوشش کی ہے۔جب کہ ظفر کمالی نے تحقیق سے روشنی مستعار لیتے ہوئے ایسی بہت سی غلطیوں کی نشاندہی کرتے ہوئے اُن کی تصحیح بھی کی ہے جسے گیان چند جین نے عطاء الرحمان کاکوی کی غلطی بتایا ہے یا پھر جین صاحب کو خود ہی سمجھنے میں غلطی ہوئی ہے۔یہاں ظفر کمالی کے یہ جملے ملاحظہ کیے جا سکتے ہیں:

☆ اُن کا یہ کہنا درست ہے کہ کسی کتاب یا مقالے پر تبصرہ لکھنا ہو تو اس کے دونوں پہلو پیش کیے جائیں لیکن تحقیق میں کسی نے صرف غلطیوں کی نشاندہی پر اکتفا کیا تو اس وجہ سے اس کی تحریر پر معترض ہونا بھی ٹھیک نہیں۔[ص:۱۲]

☆ جین صاحب کا یہ خیال بھی مناسب نہیں کہ کسی موضوع پر لکھتے وقت ہی اس موضوع سے متعلق تحریروں میں جو تسامحات نظر آئیں، ان کی اصلاح کرنی چاہیے۔عبدالقادر سروری نے صبا کو آتش

کے بدلے ناسخ کا شاگرد لکھا، سید شمس اللہ قادری نے اشتیاق نامی شخص کو ولی اللہ محدث دہلوی سمجھ کر بے سروپا باتیں لکھیں، ''خوش معرکۂ زیبا'' میں ناصر نے شرف الدین پیام کو مصحفی کا شاگرد قرار دیا حالاں کہ جب پیام کا انتقال ہوا، اس وقت مصحفی پیدا بھی نہیں ہوئے تھے۔ آصف الدولہ کو کوئی اولاد نہیں تھی۔ ان کے متعلق مشہور ہے کہ وہ باپ بننے کی صلاحیت نہیں رکھتے تھے، اس کے باوجود امداد صابری نے آصف الدولہ کے سوتیلے بھائی سعادت علی خاں کو اُن کا بیٹا بتایا۔ ابنِ فرید نے 'برہانِ قاطع' کا مصنف مرزا قتیل کو ٹھہرایا، گیان چند جین نے بہار کے مشہور کانگریسی لیڈر رسید محمود کو سرسید کا بیٹا لکھ دیا، حکم چند نیّر نے سودا کے ایک مخمس کو قصیدہ سمجھ کر ''انتخابِ قصائد'' میں شامل کرلیا؛ ان تمام اغلاط کی تصحیح عطا کاکوی نے ''غلطی ہائے مضامین'' میں کی۔ اگر وہ جین صاحب کے ہم خیال ہوتے تو جب تک ان موضوعات پر باقاعدہ مضمون نہ لکھتے، غلطیوں پر خاموش ہی رہتے اور گمراہیوں کا دروازہ یوں ہی کھلا چھوڑ دیتے''۔ [ص: ۱۵-۱۴]

ظفر کمالی کا دوسرا تبصرہ بہ عنوان ''قاضی عبدالودود کا خودنوشت سوانحی خاکہ اور ڈاکٹر محمد محسن'' اکتوبر نومبر ۱۹۹۸ء میں 'عہد نامہ' رانچی میں شائع ہوا تھا۔ ظفر کمالی نے اپنے اس تبصرے میں بظاہر تو ڈاکٹر محمد محسن کے مضمون 'قاضی عبدالودود کا خودنوشت سوانحی خاکہ'' کا جائزہ لیا ہے لیکن ساتھ ہی محمد محسن ہی کے دو اور مضمون ''شخصیت کی تشکیل میں حافظے کی کرشمہ سازی'' [آج کل، دہلی، جون ۱۹۷۸ء] اور ''عملِ تحقیق کی قاضی عبدالودودی روایت'' [زبان و ادب، پٹنہ، جنوری-اپریل ۱۹۹۲ء] کا بھی جائزہ لیا ہے۔ ڈاکٹر محمد محسن نے بھی قاضی عبدالودود کے متعلق چند سوالات اٹھائے ہیں اور ظفر کمالی کے لفظوں میں: ''نفسیاتی موشگافیوں سے کام لیتے ہوئے غیر متعلق مباحث چھیڑ کر قاضی صاحب کی شخصیت کو مطعون کیا ہے''۔ محمد محسن کے اس مضمون کا جواب بھی ظفر کمالی نے دلائل کے ساتھ اپنے تبصرے میں پیش کیا ہے اور ساتھ ہی اپنی بات اس طرح پیش کرتے ہیں: ''محسن صاحب کو یہ حقیقت تسلیم کر لینی چاہیے کہ وہ نفسیات کے بڑے عالم ہیں اور یہ کوئی معمولی شرف کی بات نہیں ہے۔ اس میدان میں قاضی صاحب اور کلیم صاحب کی کوئی حیثیت نہیں۔ ٹھیک اسی طرح اردو ادب کے میدان میں قاضی اور کلیم صاحبان کا مقابلہ ان کی تحریریں کبھی نہیں کر سکتیں۔ اردو ادب میں ان کے مقابلے میں سکہ تو انھیں دونوں حضرات کا چلا ہے اور چلتا رہے گا''۔

اپریل جولائی ۱۹۹۸ء میں 'اسلام اور عصرِ جدید' نئی دہلی میں ''گلستاں کا باب پنجم'' عنوان سے کبیر احمد جائسی کا مضمون شائع ہوا ہے۔ ظفر کمالی نے اسی مضمون پر ''گلستاں کا بابِ پنجم اور پروفیسر کبیر احمد جائسی'' عنوان سے تبصرہ کیا ہے جو رسالہ ''آمد'' جنوری تا مارچ ۲۰۱۲ء میں شائع ہوا ہے۔ پروفیسر کبیر احمد جائسی کے مطابق ''گلستاں'' کا جو بابِ پنجم ہے، اسے اس کتاب میں نہیں ہونا چاہیے۔ ظفر کمالی نے اپنے اس تبصرے میں اس باب میں شامل تمام حکایتوں کا بہ غور جائزہ لیا ہے اور یہ ثابت کرنے کی کوشش کی ہے:

''انگارے نے اردو فکشن کو ایک نئی حقیقت نگاری سے آشنا کیا جس کے اردو ادب پر گہرے اثرات پڑے۔ شیخ سعدی اردو کے ترقی پسندوں سے کئی سو سال پہلے اپنے عہد کے سب سے بڑے ترقی پسند ادیب و شاعر تھے۔''

ظفر کمالی کے سب سے پرانے دو تبصرے ''ضحاک کا مآخذ'' اور ''بزم فرّخ ناٹک'' ہے۔ یہ دونوں تحقیقی مضامین ہیں۔ ضحاک کا مآخذ'' میں محمد حسن کے ڈرامے 'ضحاک' کا اصل مآخذ کیا ہے، کیا یہ ترکی ادیب سامی بے کے ڈرامے کے اردو ترجمے سے ماخوذ ہے جس کا ترجمہ اختر شیرانی نے کیا تھا یا پھر رجب علی بیگ سرور کی ''سرورِ سلطانی'' سے یا فردوسی کے ''شاہنامے'' سے۔ دلائل کے ساتھ انھوں نے اس کی تفتیش کی ہے۔ اسی طرح ''بزمِ فرّخ ناٹک معروف بہ فرّخ سبھا حافظ'' عنوان سے ظفر کمالی نے حافظ محمد عبداللہ متوفی کے ڈرامے کی تفصیلات بتائی ہیں۔ انھوں نے ''ڈراما اور اسٹیج'' کے عنوان سے ایک مضمون شاملِ کتاب کیا ہے جس میں دورِ رواں میں معدوم ہوتے ہوئے اسٹیج کے پیشِ نظر کیا ڈرامے کے لیے اسٹیج ضروری ہے، اس موضوع پر بحث کرتے ہوئے اردو میں یک بابی اور ریڈیو ڈراموں کے روشن امکانات دیکھنے اور دکھانے کی کوشش کی ہے۔

''مدرس، تدریس اور تحقیق'' ایک بہت ہی مفصل اور جامع تحقیقی مقالہ ہے۔ آج جس قدر تعلیم پر زیادہ توجہ دی جارہی ہے، اسی قدر تعلیم کا معیار گرتا جارہا ہے اور تعلیم کے شعبے میں فروگذاشتیں عام ہوتی جارہی ہیں۔ ظفر کمالی نے اپنے اس مقالے میں نصابی کتابوں کے گرتے معیار کا جائزہ لیا ہے۔ ظفر کمالی اِن درسی کتابوں کے متن کو لے کر بے حد فکر مند ہیں۔ ہندستان میں مرکزی سطح پر این۔ سی۔ ای۔ آر۔ ٹی۔ کے کاموں سے تو وہ کچھ حد تک مطمئن بھی ہیں لیکن صوبائی سطح پر جو درسی کتابیں تیار ہورہی ہیں، اُنھیں دیکھ کر وہ اردو کے مستقبل کے لیے بے حد فکر مند اور پریشان ہیں۔ اسی مسئلے کو انھوں نے اپنے اس مقالے میں اجاگر کیا ہے اور صوبۂ بہار کے بہار ٹیکسٹ بک پبلشنگ کارپوریشن لمیٹڈ سے شائع شدہ اردو کی نصابی کتابوں کا جائزہ لیا ہے۔ اس جائزے میں اردو کی پہلی کتاب، اردو کی دوسری کتاب، اردو کی نئی کتاب برائے درجہ ہشتم، اردو کی نئی کتاب حصہ ۹، درخشاں حصہ اول و دوم؛ یعنی کہ پہلی جماعت سے لے کر میٹرک تک کی کئی نصابی کتابوں کا جائزہ لے کر یہ ثابت کردیا ہے کہ کس طرح اِن نصابی کتابوں کے ذریعہ ہی اردو کا مستقبل تاریک ہورہا ہے۔ اِن کتابوں میں اس قدر فروگذاشتیں اور تسامحات جگہ پاگئی ہیں کہ اِن کتابوں کو پڑھنے کے بعد طالب علم کا کیا ہوگا، یہ خدا ہی بہتر جانتا ہے۔

کتابوں کی غلطیوں کو کاتب کے سر منڈھنے کا چلن تو پرانا ہے لیکن ظفر کمالی نے بعض جگہوں پر ایسی نشاندہی کردی ہے جس سے یہ گناہ کاتب کا نہیں بلکہ نصاب تیار کرنے والے ماہرین اور مرتبین کے سر ثابت ہوجاتا ہے۔ اور یہ حال صرف اسکول کی کتابوں کا ہی نہیں بلکہ انٹرمیڈیٹ اور گریجویشن میں بھی جو کتابیں شاملِ نصاب ہیں، وہاں بھی حالات جدا نہیں ہیں۔ ظفر کمالی نے انٹرمیڈیٹ کے طلبا کے لیے ایک کتاب

'انوارِ ادب' ۲۰۰۵ء اور بی۔آر۔امبیڈکر یونیورسٹی، مظفر پور کے بی اے میں شاملِ نصاب کتاب 'انتخابِ قصائدِ ذوق' ۱۹۹۰ء کا بھی جائزہ لے کر صورتِ حال سے واقف کرادیا ہے۔ جہاں ایک طرف ابتدائی درجات کی کتابوں میں املا، تذکیر و تانیث کی غلطیاں ہیں وہیں اعلا درجات کی کتابوں میں اِن کے ساتھ ساتھ متن کی بھی بے شمار غلطیاں راہ پاگئیں ہیں۔ اختصار کے ساتھ ہی سہی لیکن ظفر کمالی نے یونی ورسٹیوں میں بھی تعلیم کے گرتے معیار کی طرف اپنے اس مقالے میں توجہ دلائی ہے۔ یونی ورسٹیوں کے نصاب کے تعلق سے اُن کا یہ جملہ ملاحظہ کریں: ''جے پرکاش یونی ورسٹی، چھپرہ کے ایم۔اے۔کے نصاب۔۔۔حوالے کی کتابوں میں ایک کتاب ''تحقیق کا فن'' بھی ہے جس کا مصنف کلیم الدین احمد کو بتایا گیا ہے''۔[ص:۱۶۵]۔ جب نصاب اور نصابی کتابوں کا یہ حال ہے تو پھر تعلیم کا معیار کیا ہوسکتا ہے۔ باوجود اس کے ظفر کمالی مایوس نہیں ہوتے اور اس امید کے ساتھ یہ سوال اٹھاتے ہیں:

> ''کالجوں اور یونی ورسٹیوں کے اساتذہ اگر ضمیر کی آواز پر توجہ دیں، اعزاز و اکرام کی بھاگ دوڑ اور مختلف منفعت بخش کمیٹیوں میں شمولیت کا چکر چھوڑ کر اپنے پیشے کے تئیں ایماندار ہوجائیں تو یہ ہاری ہوئی بازی بھی جیتی جاسکتی ہے۔ زمانہ زندہ قوموں سے ہر لمحہ گریزاں کا جواب طلب کرتا ہے۔ آخر ہم درس وتدریس اور تحقیق وتنقید کے سلگتے ہوئے سوالوں کو دربدر کی ٹھوکریں کھاتے ہوئے تماشائی بن کر کب تک دیکھتے رہیں گے؟''

آج اردو کے ادبی منظرنامے پر لکھنے والوں کی بہت بھیڑ ہے مگر گہرے تحقیقی انہماک اور وسعتِ علمی کے ساتھ غور وفکر اور علمی معیار کو ملحوظ رکھتے ہوئے لکھنے والے بہت کم تعداد میں ہیں۔ سرسری انداز کی تنقید و تحقیق کی بھیڑ میں ایسے مضامین ملاحظہ کرکے اس بات کا اطمینان ہوتا ہے کہ ہماری یونی ورسٹیوں میں علمی تحقیق کا کاروبار اب بھی بھولا ہوا سبق نہیں۔ اردو فارسی کے اساتذہ میں کچھ تو ہیں جو بزرگوں کا بھرم رکھے ہوئے ہیں۔ ظفر کمالی کی یہ کتاب اندھیرے میں ایک علمی شمع ہے، جس کی روشنی سے ہماری زبان کا علمی وجود مزید روشن اور تابناک معلوم ہوتا ہے۔ ایسی تحریروں پر داد نہ دینا بے انصافی ہے اور جو طلبا اور شائقینِ ادب اس کتاب کے مضامین کو ذرا ٹھہر کر اپنے مطالعے کا حصہ بنائیں گے، انھیں اس بات کی خوشی ہوگی کہ اب بھی ٹھوک بجا کر معیار کا خیال رکھتے ہوئے علمی مضامین لکھنے کا سلسلہ قائم ہے۔

◄◄ ● ►►

● **ڈاکٹر نکہت پروین**

زاہدہ زیدی کی شاعری کے چند امتیازی پہلو

خاندانِ حالی سے صفِ اوّل کے متعدد مصنّفین اُبھر کر سامنے آئے۔ فکشن میں خواجہ احمد عباس، صالحہ عابد حسین، تنقید اور تعلیم کے شعبے میں خواجہ غلام اسیدین اور شاعری میں ساجدہ زیدی اور زاہدہ زیدی کی واضح شناخت قائم ہوئی۔ اِن میں سے ہر کوئی مورثِ اعلا حالی کی طرح ہی مختلف اصناف میں خدمات انجام دیتا رہا ہے۔ خواجہ احمد عباس نے افسانے ناول تو لکھے ہی، صحافت کے شعبے میں بھی اپنا واضح نقش چھوڑا۔ انگریزی زبان میں تصنیف وتالیف اور فلم سازی حیثیت سے اُن کی پہچان اس سے علاحدہ ہے۔ صالحہ عابد حسین بھی افسانے، ناول، سفرنامہ، خودنوشت، اور تنقید کے شعبوں میں کارہائے نمایاں انجام دیے۔ زاہدہ زیدی اپنے خاندان کی اسی رِوایت میں پلی بڑھیں۔ انھوں نے تنقید، ڈرامہ، تراجم جیسے شعبوں میں بہت سارے کام کیے لیکن سچی بات یہ ہے کہ اُن کی بنیادی شناخت ایک شاعرہ کی حیثیت سے ہی متعیّن ہوئی اور اردو کے ادبی منظرنامے پر اُنھیں اسی حیثیت سے قبولِ عام کا درجہ حاصل ہوا۔ اسی وجہ سے اِن سطور میں اُن کی شاعرانہ حیثیت کے تعیّن کی کوشش کی جارہی ہے۔

اگست ۱۹۷۰ء میں اُن کا پہلا شعری مجموعہ ''زہرِ حیات'' منظرِ عام پر آیا۔ اگست ۱۹۷۵ء میں اُن کا دوسرا مجموعہ ''دھرتی کا لمس'' شائع ہوا۔ تیسرا شعری مجموعہ ''سنگِ جاں'' کے عنوان سے ایک طویل وقفے کے بعد ۱۹۸۹ء میں مکتبہ جامعہ کی طرف سے شائع ہوا۔ جنوری ۲۰۰۰ء میں اُن کا چوتھا شعری مجموعہ ''شُعلۂ جاں'' چھپا۔ تمام مجموعوں میں غزل کی حیثیت بالکل ضمنی ہے۔ اسی طرح صرف چند نظمیں پابند یا معرّا ہیں۔ باقی تمام آزاد نظم کے دائرے میں آتی ہیں۔ شاعری سے الگ اُن کے ڈراموں کے طبع زاد اور ترجمہ شدہ چھ مجموعے شائع ہوئے اور تنقید و تحقیق کی بھی تین کتابیں سامنے آئیں۔ انھوں نے ناول نگاری کی طرف بھی توجہ کی اور اس میدان میں بھی اُن کے نمونے خراجِ تحسین ادا کرنے میں کامیاب رہے۔

زاہدہ زیدی اردو شاعرات کی اُس نسل سے تعلق رکھتی ہیں جس نے ترقی پسند تحریک کے آغاز سے پہلے آنکھیں کھولیں اور ان کی حقیقی تربیت جدید ادب کے فنکاروں کے ساتھ ہوئی۔ شفیق فاطمہ شعریٰ

اور ادا جعفری سے نکل کر اردو کی نئی خاتون شاعرات جن نئے کوچوں میں پہنچی، اُن میں زیدی بہنوں کی اوّلیت سب کو معلوم ہے۔ ساجدہ زیدی اور زاہدہ زیدی نے اردو شاعرات کی موضوعاتی، علمی اور فکری تربیت نہ کی ہوتی تو شاید ہی یہ ممکن ہوتا کہ اُن کے ٹھیک بعد کی نسل میں فہمیدہ ریاض، کشور ناہید، زہرہ نگاہ، پروین شاکر، رفیعہ شبنم عابدی، اور شہناز نبی وغیرہ کی نسل سامنے آتی۔ اس اعتبار سے زاہدہ زیدی کو اردو شاعرات کی نئی نسل کی تربیت کرنے والی فنکارہ کی حیثیت پہچانا جانا چاہیے۔

زاہدہ زیدی نے اپنی شاعری کے دو خاص زاویے مقرر کیے۔ عورتوں کی نفسیاتی کیفیات پر جتنا اُن کے یہاں ارتکاز ہے، اُس سے بڑھ کر انھوں نے عصرِ حاضر کے عمومی مسائل سے اپنے شعری موضوعات کو لیس کیا ہے۔ اس اعتبار سے اُن کی شاعری کو صرف نسائی حِصار میں رکھ کر نہیں دیکھا جا سکتا۔ وہ ٹھیک اسی طرح سے خواتین میں دانشوارانہ حیثیت اور توجہ کی طرف لپکتی ہوئی نظر آتی ہیں جیسے اُن کے بزرگوں میں قرۃ العین حیدر کی شناخت قائم ہوئی تھی۔ وہ نہ صرف یہ کہ انگریزی اور عالمی شاعری کی طالب علم تھیں بلکہ اُن کے ادبی موضوعات اور شعری و نثری تراجم بھی اس بات کی غمّازی کرتے ہیں کہ وہ عالمی طور پر غور و فکر کرتی ہیں اور اپنی شاعری کے دامن کو اس نئی دنیا سے مالا مال کرتی ہیں۔ اس لیے اردو کی نسائی شاعری کی روایتوں سے انحراف بھی کرتی ہیں اور اُسی مرحلے میں وہ نئی نسائی شاعری کی بنیادِ نو بھی ڈالتی ہیں۔ عالمِ انسانیت کو درپیش مسائل پر وہ غور کرتی ہیں اور اُن کے تدارک کے لیے اپنی شاعری میں فکرمندی کے جذبات ظاہر کرتی ہیں۔

زاہدہ زیدی بنیادی طور پر آزاد نظم کی شاعرہ ہیں۔ ابتدائی دور سے لے کر آخری زمانے تک چار دہائیوں سے زیادہ عہد میں پھیلے اُن کے ادبی سرمائے پر ایک سرسری نگاہ ڈالنے سے یہ بات سمجھ میں آتی ہے کہ زبان کی سطح پر ان کا رشتہ حلقۂ اربابِ ذوق کے شعرا سے مل جاتا ہے۔ اختر الایمان اور ن۔م۔راشد کے شعری ڈِکشن سے ان کے یہاں ایک خاص قسم کی ہم آہنگی دکھائی دیتی ہے۔ فارسی تراکیب کا اُلجھاو ناطور اُن کے یہاں دیکھنے کو مل جاتا ہے۔ اُن کے دیگر ہم عصروں میں یہ بات بہت کم دیکھنے کو ملتی ہے۔ اختر الایمان اور راشد کے شعری حصار میں وہ قید نہیں ہوتیں۔ وہ اپنا لسانی نظام اس طور پر قائم کرتی ہیں کہ اکثر اُن کے مصرعے مختصر اور کبھی کبھی ایک دو لفظوں میں سمٹ جاتے ہیں۔ شاید یہ جدیدیت کے بعض نظم نگاروں بالخصوص محمد علوی کے یہاں دیکھنے کو ملتا ہے۔ لیکن محمد علوی کے یہاں فارسی تراکیب کا وہ رچاؤ سرے سے ناپید ہے۔ زاہدہ زیدی اس سے اپنی زبان کا ایک اشاراتی نظام قائم کرتی ہیں۔ لفظوں کے بیچ اور مصرعوں کے وقفوں میں کہنے کی کئی باتیں ڈال دیتی ہیں جس سے ایک نیا شعری سلیقہ سامنے آتا ہے۔

اُن کی آزاد نظموں کی بحریں اتنی شگفتہ اور رواں ہیں جس کے سبب اُن کی نظموں کا مطالعہ موسیقی

کے پَروں سے اُڑنے جیسا ہے۔ اسلوبیاتی اعتبار سے یہ رواں دواں کیفیت اس بات کا بیّن ثبوت ہے کہ اپنے بزرگوں بالخصوص اقبال اور فیض کی روانی اور موسیقیت اُنھوں نے کسبِ فیض کیا ہے۔

زاہدہ زیدی عصر حاضر کے گونا گوں مسئلوں کے آئینے میں زندگی کو دیکھتی ہیں تو تاریخ کا جبر اور کائناتی مسئلوں سے خود کو متعلق پاتی ہیں۔ اس لیے اُن کی شاعری میں اپنے زمانے کی خوشی اور غم دونوں کے واضح رنگ موجود ہیں۔ ''سنگِ جاں'' مجموعے کی ایک نظم ''ہو...... اے ہوا'' پر غور کرتے ہوئے اس بات کا احساس ہوتا ہے کہ وہ اپنے زمانے کی زندگی کو اور اُس کی بدلتی صورتوں کو بڑے سلیقے سے اس نظم کے دائرے میں شامل کرنے میں کامیاب ہوئیں۔ ہوا یہاں قدرت کا پیام بر بن کر ہمارے سامنے آتی ہے اور ایک مکمل صورتِ حال کا یہاں اظہار ہوتا ہے۔ کبھی کبھی محسوس ہوتا ہے کہ جیسے کالی داس نے بادلوں کو پیام بر بنا کر اپنے محبوب کی تلاش کا عمل شروع کیا تھا، اسی طرح زاہدہ زیدی ہواؤں سے زندگی کے بنیادی سوالات دریافت کرتی ہیں۔ نظم کے چند مصرعے ملاحظہ ہوں......

ہوا...... اے ہوا
سنسناتی ہوا
کچھ بتا......
کس طرح
تو نے ہر تارِ جاں
مرتعش کر دیا
کیا تری بے قراری میں ہے
کوئی پیغامِ الفت نیا
یا کہ نوحہ کناں
کوئی بیتے دنوں کی صدا

اے ہو......
کیا مرے بحرِ جاں کا تلاطم ہے تو
یا کہ صدیوں کے ساحل پہ بھٹکی ہوئی
کوئی مبہم نوا
خشک پتّوں سے ہے
میرا آنگن بھرا

کون سی شاخ سے ٹوٹ کر یہ گرے ہیں
بتا......
کس شجر کا لہو تھا
کہ ان کی رگ خشکِ میں
جم گیا...

زاہدہ زیدی نے اپنے آخری مجموعۂ کلام ''شعلہ جاں'' کا تفصیلی پیش لفظ لکھتے ہوئے نہ صرف یہ کہ اپنی شاعری کے اسباب اور محرکات پر روشنی ڈالی ہے بلکہ اردو کی تانیثی شاعری کے سلسلے سے بھی اپنے تاثرات ظاہر کیے ہیں۔ اُن کی رائے جاننا اس لئے بھی ضروری ہے کہ ہم دوسری شاعرات کے فکر و عمل سے اُن کے ادبی کارناموں کو آسانی سے الگ کر سکیں۔ انھوں نے لکھا ہے:

''عورتوں کی شاعری کے بارے میں جو سطحی، محدود اور عامیانہ قسم کے مفروضے قائم کر لئے گے ہیں، مجھے ان سے کوئی سروکار نہیں۔ عورتوں کی شاعری کا یہ مقصد ہرگز نہیں کہ وہ عورتوں کے مخصوص جنسی مسائل اور بچوں کی پیدائش وغیرہ کے تجربات پر تفصیل سے روشنی ڈالیں یا عورتوں کے مسائل پر آنسو بہائیں یا نعرے لگائیں۔ شاعری خواہ عورتوں کی ہو یا مردوں کی، جو خصوصیات اور خوبیاں اسے عظیم شاعری بناتی ہیں، وہ دونوں میں مشترک ہیں۔''

اس اقتباس سے زاہدہ زیدی کے شعری مزاج اور فکری نقطۂ نظر کو سمجھا جا سکتا ہے۔ وہ عالمی شاعری کی پارکھی ہیں اور انھوں نے بڑی سنجیدگی سے اپنی شاعری کا ایک عالمی تناظر طے کیا۔ اس سے اُن کی شاعری میں ایک دانشورانہ کیفیت پیدا ہوتی ہے۔ 'بیتی صدیوں کے تلاطم'، 'درد کی سرحدوں سے پرے'، 'دھرتی کا لمس'، 'سنگِ جاں'، 'یہ لمحہ'، 'یہ جنگ سفاک سازشوں کا کوئی ثمر ہے'، 'فردوسِ گم شدہ'، 'کربلا'، 'ویرانہ'، 'ادھورا نگر'، 'بادل' اور 'تجربہ' نظموں کو بغور پڑھنے سے یہ بات سمجھ میں آتی ہے کہ زاہدہ زیدی نے موضوعاتی اعتبار سے ایک زبردست فکری فضا قائم کی ہے۔ وہ نسائی رقت آمیزی کی شاعرہ نہیں بلکہ زندگی کو جبر و قدر کا ایک ایسا محور سمجھتی ہیں جس کے پیچھے بڑی بڑی قوتوں کا ہاتھ ہے۔ اس طرح سادگیِ نظر سے اُسے دیکھنا اور سمجھنا مناسب نہیں۔

زاہدہ زیدی نے چند نثری نظمیں بھی لکھی ہیں۔ ''سنگ جاں'' مجموعے میں اُنھوں نے چار نثری نظمیں شامل کی ہیں۔ ''اے تُند رفتار ہوا''، ''اے سرکش تمنا''، ''جوالا مکھی'' اور ''کبھی دیکھو'' نظمیں یہاں شامل ہیں۔ زاہدہ زیدی کے یہاں عام طور سے بحر کی پابندی اور ایک مخصوص نغمگی ملتی ہے۔ اُن کے

تراجم بھی اکثر و بیشتر آزاد نظم کی شکل میں ہیں۔ ایسے میں یہ تعجب کی بات کہ انھوں نثری نظم کی طرف کیوں کر توجّہ کی۔ وہ عالمی ادب کے تقاضوں سے لیس فنکار تھیں، اس لیے انہوں نے اس بات کی کوشش کی کہ اپنے اظہار کے لیے اس نئے پیرہن کو کس طرح آزمائیں۔ زاہدہ زیدی کی نثری نظموں میں ایک خاص شعری آہنگ لازمی طور پر ملتا ہے۔ اس لیے اُن کی اِن منظومات کو نثرِ عاری نہیں کہا جا سکتا یعنی یہ وہ نثر ہے جس میں کسی پردے میں شعریت پوشیدہ ہے۔ چند سطریں ملاحظہ ہوں۔

اے تند رفتار ہوا
تو کہ صدیوں کے ساحل سے آئی ہے
اتنی تیزی سے نہ گزر
میری نس نس میں سما جا
اور میری ہستی کو
لامحدود کر دے (اے تند رفتار ہوا)

''اے سرکشی تمنّا''، نظم ایک پُر اثر منظر نامے کی عکّاسی ہے۔ موضوع کے اعتبار سے اِسے ہجر و وصال کے حوالے سے پہچانا جا سکتا ہے اور عشق کا مرغوب مضمون یہاں مکمل انسانی سوز کے ساتھ نظر آتا ہے۔ زاہدہ زیدی کا کمال یہ ہے کہ انھوں نے انسانی خواہش کے متوازی ایک منظر نامہ مرتب کیا ہے۔ یہ منظر اپنے آپ میں اُداس اور انسانی سوز سے غمگین ہے۔ نظم کی خوبی یہ ہے کہ ابتدائی چار سطروں میں ہی ماحول کی پیش کش سے ایک ایسی صورتِ حال سامنے آ جاتی ہے۔ جو اپنے آپ میں اس بات کا اعلانیہ ہے کہ زندگی اب نئی اُمید سے دور ہو چکی ہے۔ نظم کے آغاز کی چار سطریں ملاحظہ ہوں جہاں نثر کی صراحت کے ساتھ شاعرانہ اظہار اور نپا تُلا بیان اس بات کا جواز فراہم کرتا ہے کہ نثری نظموں کی ضرورت ہر دور میں قائم رہے گی۔ مصرعے کچھ اس طرح سے ہیں:

شام نڈھال ہے
اُداس پھولوں نے سر جھکا لیا ہے
اُن کی انتظار بھری آنکھیں
بند ہونے لگی ہیں (اے سرکش تمنّا)

'جوالامکھی' اور 'کبھی دیکھو' عنوانات کی نثری نظمیں زاہدہ زیدی کے اندر پوشیدہ باغیانہ طبیعت کا بر ملا اظہار ہیں۔ زندگی تعمیر اور اِنہدام کی ملی جلی کیفیت کا نام ہے اور قدرت کا نظام اس بات کا ثبوت فراہم کرتا ہے کہ تعمیر و تخریب دور کے دو واقعات نہیں ہیں بلکہ ان کی کڑیاں ایک دوسرے سے پورے طور پر جڑی ہوئی

ہیں۔ 'جوالا مکھی' میں ایک طنزیہ کیفیت شامل کرنے کی کوشش کی گی ہے۔ کیوں کہ پُرانا شاہی معمار اُن ریزوں سے نئی تعمیر کے لئے آگے بڑھتا ہے۔ 'کبھی دیکھو' نظم میں بھی روشنی اور تاریکی، اُندھیرے اور اُجالے کا سلسلہ قائم رہتا ہے۔ نظم موجودہ دور سے پچھلے جنم تک پہنچتی ہے اور اس بات کا اشارہ فراہم کرتی ہے کہ زندگی کے واقعات میں کوئی سلسلۂ خیال بہر طور ہوتا ہے۔ اور گذشتہ اور آئندہ میں ایک گہرا ربطہ قائم رہتا ہے۔ انسانی زندگی کو سمجھنے کا یہ ایک انوکھا پیمانہ ہے۔ نظم کا اختتام کچھ اس طرح سے ہوتا ہے۔

خاموشی کا جسم ٹٹولو
شاید اس کے بطن میں
کچھ ایسے نغمے خوابیدہ ہوں
جن کا تخم تم نے
پچھلے جنم میں بویا تھا (کبھی دیکھو)

زاہدہ زیدی کی ایک بنیادی پہچان مترجم کی بھی ہے اور انھوں نے نثر کے علاوہ بعض شعری ترجمے بھی کیے ہیں اطالوی شاعر یوجنیو مونتالے جنھیں ۱۹۷۵ کا نوبل انعام حاصل ہوا تھا اُن کی سلسلہ وار نظموں کو ''بحرِ روم'' کے عنوان سے زاہدہ زیدی نے ترجمہ کیا ہے۔ انھوں نے شاعر کا تعارف پیش کرتے ہوئے اپنے نظریہ ترجمہ پر بھی روشنی ڈالی ہے۔ انھوں نے بتایا ہے کہ ترجمہ کے دوران لفظی ترجمہ کے حصار میں خود کو انھوں قید نہیں کیا بلکہ آزاد اُسلوب اختیار کیا۔ اُن کے لیے یہ بات مناسب تھی کیوں کہ وہ شاعر کی حسیّت اور تجربے کو اپنی زبان میں منتقل کرنے کا اِرادہ رکھتی تھیں۔ ان پانچ نظموں کے علاحدہ عنوانات مقرر ہیں۔ 'ہم نہیں جانتے' عنوان کی نظم 'بحرِ روم' سے مخاطبت میں اس بات کا اِشاریہ ہے کہ انسان کا وجود بہت گہرائی تک اِن سمندروں سے وبستہ ہے۔ یہاں انسان کے ازلی سلسلے سے سمندروں کی رفاقت قائم ہے۔ سمندر اور انسان کا رشتہ زاہدہ زیدی نے نئے ماحولیاتی توازن اور تسلسل کے ساتھ بڑے سلیقے سے پیش کیا ہے۔ ترجمہ کرتے ہوئے انھوں نے شاعر کے خیال اور اپنی زبان کے اسلوبیاتی طلسم کو کچھ اس طرح سے شیر وشکر کر دیا ہے جیسے یہ نظمیں ہمارے ہی ماحول کی زائیدہ ہیں۔ دو نظموں کے مختصر اقتباسات پیشِ خدمت ہیں جن سے ہمارے خیال کی سداقت واضح ہوسکتی ہے:

تو نے ہی یہ راز مجھ پہ کھولا
پنہاں جو شرر ہے میرے دل میں
پرتَوہ تری ہی ذات کا ہے
امکان وجود وہشت میرا

تیرا ہی مزاج پُر خطر ہے (بحرِ روم)
میں نے تب بھی کبھی سطحِ ساحل پہ
موجوں کا نغمہ سُن ......
مضطرب ہو گیا
جیسے کوئی غریب الوطن
چونک کر اپنا گھر یاد کرنے کی کوشش کرے (ہاں مجھے بھول جا)

ختمِ کلام کے طور پر زاہدہ زیدی کے شعری اسلوب کے سلسلے سے چند باتیں گوش گزار کرنا چاہتی ہوں۔انھوں نے نہ صرف یہ کہ ڈرامے لکھے اور اُس کے تراجم بھی پیش کئے بلکہ ڈرامائی کیفیات کو اپنی شاعری کا بہترین حصّہ عطا کیا۔اقبال اور اختر الایمان کی نظموں میں موجود ڈرامائیت کی خصوصیات پر اکثر نقادوں نے توجہ کی ہے۔اس اعتبار سے زاہدہ زیدی کی شاعری پر غور نہیں کیا گیا۔شاید ہی کسی آزاد نظم لکھنے والے شاعر کے لسانی نظام کا تفصیل سے ہمارے نقادوں نے جائزہ لیا ہو۔لیکن یہ حقیقت ہے کہ زاہدہ زیدی کے شعری اسلوب کا ایک بنیادی وصف لہجے کی وہ ڈرامائیت ہے جس سے وہ دوسروں سے الگ طور پر پہچانی جاتی ہیں۔اس وجہ سے اُن کی نظمیں یک رنگی اور بوجھل پن میں گرفتار نہیں ہوتیں بلکہ اس ڈرامائیت سے اُن کی نظموں کا آہنگ نہایت موثر اور جداگانہ ہو گیا ہے۔اُن کی زبان میں موسیقیت کی کیفیت بھی بہت کچھ اسی ڈرامائی لہجے سے اپنا توازن قائم کرتی ہے۔اس طرح زاہدہ زیدی کی شاعری کے مواد اور اسلوب کا جائزہ یہ ثابت کرتا ہے کہ ہمارے عہد کی وہ ممتاز شاعرہ تھیں لیکن اُن کے فکر و فن پر ابھی مزید گفتگو کی ضرورت ہے۔

● ڈاکٹر قسیم اختر

شکیلہ اختر کی افسانہ نگاری

شکیلہ اختر بہار کی پہلی خاتون افسانہ نگار ہیں لیکن ان کی شناخت اس صنف میں اولیت کا سہرا حاصل کرنے کی وجہ سے نہیں ہے بلکہ وہ ایک جینوئن فن کار ہیں جن کی فن کاری کا کم و بیش ہر ناقد کو اعتراف ہے۔ معروف ناقد پروفیسر وہاب اشرفی ان کی افسانوی خصوصیات کا ذکر کرتے ہوئے رقم طراز ہیں:

> ''اردو افسانہ کے مجموعی ارتقا کے لحاظ سے بھی اور بہار میں اردو افسانے کی بتدریج ترقی کے نقطہ نظر سے بھی شکیلہ اختر کے افسانے غیر معمولی امتیازات کے حامل ہیں۔ وہ ہندوستان کی تین عظیم ترین خواتین افسانہ نگار میں سے ایک ہیں۔ دوسری خواتین افسانہ نگار عصمت چغتائی اور قرۃ العین حیدر ہیں۔''
>
> (بہار میں اردو افسانہ نگاری۔ وہاب اشرفی۔ ص۔۲۰)

میں یہ نہیں کہہ سکتا کہ شکیلہ اختر، عصمت چغتائی اور قرۃ العین حیدر کے ہم پلہ ہیں یا نہیں کیوں کہ یہ اہل نقد و نظر کا کام ہے۔ دوسرے یہ کہ ہمارا یہ موضوع بھی نہیں ہے البتہ اتنا ضرور جانتا ہوں کہ شکیلہ اختر کو جب بھی پڑھا ہے دل نے اثرات قبول کئے ہیں۔ اور بار بار یہ بات محسوس ہوئی ہے کہ ہم کسی فن کار کو پڑھ رہے ہیں۔ یہ ایک بڑے فن کار کی علامت ہے۔ شکیلہ اختر کے افسانوی مجموعے ''درپن''، ''آنکھ مچولی''، ''ڈائن''، ''آگ اور پتھر'' اور ''لہو کے مول'' میں شامل افسانوں سے جہاں ان کا انداز بیان متعین ہوتا ہے وہیں ان کی فنی خوبیوں کا پتہ بھی چلتا ہے۔ شکیلہ اختر کی تخلیقی کاوش نے انہیں اس مقام پر پہنچایا ہے جہاں وہ کسی تعارف کا محتاج نظر نہیں آتیں بلکہ یہ کہنا کسی طرح بھی غلط نہ ہوگا کہ بہار سے تعلق رکھنے والی خاتون افسانہ نگاروں میں وہ سب سے سربلند نظر آتی ہیں۔ ان کے یہاں عصمت چغتائی اور قرۃ العین حیدر کی طرح وسیع پیمانے پر تخلیقیت تو نہیں ہے مگر ان عظیم افسانہ نگاروں کے آگے وہ سرنگوں بھی نظر نہیں آتی ہیں۔ ان کا اپنا فن ہے اور وہ اس بنیاد پر منفرد معلوم ہوتی ہیں۔ شکیلہ اختر کے اندر کہانی بُننے کی صلاحیت بچپن ہی موجود تھی اور کم عمری سے ہی انہوں نے افسانے لکھنے شروع کر دیے تھے۔ حالانکہ اس بات میں اختلاف ہے

کہ ان کی پہلی کہانی کب شائع ہوئی۔ کچھ بیانات میں مبالغے کا اشتباہ بھی ہوتا ہے تاہم یہ بات قرین قیاس ہے کہ انہوں نے سترہ سے بیس سال کی عمر سے افسانے لکھنے شروع کر دیے تھے۔ شکیلہ اختر پر پہلے بھی بہت کچھ لکھا گیا ہے اور آج بھی لکھا جا رہا ہے۔ وجہ یہ ہے کہ فکر وفن کی سطح پر ان کے افسانوں کو پرکھنے کے عمل کے دوران ہر ناقد یہ محسوس کرتا ہے کہ وہ ایک جینوئن فنکار ہیں۔ ان کے موضوعات سماجی سروکار رکھتے ہیں۔ روز مرہ اور گھریلو زندگی کو وہ اپنا موضوع بناتی ہیں۔ خصوصاً خواتین کے مسائل پر ان کی گہری نظر ہے۔ ان کا عہد بھی وہی ہے جو عصمت چغتائی کا ہے لیکن وہ عصمت کی طرح ناگفتنی کو گفتنی بنا کر تنازعات کا شکار نہیں ہوتیں۔ حالانکہ یہ بات بھی نہیں کہی جا سکتی کہ شکیلہ اختر جنسی موضوع پر خاموش رہتی ہیں۔ ان کے کچھ افسانوں میں جنس کو موضوع بنایا گیا ہے جیسے ''پیاسی نگاہیں'' اور ''بند تتلی'' وغیرہ۔ لیکن ان کے یہاں زیادہ تر داخلیت ہے، وہ عموماً متوسط گھرانوں کی عورتوں کے دکھ درد کو اپنے افسانوں میں سمیٹتی ہیں، ان کی مظلومیت کو اپنا موضوع بناتی ہیں مگر شور وغوغا کے لیے مواد فراہم نہیں کرتیں۔ عصمت چغتائی سے ان کا موازنہ کرتے ہوئے پروفیسر وہاب اشرفی لکھتے ہیں:

''......ان دونوں بڑی افسانہ گاروں کے مابین خارجیت اور داخلیت کی دیوار حائل ہے۔ عصمت چغتائی اڑوس پڑوس کی کھڑکیوں میں جھانکتی ہیں تو شکیلہ اختر دلوں کو ٹٹولنا چاہتی ہیں...... پھر عصمت چغتائی ایک ترقی پسند موقف کے ہالے میں اسیر ہیں جب کہ شکیلہ کے پاؤں میں کوئی بیڑی نہیں، وہ ہرن کی طرح چوکڑیاں بھر سکتی ہیں۔'' (بہار میں اردو افسانہ نگاری۔ وہاب اشرفی۔ ص۔۲۱)

شکیلہ اختر کے یہاں ایک اور خوبی ہے اور وہ ہے اپنی ذات کے کرب کو ہمہ گیر بنا دینا۔ وہاب اشرفی نے اس باب میں ان کی صلاحیت کو ہمہ گیر بتایا ہے۔ اس کے لیے ان کی عالمگیر شہرت کی حامل کتاب ''تاریخ ادب اردو جلد سوم'' کو دیکھا جا سکتا ہے۔ گویا شکیلہ اختر کے یہاں متوسط مسلم گھرانوں کی عورتوں کا حال زار بھی ملتا ہے اور ذات کا کرب بھی۔ وہ عورتوں کی نفسیات کی بڑی کامیاب عکاسی کرتی ہیں۔ اس پر ان کا انداز بیان انہیں دلچسپ بناتا ہے۔ شکیلہ اختر جس طبقے کی کہانی لکھتی ہیں اس طبقے کی زبان استعمال کرنے میں مہارت رکھتی ہیں۔ خصوصاً عورتوں کی گھریلو زبان استعمال کرنے میں انہیں درک حاصل ہے۔ ان کی تخلیقی صلاحیت پر اظہار خیال کرتے ہوئے احمد حسین آزاد نے لکھا ہے کہ:

''ان کے بیشتر افسانے عورتوں کی نفسیات کے آئینہ دار ہیں......ان کے افسانوں میں بہار کے متوسط مسلم گھرانوں کی ایسی تصویریں ملتی ہیں جن کے چہروں پر مسرت کے مٹے مٹے آثار نظر آتے ہیں۔ قصہ پن کی دلچسپی کے ساتھ، ان کی

کہانیوں کے پلاٹ سیدھے سادے، کردار جانے پہچانے اور مکالمے سلیس ہوتے ہیں۔'' (نقدآزاد۔احمد حسین آزاد۔ص۔۱۳۱)

احمد حسین آزاد نے شکیلہ اختر کے موضوعات اور ان کے فن کا ان مختصر لفظوں میں تقریباً پورے طور پر احاطہ کردیا ہے۔ یہاں پر ہم عبدالمغنی کے اس خیال سے اتفاق کرسکتے ہیں کہ ''شکیلہ اختر پورے معنی میں ایک گھریلو افسانہ نگار ہیں (نقطہ نظر۔ص۔۲۴۲) کہنے کا مطلب یہ ہے کہ ناقدین نے شکیلہ اختر کو ایک بلند پایہ فن کار اور کہانی کار کے طور پر پیش کیا ہے۔ہم اس سے اختلاف کرنے کی گنجائش نہیں رکھتے تاہم یہ ضرور دیکھنا ہوگا کہ ان کی تخلیقی جہت کیا ہے۔ اس کے لیے ہمیں ان کے افسانوں پر ایک نظر ڈالنی ہوگی۔ ہمیں اس بات کا بھی احساس ہے کہ سیمیناروں میں وقت کی پابندی کے سبب زیادہ تفصیلات بیان کرنے کا موقع نہیں ہوتا تاہم ایک دو مثالیں ناگزیر ہیں۔شکیلہ اختر کا افسانہ ''ڈائن'' ایک ایسی عورت کو پیش کرتا ہے جو غربت میں بھی شان بے نیازی رکھتی ہے۔ اور افسانہ کے اختتام پر قاری کے دل پر چھا جاتی ہے۔ شکیلہ اختر نے اپنے افسانوں میں نہایت ہی نچلے طبقے کی خواتین کو کم ہی موضوع بنایا ہے مگر ''ڈائن'' کی عورت دیکھنے میں اگرچہ ایک بدصورت، کریہہ اور ڈراؤنی ہے جسے دیکھ کر بچے ڈر جائیں لیکن اس کے اندر کی دنیا جب سامنے آتی ہے تو قاری چونک جاتا ہے۔ یہ بدشکل عورت جسے ایک خوش حال گھرانے کی عورتیں ڈائن سمجھتی ہیں، ایک مچھلی بیچنے والی ہے جو بقایا پیسہ مانگنے اپنی مالکن کے گھر جاتی ہے جسے دیکھ کر بچے رونے لگتے ہیں۔ گھر کی عورتیں دستر خوان پر لگے کھانے کو چھوڑ کر اسے ٹالنے کی کوشش میں لگ جاتی ہیں لیکن وہ کسی طرح نہیں ٹلتی۔ کسی کو یاد نہیں کہ اس کے ہاتھ کا پیسہ باقی ہے۔ آخر کار وہ بتاتی ہے کہ اس کے دیور کی بیوی نے اسے بتایا ہے کہ سوا روپے باقی ہیں۔اس کی دیورانی کو بلایا جاتا ہے۔ بڑی بحث وتکرار کے بعد یہ بات سامنے آتی ہے کہ مالکن کے ہاتھ کا پیسہ باقی ہے جن کا انتقال چند ماہ پہلے ہو چکا ہے۔ پیسہ بقایا ہونے کی تصدیق گھر کی ایک نوکرانی بھی کردیتی ہے۔ یہ جاننے کے بعد کہ مرحومہ مالکن کے ہاتھ کا پیسہ باقی ہے، مچھلی بیچنے والی فاقہ زدہ بڑھیا کے جو تاثرات ہوتے ہیں وہ اسے عظیم تر بنا دیتے ہیں۔افسانہ نگار کے لفظوں میں بڑھیا کی نیک نیتی دیکھیں:

''.......... بڑھیا کا وہی بھیانک منھ ایک بار پھر کھل گیا۔ کا؟ مالکنی کے ہاتھ کے باکی؟ اس نے اپنی کانپتی ہوئی انگلیوں سے روشی کے پلنگ پر بڑے احترام سے پیسہ رکھ دیا۔ نابٹی نا۔ ہائے اب دوسر کے ہاتھ سے ان کر باکی پیسہ نا تولیب او رنا لیوے دیب۔ ہائے ہمر مالکنی تو ہمر مائی باپ رہے لا۔'' بڑھیا کا منھ بے کسانہ طور پر پھٹ گیا اور اسکے سیاہ چہرے کی جھریوں میں چپ چپاتے ہوئے آنسو پھیل گئے۔ بڑھیا نے اپنی لال لال آنکھوں سے گھور کر اپنی دیورانی کی حریص نظروں کو دیکھا جو

ایک ٹک سے پلنگ پر دھرے ہوئے پیسوں کو تک رہی تھی۔ ''ای سوا گورو پیہ سے دن نا کٹ جائی۔'' اس نے اپنی دیورانی کا ہاتھ پکڑ کر کھینچا۔ گھر کے لوگوں نے ہزار جتن کئے کہ وہ کسی طرح سے پیسے لے لے۔ مگر بڑھیا کسی طرح سے بھی پیسہ چھونے کی روادار نہ ہوئی اور جس طرح سے وہ ڈگمگاتی ہوئی خالی ہاتھ آئی تھی اسی طرح سے بائیں پہلو پر جھکی لاٹھی کے سہارے چلتی ہوئی وہ گھر سے باہر نکل گئی۔ گھر کے سارے لوگ اس کو حیرت سے دیکھتے رہے۔ ''پگلی ہے سالی پگلی'' فیضو نے قہقہہ لگایا مگر جو ہیا اس کے جاتے ہی کھل کر ذرا زور سے بولی۔ ڈائن تھی جی اللہ قسم۔ پکی ڈائن' اور روشی نے اپنی گود کی بچی کو چمکارتے ہوئے سوچا۔ کیا وہ سچ مچ ڈائن تھی۔ ڈائن؟''

اس اقتباس میں اس زبان کو آسانی سے سمجھا جاسکتا ہے جو گھریلو اور ساتھ ہی نچلے طبقے کی عورتوں کی زبان ہوتی ہے اور شکیلہ اختر نے جس کی کامیابی آئینہ داری کی ہے۔ ساتھ ہی شکیلہ اختر کی فن پر گرفت کو بھی محسوس کیا جاسکتا ہے۔ شکیلہ اختر معمولی واقعات کے سہارے افسانے کو ایک نہج دیتی ہوئی نظر آتی ہیں۔ ان کے قلم میں اتنا زور ہے کہ معمولی واقعات بھی غیر معمولی بن جاتے ہیں۔ ان کا مشاہدہ گہرا ہے اور وہ دوررس نظر رکھتی ہیں۔ افسانہ نگاری کی ایک بڑی خصوصیت یہ ہوتی ہے کہ قاری کی دلچسپی شروع سے آخر تک برقرار رہے۔ شکیلہ اختر اس سطح پر بھی کامیاب نظر آتی ہیں۔ وہ اپنے آس پاس کے حالات پر گہری نظر رکھتی ہیں اور مظلوم و مقہور طبقے کا بھی بخوبی مشاہدہ کرتی نظر آتی ہیں۔ یہاں ایک سوال یہ بھی پیدا ہوتا ہے کہ شکیلہ اختر آخر اس طبقے کو اپنا موضوع کیوں بناتی ہیں؟ کیا یہ محض افسانہ طرازی ہے؟ یا اس طبقے سے انہیں ہمدردی اور لگاؤ بھی ہے؟ کہا جاتا ہے کہ فن میں خون جگر کے بغیر رنگ نہیں آتا۔ ایسے میں ہم یہ کہہ کر شکیلہ اختر کی اس خوبی کو نظر انداز نہیں کر سکتے کہ محض افسانہ طرازی کی خاطر وہ مظلوم طبقے کی خواتین کو اپنے افسانوں میں جگہ دیتی ہیں۔ ان کی کہانیاں اس بات کی شاہد ہیں کہ ان میں خون جگر شامل ہے۔ وہ اپنی تخلیقی قوت سے خوبصورت پلاٹ تیار کرتی ہیں۔ حقیقت یہ ہے کہ شکیلہ اختر ایک دردمند دل رکھتی ہیں۔ اور ''آنکھ مچولی'' جیسے افسانوں میں جہاں ذات کا کرب بیان ہوا ہے، افسانہ نگار کے کرب کے ساتھ زمانے کا درد بھی محسوس کیا جاسکتا ہے۔ شکیلہ اختر کہیں ذات کے کرب کو ہمہ گیر بناتی ہیں تو کہیں مظلوم و مقہور طبقے کے دکھ کو سب کو محسوس کراتی ہیں۔ اس سے ظاہر ہوتا ہے کہ ان کی کہانیاں محض افسانہ طرازی نہیں ہیں۔ وہ اپنے افسانوں میں حقیقی زندگی کی آئینہ سامانی کرتی ہیں۔ اور قاری کو متوجہ کرنے میں کامیاب بھی نظر آتی ہیں۔ شکیلہ اختر کے ابتدائی افسانوں میں جہاں رومانیت نظر آتی ہے اور عاشقانہ جذبات کی بوقلمونی ہے وہیں بعد کے افسانوں میں ان کا دائرہ وسیع ہوتا جاتا ہے۔ اور سماجی و معاشرتی زندگی کے مختلف پہلوؤں کی بھرپور عکاسی دیکھی جاسکتی ہے۔ ان کے افسانوں میں احتجاج کی دھیمی لے بھی ہے۔ لیکن اس حقیقت سے انکار نہیں کیا جاسکتا کہ ان کے افسانوں میں خاص

طور سے نسوانی جذبات کی عکاسی ملتی ہے۔ان عورتوں میں بھی خاص طور سے مسلم گھرانے کی عورتوں کا وہ طبقہ شامل ہے جسے متوسط طبقہ کہا جاتا ہے۔ش۔اختر ہمارے اس خیال کو تقویت فراہم کرتے نظر آتے ہیں کہ
''ان کے یہاں مسلم گھرانوں کے بے رنگ افراد اپنی تمام تر افسردگی کے ساتھ ابھرتے ہیں......مقامی رنگوں، مکالموں اور ماحول کی پیش کش میں بھی شکیلہ اختر سے چوک نہیں ہوئی ہے۔'' (مشمولہ:''عصری ادب''خواتین نمبر)

حقیقت ہے کہ یہی طبقہ زیادہ تر مسائل سے گھرا ہوا نظر آتا ہے اور اس طبقے کی خواتین کی گوناگوں الجھنیں ہوتی ہیں۔انہی الجھنوں اور مسائل کے درمیان ایک عورت سسکتی اور گھلتی رہتی ہے۔ وہ کھل کر ہنس نہیں پاتی۔خوشگوار لمحات اس کی زندگی میں کم آتے ہیں۔شکیلہ اختر اسی طبقے کی نمائندگی بڑی فنکاری کے ساتھ کرتی ہیں۔ان کے اسلوب میں لطافت،دلکشی اور سادگی ہے۔ وہ با محاورہ زبان استعمال کرتی ہیں اور قاری کے دل میں گھر بناتی ہیں۔اس طرح یہ کہا جا سکتا ہے کہ وہ ایک ایسی افسانہ نگار ہیں جس کی حیثیت مسلم ہے۔اس کے باوجود مجھے یہ بھی کہنے دیجئے کہ ملک گیر سطح پر انہیں وہ پذیرائی نہیں ملی جس کی وہ حقدار ہیں۔ہمارے ناقدین کو اس جانب بھی توجہ دینی چاہئے۔

● **ڈاکٹر ریاض توحیدی**

ڈاکٹر افشاں ملک کا افسانہ ''سمندر، جہاز اور میں''

افسانہ ''سمندر، جہاز اور میں'' ڈاکٹر افشاں ملک کی تخلیق ہے۔ یہ افسانہ ان کی تصنیف ''اضطرب'' میں شامل ہے، جو ۲۰۱۷ء ایجوکیشنل پبلشنگ ہاوس دہلی سے شائع ہوئی ہے۔ افسانہ ''سمندر، جہاز اور میں'' ایک علامتی افسانہ ہے جس کا متن تخلیقی طور پر شعور (Consciousness) اور منشائیت (Intentionality) کے دلچسپ تخیلی بیانیہ پر تشکیل ہوا ہے. اگر پہلے عنوان ہی پر فوکس کریں تو 'سمندر' اور 'جہاز' شعور کا تخیلی استعارہ بن کر سامنے آتا ہے اور 'میں' منشائیت یعنی ارادہ کا مظہر ہے۔ اس کے بعد اس عنوان یا ان اصطلاحات کے تناظر میں متن پر ارتکاز کریں تو پورا متن شعور اور منشائیت کے تخیلی اظہار کا تخلیقی بیانیہ بن جاتا ہے۔ افسانے کی تحیر خیز کہانی پڑھ کر سارتر (Sartar) کا درجہ ذیل قول یاد آتا ہے

"All Consciousness is consciousness of somerhing"

''ہر شعور کسی چیز کا شعور ہوتا ہے۔''

اب یہاں پر شعور، لاشعور اور تحتِ شعور کی بحث بھی ابھر سکتی ہے (جس کا یہاں پر موقع نہیں ہے) تو تخلیق میں شعور کسی اور شعور یعنی لاشعور اور تحتِ شعور کی بھی کبھی کبھی نمائندگی کرتا رہتا ہے۔ جیسا کہ اس افسانے میں مرکزی کردار کے سفر (حال، شعور) اور دادی اماں کی کہانی (ماضی، لاشعور یا تحتِ شعور) کی موجودگی سے ظاہر ہو رہا ہے۔ ایک طرح سے کہانی کے درمیان شعور کی رو (Stream of consciousness) کی تکنیک کا بھی دخل ہے جو کہ کہانی کے دوران بیچ بیچ میں جہاز اور بادشادہ کی فلیش کہانی سے ظاہر ہو جاتا ہے۔ افسانہ شعوری طور پر صیغہ واحد متکلم 'میں' کے بیان سے شروع ہوتا ہے جو ایک سفر پر جانے کی تیاری کی اطلاع دے رہا ہے:

''ابھی شام تھی اور ہم سفر پر جانے کی تیاری میں مشغول تھے۔''

تو پہلا ہی جملہ قاری کی سوچ پر استفہامی کیفیت طاری کر دیتا ہے کہ افسانہ کس قسم کے سفر پر جانے کی طرف اشارہ کر رہا ہے؟ اور پھر قرأت کے دوران سفر کا انکشاف ہوتا ہے کہ یہ کسی جاب یا سیر و تفریح وغیرہ پر نکلنے کا سفر نہیں ہے بلکہ یہ سفر اس خواب کی تعبیر پانے کا سفر ہوتا ہے جو جنت کی پُر آسائش جیسی زندگی

گزارنے کے لئے ہوتا ہے جو کہ بااثر لوگوں کی تحریک پر شروع کیا جاتا ہے۔تو یہ خواب دکھانے والے کون لوگ ہوتے ہیں؛اس کی طرف اگرچہ افسانے میں بالواسطہ ذکر نہیں کیا گیا ہے لیکن بین المتن (Inter text) کہانی سے یہ اشارہ ضرور ملتا ہے کہ یہ اصل میں خوابوں کے وہ سوداگر ہوتے ہیں جنہیں سیاست دان کہا جاتا ہے۔اب یہاں پر یہ سوال بھی کھڑا ہوسکتا ہے کہ یہاں پر کیوں سیاست دانوں کے مصنوعی وعدوں کی طرف ہی اشارہ ملتا ہے تو افسانہ آگے خود ہی کوڑے کے ڈھیر پر سوئر کے ساتھ ساتھ میلے کچیلے اور پھٹے پرانے کپڑتے پہنے ہوئے انسانی مخلوق کے منظر سے ظاہر کردیتا ہے کہ ان لوگوں کو خواب کے سوداگر اپنے مقاصد کے لئے جنت کے خواب دکھاتے رہتے ہیں لیکن پھر وہ اپنی ہی جنت بنانے میں لگ جاتے ہیں اور جن کے سپورٹ سے وہ لائف انجوائے کرتے ہیں؛ان کے حصے میں کوڑے داں کے سوا کچھ بھی نہیں آتا ہے:

''میں نے گھر سے باہر سے باہر نکل کر دیکھا تو ہمیشہ کی طرح آج بھی میلے کچیلے اور پھٹے پرانے کپڑے پہنے چھوٹے　چھوٹے بچے کوڑے کے ڈھیر میں سے لوہے اور ٹین کے ٹکڑے چننے میں مصروف تھے۔ان کے دائیں بائیں کچھ سور تھے جو کوڑے کے ڈھیر میں اپنی تھوتھنیاں گاڑے گندگی سے اپنے پیٹ بھر رہے تھے۔''

اس کے بعد افسانے میں ایک ڈرامائی موڑ اس وقت آتا ہے جب مرکزی کردار دروازے پر ایک بوڑھے درویش کی دل آویز صدا سنتا ہے اور لپک کر دہلیز تک جا کر اس کی طرف چند سکے بڑھاتا ہے لیکن درویش سکے لئے بغیر صرف ایک سوال پوچھتا ہے کہ:

''تم جانتے ہو کہ مرنے کے بعد تمہارا کیا حشر ہوگا؟''

مرکزی کردار جب نفی میں جواب دیکر درویش کی زبان سے ہی سننا چاہتا ہے تو درویش نرم لہجے میں پہیلی نما جواب دیتے ہوئے کہتا ہے:

''مرنے کے بعد تمہارا وہی حشر ہوگا جو تم سے پہلے والوں کا ہوا۔''

یہ پہیلی نما جواب سن کر مرکزی کردار تھوڑا بہت الجھن میں پڑ جاتا ہے.وہ اصل میں سمجھ نہیں پاتا کہ یہ درویش کیا کہنا چاہتا ہے تو وہ دوبارہ پوچھتا ہے کہ اگلوں کا کیا حشر ہوا؟ یہ سنتے ہی درویش کا جواب آتا ہے:

''ویسا ہی جیسے یا جن الفاظ میں تم انہیں یاد کرتے ہو......جیسا تم کر کے رخصت ہوگے؛ویسا ہی تم کو یاد کیا جائیگا۔''

درویش کے کہنے کا مقصد سمجھ کر مرکزی کردار واپس آ کر اپنی بیوی کے سراپے کا جائزہ لیتا ہے اور اسے سفر کی تیاری کرنے کے لئے کہتا ہے.مرکزی کردار کی بیوی ''ثمینہ'' ایک نیک سیرت خاتون ہوتی ہے ۔ثمینہ کا کردار افسانے کی سحر انگیز فضا میں متاثر کن رول ادا کرتا ہے؛ کیونکہ جب سبھی لوگ سفر کی تیاری میں

مصروف ہوتے ہیں تو وہ نفسیاتی طور پر رات کے وقت سفر کرنے میں الجھن کی شکار نظر آتی ہے اور اسے بچپن میں دادی کی زبان سے سنی ہوئی جہاز والی کہانی یاد آجاتی ہے کہ صدیوں پہلے بھی اسی طرح ایک بادشاہ رعیت کے ساتھ سمندری سفر پر جنت کا خواب لئے نکلا تھا لیکن انجام کار جب جہاز سمندر کے درمیان اچانک رک جاتا ہے تو بادشاہ کے حکم سے ایک مسافر کو اپنے بزرگوں کی نشانی سمت سمندر میں پھینک دیا جاتا ہے۔

افسانے میں دادی کی اساطیری کہانی کا فنکارانہ تصرف (Artistic adaptation) بیانیہ پن (Narrativity) پر کوئی منفی اثر نہیں ڈال رہا ہے بلکہ افسانے کے مجموعی تاثر کو فسوں خیز بنا رہا ہے. افسانے کا یہ اساطیری اسلوب کہانی میں داستانی فضا پیدا کرتا ہے' جو کہ قرأت کی لطافت کے لئے بڑا کارگر ثابت ہو رہا ہے۔ ویسے بھی کسی بھی افسانے کی افسانویت میں داستانی یا اساطیری اسلوب سحر بھر دیتا ہے۔ یہ اسلوب دنیا کے ہر ادب کا حصہ رہا ہے اور اس کی اہمیت سے انکار ناممکن سا دکھائی دیتا ہے' کیونکہ ہر سماج کی ثقافت پر اساطیر کا زبردست اثر ہوتا ہے اور ان کے ادب میں بھی اس کا عکس دکھائی دیتا ہے۔ اس تعلق سے مشہور انگریزی ناقد نارتھروپ فرائی (Northrop Frye) اپنی تنقیدی کتاب The Theoretical Imagination میں لکھتا ہے:

"Every human society possesses a mythology which is inherited transmitted and diversified by literature."

''ہر انسانی معاشرے میں کچھ ایسے موروثی اسطورے ہوتے ہیں جو ادبیات کے زیر اثر تغیر و تبدل اور تنوع کے مراحل سے ہمکنار ہوتے رہتے ہیں۔''

دادی کی کہانی سنتے سنتے مرکزی کردار خوفزدہ ہو کر ثمینہ کو کہانی ادھوری چھوڑنے کے لئے کہتا ہے کہ ''سفر سے پہلے ایسی نامبارک باتیں منہ سے مت نکالو کیونکہ سفر درپیش ہو تو ایسی باتیں نہیں کرنا چاہئے جو حوصلے کو توڑتی ہوں۔'' اس کے بعد سفر کی تیاری شروع ہو جاتی ہے اور اس تیاری کے دوران یہ بھی انکشاف ہوتا ہے کہ کہانی کے کردار بھی اس طبقے سے تعلق رکھتے ہیں جو صدیوں سے خواب کے سوداگروں کے بہکاوے میں آتے رہے ہیں:

''......رات آدھی آئی تو سبھی لوگ جہاز پر جانے کے لئے گھروں سے نکلے۔ ہم نے بھی رخت سفر باندھا اور اپنے
بچوں کو نیند سے بیدار کیا اور خورد و نوش کا ضروری سامان لے کر اپنے ٹوٹے پھوٹے اور خستہ حال گھروں سے رخصت ہو گئے۔''

اب سفر شروع ہو جاتا ہے اور جہاز سمندر کا سینہ چیر کر منزل مقصود کی طرف چل پڑتا ہے' لیکن

ابھی جہاز کچھ ہی دور تک جا پہنچا ہوتا ہے کہ سمندر کی تیز لہروں کی وجہ سے جہاز اصلی راستے سے بھٹک جاتا ہے اور جب لوگ احتجاج کرنے پر اتر آتے ہیں تو ملاح بدل دئے جاتے ہیں' اور لوگ اطمینان کی سانس لیکر خاموش ہو جاتے ہیں' لیکن پھر وہی صورت حال پیدا ہو جاتی ہے کہ لوگ خوفزدہ ہو کر صحیح سلامت منزل پر پہنچنے کی دعائیں کرتے رہتے ہیں۔اس کے بعد کہانی میں فلیش بیک ٹریٹمنٹ آجاتا ہے' کیونکہ اس جہاز کی حالت وہی ہو جاتی ہے جو دادی اماں کی اساطیری والے جہاز کی کہانی کی ہوئی تھی:

''اچانک ایسا ہوا کہ ہچکولے کھاتا ہوا جہاز سمندر کے بیچوں بیچ پہنچ کر ایک جگہ رک گیا.ملاحوں نے ہر چند کوشش کی لیکن جہاز ذرا بھی آگے نہیں بڑھا۔کسی نے پھر وہی کہا جو دادی کے جہاز والے نے کہا تھا....''جہاز میں ضرور کوئی ایسا شخص یا جنس ہے جس کی وجہ سے جہاز آگے نہیں بڑھ رہا ہے۔''

یہ صورتحال دیکھ کر جب جہاز میں دوبارہ تشویش کی لہر دوڑ گئی تو مسافروں میں سے کچھ مخصوص لباس پہنے سرخ آنکھوں والے مسافروں نے ایک کونے میں سر جھکائے بیٹھے لمبے بالوں اور لمبی داڑھی والے شخص کی طرف اشارہ کرتے ہوئے کہا:

''یہی ہے وہ جس کی وجہ سے جہاز آگے نہیں بڑھ رہا ہے' اس کو اٹھا کر سمندر میں پھینک دو۔''

اب یہ سوال ابھرتا ہے کہ یہ سرخ آنکھوں والے کون تھے اور انہوں نے کیوں اسی شخص کی منحوسیت کو جہاز کے اچانک ٹھہرنے کا ذمہ دار ٹھہرایا۔یہاں پر افسانہ علامتی برتاؤ کی عکاسی کر رہا ہے کہ یہ سرخ آنکھوں والے تواریخ کے وہ علامتی کردار ہیں' (چاہئے وہ سیاسی کردار ہوں یا معاشرے میں کسی اور طریقے سے اپنی پوزیشن مستحکم کرنے والے کردار ہوں) جو اپنی بداعمالیوں کی وجہ سے گمراہ ہو چکے ہوتے ہیں اور جب انہیں اپنے مفادات یا مقاصد حاصل کرنے کے دوران سچے اور پارسا لوگوں کی طرف سے کوئی رکاوٹ پیش آتی ہیں تو وہ انہیں کسی نہ کسی بہانے راستے سے ہٹانا چاہتے ہیں۔اسی طرح جب لمبے بال والے بزرگ کے کردار پر فوکس کریں تو اسے اسی بناء پر نامبارک سمجھتے ہوئے سمندر کی گہرائی میں پھینک دیا جاتا ہے کہ وہ حق پرستی اور سچائی کی علامت ہوتا ہے۔اسے جب سمندر میں پھینک دیا جاتا ہے تو اس کے بھیانک قہقہے کی آواز سن کر مرکزی کردار کے کانوں میں دوبارہ گھر والے درویش کی آواز گونجتی ہے:

''تمہارا حشر بھی مرنے کے بعد وہی ہوگا جو تم سے پہلے والوں کا ہوا۔''

ان ہی بھیانک حالات میں افسانہ اختتام کو پہنچتا ہے اور مرکزی کردار درویش کی صدا سے متاثر ہو کر اپنی بیوی کا ہاتھ تھام کر خود احتسابی کے احساس کے زیر اثر اپنے ان اعمال کا حساب کرنے لگتا ہے جن کی وجہ سے حشر میں فیصلہ صادر ہوگا۔افسانے کا اخری جملہ پوری کہانی کا تھیم ثابت ہو رہا ہے کیونکہ اب یہ جہاز علامتی روپ میں سامنے آتا ہے کہ یہ خواب کے سوداگروں کا وہ جہاز ہے جس پر برسوں سے معصوم ومحکوم اور مفلس لوگ

سفر کرتے آئے ہیں لیکن یہ ہمیشہ صرف سفر میں ہی رہتا ہے اور لوگ دھوکہ کھاتے رہتے ہیں کہ وہ منزل مقصود کی جانب بڑھنے کا سفر کر رہے ہیں. اسی لئے مرکزی کردار ساکن جہاز کا مسافر ہو کر مایوس لہجے میں کہتا ہے:

''یہ جہاز آگے کب چلے گا میں نہیں جانتا.''

اب اگر افسانے کی کہانی پر ردتشکیل (Deconstruction) تھیوری کے اطلاقی امکانات کے تحت ارتکاز کریں تو افسانے کا موضوع جدید دور کے ایک المناک پہلو یعنی ہجرت یا مہاجرت (Immigration) کے سیاسی و ثقافتی مسائل ومشکلات پر بھی فوکس کرتا نظر آتا ہے۔ یہ جہاز ان سینکڑوں مجبور و محکوم لوگوں کے مسائل و مشکلات کی تمثیل بن جاتا ہے جنہیں حالات کی ستم ظریفی اپنے وطن اور گھر بار کو چھوڑنے پر مجبور کر دیتی ہے اور جو آنکھوں میں نئے خواب سجائے ایک ایسے جہاز کے مسافر بن جاتے ہیں جس کی کوئی منزل نہیں ہوتی ہے۔ بہرحال، افسانے کا تمثیلی اسلوب، کرافٹ اور موضوعاتی ٹریٹمنٹ کہانی میں سحر بھر دیتا ہے اور قاری کہانی کی پُراسرار فضا سے محظوظ ہو کر افسانے کی منطقی تفہیم پانے میں کامیاب ہو جاتا ہے۔ بقول پروفیسر نجمہ محمود:

> ''افسانہ علامت اور استعاروں سے مزین ہے.... تخیّل کی کارفرمائی، فطری مناظر کی عکاسی، داستانوی انداز اس افسانے میں دلکشی کا باعث ہیں. افشاں کو زبان اور بیان پر قدرت حاصل ہے۔ عصری حسیت بدرجہ اتم موجود ہے۔''
>
> (اضطراب۔ ص:۱۵۵)

◀◀ ● ▶▶

• ڈاکٹر توصیف مجید لون

''چوتھی کا جوڑا''......اور غریب طبقے کی عکاسی

زندگی تو نے مجھے قبر سے کم دی ہے زمین   پاؤں پھیلاؤں تو دیوار میں سر لگتا ہے
(بشیر بدر)

ہم جس معاشرے میں سانس لے رہے ہیں اس معاشرے میں دو طرح کے لوگ رہتے ہیں ایک کا شمار امیر طبقے میں ہوتا ہے اور اس طبقے سے وابستہ انسان اپنی زندگی کے شب و روز اپنی خواہشات کے مطابق گزارتے ہیں۔ جبکہ دوسرے طبقے کے لوگ اپنی خواہشات تو پورا کرنا تو درکنار بلکہ اپنی بنیادی ضرورتوں سے بھی محروم رہتے ہیں۔ عرف عام میں اس طبقے کو غریب طبقہ کا نام دیا جاتا ہے۔ اردو میں لفظ غریب کا بنیادی ماخذ عربی لفظ غرب ''غ۔ر۔ب'' ہے جس کے معنی اجنبی کے ہیں۔ وسیع تر معنی میں معاشرہ یا انسان کی مادی یا بنیادی ضرورت کی کمی کو عموماً غریب کی اصطلاح سے جانا جاتا ہے۔ یہ طبقہ ہر دور میں انسان کے ظلم و استبداد کا شکار رہا۔ ادیب' شاعر' محقق دور بینی نگاہ رکھتے ہیں اور وہ معاشرے میں پنپ رہی ہر برائی کا بہ نظر غائر مشاہدہ کرتے رہتے ہیں۔ ان کا کلام' ان کی تحریریں نہ صرف سخنوروں کے شعری و ادبی ذوق کی تسکین ہوتی ہے بلکہ ادب معاشرے کے لئے ارتقائی منازل طے کرتا ہے۔ بقول محمد حسن۔

> ''ادیب زندگی کی عکاسی کر کے اپنے فرض سے عہدہ برآ نہیں ہو جاتا ۔اس کی اصل ذمہ داری ایسے ادب کی تخلیق ہے جو تلخ حقیقتوں کی دنیا میں ایک نئی زندگی کی تعمیر کرے۔ اگر ادب ذہنوں کو بیدار نہیں کرتا تو وہ ناکرہ و بے وقعت ہے۔''
>
> (مضامین ادبی تنقید......از محمد حسن)

ابتداً ادب وقت گزاری اور صرف دل بہلانے کے لئے ہوا کرتا تھا لیکن عصر حاضر میں ادب زندگی کا ترجمان و عکاس ہے اور انسانی زندگی کے مسائل کا لازمی جزو بن گیا ہے' یعنی ادیبوں' شاعروں اور محققوں نے غریب طبقے سے تعلق رکھنے والے لوگوں پر ہو رہے مظالم' یا ان کے مسائل کو صرف نظر نہیں کیا ہے بلکہ اخلاقی' اصلاحی مقاصد کی غرض سے سماج میں پھیلے برے رسم و رواج' کوتاہیوں' خامیوں کو ضبط تحریر

میں لاکران پر روشنی ڈال کر مفلوک الحال، جاگیردار، اور دوسرے مسائل کو اپنا موضوع بنایا۔

اردو کے بیشتر قلمکاروں نے سماج کے اس طبقے کو اپنی تخلیقات میں پیش کیا ہے افسانوی ادب سے منسلک جن ادیبوں نے اس طبقے کے درد و کرب کو بڑے سلیقے سے پیش کیا ہے ان میں پریم چند، کرشن چندر، راجندر سنگھ بیدی، سعادت حسن منٹو، وغیرہ کے نام قابل فخر ہے۔ افسانوی ادب کے اس کاروان میں مرد ادیبوں کی طرح اہل قلم خواتین نے بھی یکساں طور پر غربت زدہ طبقے کے موضوعات کو نہایت بے باکی اور دردمندی کے ساتھ اپنے افسانوں میں سمویا ہے۔ خواتین قلم کاروں کے اس کاروان کی ایک افسانہ نگار عصمت چغتائی اپنے بے باک لب ولہجہ، طنز آمیز زبان اور سماج کی حقیقتوں کی عکاسی کے باعث اردو افسانہ نگاروں میں ممتاز و منفرد حیثیت رکھتی ہے۔ عصمت نے اپنے افسانوں میں سماج کے اندر پھیلی برائیوں پر سخت چوٹیں کی ہیں۔ سماج کے اندر تاریک پہلوؤں کو جس پر عام آدمیوں کی نظر نہیں پڑتی، ان کو عوام کے سامنے پیش کرنے کی عصمت نے کامیاب کوشش کی۔ انہیں معاشرے کے اندر جو خامیاں اور لوگوں میں جو نفسیاتی پیچیدگیاں نظر آئیں بڑی چابکدستی سے اپنے افسانوں میں پیش کیا ہے۔

اردو فکشن کی یہ بے تاج بادشاہ عصمت خانم چغتائی عرف چنی بیگم ادبی حلقے میں عصمت چغتائی کے نام سے معروف ہوئیں۔ ۲۱/اگست ۱۹۱۵ء کو بدایوں میں پیدا ہوئیں۔ ان کا خاندان تعلیم یافتہ تھا۔ ان کے والد مرزا قسیم بیگ بی اے کرنے کے بعد پہلے ڈپٹی کلکٹر ہو گئے اور بعد کو جج کی حیثیت سے ریٹائیر ہو گئے۔ وہ نہ صرف تعلیم یافتہ تھے بلکہ ایک روشن خیال انسان بھی تھے کثیر العیال ہونے کے باوجود انہوں نے اپنے تمام بچوں کو انگریزی تعلیم بھی دلوائی۔ یہی وجہ ہے کہ عصمت کو مطالعے کا شوق ورثے میں ملا۔ روسی، فرانسی، انگریزی ادب کو ذوق و شوق سے پڑھتی تھیں۔ والد کی چہیتی یہ بیٹی پڑھنے میں بچپن سے ہی دلچسپی رکھتی تھی۔ تعلیم کے دوران ہی وہ رسائل کیلئے افسانہ لکھنے لگی۔ ابتداء میں انہوں نے ایسی رومانی کہانیاں لکھیں جس میں عشق و محبت اور چومنے چاٹنے کی باتیں ہوا کرتی تھیں۔ عصمت کے اس انداز بیان نے ان کی تحریروں کو بحث کا موضوع بنا دیا لہذا ابتدائی کہانیوں کو انہوں نے چھپوایا نہیں بلکہ ضائع کر دیا۔

فنی اعتبار سے عصمت کا پہلا طبع زاد افسانہ ''کافر'' ہے جو ماہنامہ ساقی دہلی اپریل ۱۹۳۸ء میں چھپا جسے ادبی حلقے میں خوب پذیرائی حاصل ہوئی۔ ان کا پہلا افسانوی مجموعہ کلیاں ۱۹۴۱ء میں شائع ہوا۔ چوٹیں، ایک بات، چھوئی موئی، دو ہاتھ، بدن کی خوشبو، امر بیل ان کے افسانوی مجموعے ہیں۔ مختصراً عصمت چغتائی نے تخلیقات کا انبار لگا کر اردو ادب کی تجوری بھر دی ہے۔ عصمت کے افسانوں نے اردو کو بہت کچھ دیا ہے۔ ان کے منفرد اسلوب، اور طرز نگارش نے ان کے افسانوں میں خوبصورتی پیدا کر دی ہے۔

انہوں نے متوسط گھرانوں کی پردہ نشین لڑکیوں کی ذہنی اور نفسیاتی الجھنوں کو اور ان سے جنم لینے

والے مسائل کو بڑے سلیقے سے افسانوں کا موضوع بنایا ہے۔ اس قسم کے افسانوں میں ''چوتھی کا جوڑا'' ان کا مشہور و معروف افسانہ ہے۔ اس معرکتہ الارا افسانے میں عصمت نے غریب و لاچار طبقے کی عکاسی کی ہے۔ اس افسانے میں ایک درد بھری داستان بیان کی گئی ہے۔ یہ کہانی ہے ایک بے بس و لاچار ماں کی، جو اپنی جوان بیٹی کی شادی کے ارمان کو دل میں لئے ہوئے اپنے شوہر کو علاج سے محروم رکھ کر خود سے اپنا سہاگ اجڑ کر بیوہ ہو جاتی ہے۔ بقول شاعر

اپنی غربت کی کہانی ہم سنائیں کس طرح رات پھر بچہ ہمارا روتے روتے سو گیا
(عبرت مچھلی شہری)

اس کہانی میں چار کردار ہیں۔ بیوہ جو بی اماں کے کردار، میں اور اس کی دو بیٹیاں کبریٰ ایک جوان بیٹی جس کی جوانی آخری سسکیاں لے رہی ہے اور حمیدہ چھوٹی بیٹی جس کی جوانی سانپ کے پھن کی طرح اٹھ رہی ہے کے کردار میں، اور ایک مفاد پرست انسان راحت کے کردار میں۔

کہانی میں ''چوتھی کا جوڑا'' علامت کے طور پر استعمال کیا گیا ہے۔ یہ ان لڑکیوں کا المیہ ہے جن کے والدین غریبی اور جہیز کی لعنت کی وجہ سے اپنی جوان لڑکیوں کی شادی کرنے سے قاصر رہتے ہیں۔ اور یہ بے چاری جوان لڑکیاں کنواری اپنے گھروں میں پڑتی رہتی ہیں۔ دراصل عصمت نے ان کرداروں سے اس معاشرے کو آئینہ دکھایا ہے جہاں لوگ اپنی عیش پرستی کیلئے پیسوں کی ریل پیل لگا کر دولت کا اصراف کرتے ہیں اور ان غریبوں کی لاچاری اور بے بسی کی طرف عدم توجہی برت لیتے ہیں۔ کاش وہ اپنی دولت کا کچھ حصہ معاشرے کے اس طبقے پر خرچ کر لیتے تو کبریٰ جیسی کردار ہمیں دیکھنے کو نہیں ملتی۔ اس افسانے میں بڑا درد و کرب نمایاں ہے۔ سماج کے اس غربت زدہ طبقے میں غریب ماں باپ کے لئے سب سے بڑا مسئلہ جوان ہوتی ہوئی لڑکیوں کی شادی کا ہے۔ غریب ماں باپ شادی کی فکر میں اس قدر پریشان رہتے ہیں کہ وقت سے پہلے ہی بوڑھے نظر آنے لگتے ہیں۔ بسا اوقات بعض تو اسی غم میں دنیا سے رخصت ہوتے ہیں اور لڑکیاں جب اپنے ارمانوں کا خون ہوتے دیکھتی ہیں اور خیال ہی خیال میں دلہن بننے کا خواب سجائے ہوئے زندگی کے ایام گزار دیتی ہیں ان کی زندگی تباہ و برباد ہو جاتی ہیں کبریٰ کا تعلق بھی ایسے ہی گھرانے سے ہے جس کا باپ غریبی کی وجہ سے اپنے بیمار شدہ جسم کو علاج سے محروم رکھ کر آخر کار زندگی سے ہاتھ دھو بیٹھتا ہے۔ باپ کے مرنے کے بعد گھر کی مالی حالت اور بھی بگڑ جاتی ہے۔ کبریٰ کی ماں حالات تھک ہار نہیں مانتی بلکہ اس کا سامنہ حوصلہ سے کرتی۔ کبریٰ کی ماں محنتی اور جفاکش ہونے کے ساتھ ساتھ شریف اور حوصلہ مند عورت کی صورت میں نمودار ہوتی ہے۔

کبریٰ کی ماں کا ذریعہ معاش سلائی ہے اور اسی سے شکم کی آگ بجھا لیتی ہے کترن اور ناپ تول

کے فن میں بی اماں بہت زیادہ ماہر تھی۔ محلے یا گاؤں میں جب کسی گھر میں خوشی ہوتی یا غم اس کے لئے چوتھی کا جوڑا بنانا یا کفن سینا ہو یہ کام کبریٰ کی ماں سے لیا جاتا تھا اگر کبھی کپڑا کم بھی پڑ جاتا تو بی اماں نہایت ہی خوبصورتی کے ساتھ محلے کی عورتوں کی یہ پریشانی دور کر دیتی تھی۔ اور اگر کبھی کپڑا تھوڑا زیادہ نکل آیا تو اپنی جوان بیٹی کبریٰ کے لئے چھوٹا موٹا جوڑا بنا کر رکھ لیتی تا کہ اگر کبھی کبریٰ کی شادی کی بات بن پڑی تو اس وقت زیادہ دباؤ نہ پڑ جائے۔ عصمت نے یہاں بی اماں کے ایمان پر سوال نہیں اٹھایا ہے بلکہ بی اماں کی مہارت کو عصمت نے دلی خواہش کے طور پیش کیا ہے۔ اپنی بیٹی کی شادی کی خواہش دل میں لئے ہوئے بار بار چوتھی کا جوڑا بناتی اور پرانہ ہونے پر اسے ادھیڑ کر پھر سے نیا کر دیتی۔ اس صورتحال کو عصمت نے یوں پیش کیا ہے۔

> ''دوپہر کا کھانا کھانے کے بعد بی اماں ایک بڑا صندوق کھول کر بیٹھ جاتی ہے جس میں رنگ برنگے ڈوپٹے شادی کے لیے اور چوتھی کے جوڑے ہوتے ہیں۔ اسے دیکھ کر وہ کبریٰ کی شادی کے بارے میں سوچتی، محلّہ کی کتنی دلہوں کے لئے جوڑا تیار کرنے والی بی اماں اپنی بڑی بیٹی کبریٰ کے لئے جوڑا تیار کرتی اور جب وہ پرانا ہو جاتا تو اسے ادھیڑ دیتی اور پھر سے نیا جوڑا بناتی۔''

بیوہ بی اماں بیٹی کی شادی کی فکر میں پریشان اور گھم سن رہتی تھی۔ ایسے میں کبریٰ کے ماموں کا تار آتا ہے کہ راحت پولیس ٹرینگ کے سلسلے میں ان کے پاس آ رہا ہے جیسے کہ راحت ان سب کے لئے مسرت اور راحت بن کے آتا ہے۔ جیسے ہی یہ خبر بی اماں کو ملتی ہے پھولے نہیں سماتی۔ انھیں اپنی نا امیدی میں امید کی کرن نظر آنے لگی اور راحت انہیں ہونے والا داماد دکھائی دینے لگا۔ حمیدہ کی خوشیوں کا بھی ٹھکانہ نہیں۔ وہ اپنی بہن کے درد و غم کو بحسن وخوبی محسوس کرتی ہے اور ہمیشہ دعا گو رہتی تھی کہ بڑی بہن کے ہاتھوں پر مہندی لگائی جائے۔ وہ دعا مانگتی ہے۔

> ''اللہ! میرے اللہ میاں! اب کے تو میری آپا کا نصیبہ کھل جائے۔
> میرے اللہ میں سو رکعت نفل تیری بارگاہ میں پڑھوں گی''

راحت آتا ہے اور بی اماں کے گھر ٹھہرا۔ آنے پر خوب آو بھگت ہوئی۔ بیٹی کی قسمت سنورانے کے لئے بیوہ بی اماں نے اپنے بچے کچے زیور گروی رکھ کر راحت کی خاطر مدارت کے لئے انتظام کیا۔ وہ اپنا پیٹ کاٹ کر راحت کیلئے لذیذ کھانوں کا اہتمام کرتی ہے۔ کبھی پراٹھے تلے جاتے تھے کبھی کوفتہ اور کبھی بریانی کھلائی جاتی۔ ان کی اس غربت کے حالات کی عکاسی عصمت نے اس طرح کی ہے اقتباس۔

> ''جس راستے کان کی لونگیں گئی تھیں اسی راستے پھول پتہ اور چاندی کی پازیب بھی چل دی اور ہاتھوں کی دو چوڑیاں بھی جو منجھلے ماموں نے رنڈاپا اتارنے

پر دی تھی۔ روکھی سوکھی خود کھا کر آئے دن راحت کے لیے پراٹھے تلے جاتے
'کوفتے' بھنا پلاو مہکتے۔ خود روکھا سوکھا سا نوالہ پانی سے اتار کر وہ ہونے والے داماد
کو گوشت کے لچھے کھلاتیں۔''

بیوہ بی اماں کی یہ خواہش تھی کہ کسی طرح راحت کبریٰ کو پسند کرے۔ کہانی میں ایک اہم موڑ اس وقت آتا ہے جب کبریٰ راحت کے لئے اپنے ہاتھ سے بنائی ہوئی سوئیٹر حمیدہ کے ہاتھ بھجواتی ہے راحت اس کے ساتھ نہ صرف بدتمیزی کرتا ہے بلکہ اس کی عصمت پر بھی حملہ کر کے اس کے پاک دامن کو تار کر کے چلا جاتا ہے لیکن حمیدہ حرف شکایت اپنی زبان پر نہیں لاتی وہ اس لئے خاموش نہیں رہتی کہ وہ بدچلن ہے بلکہ اس لئے کہ اسے اپنی آپا کی شادی کا خیال بار بار آتا تھا۔ لیکن ایک دن راحت کی حرکتوں سے تنگ آ کر بی اماں اور آپا کے سامنے یہ راز کھول دیتی ہے اور من وعن اس کی چھیڑ کے متعلق بتاتی ہے۔ لیکن ماں یہ کہہ ٹال دیتی ہے کہ یہ معاملہ بہنوئی اور سالی کے درمیان کا ہے اس میں کوئی خاص بات نہیں۔ بقول شاعر

بیچ سڑک اک لاش پڑی تھی اور یہ لکھا تھا بھوک میں زہریلی روٹی بھی میٹھی لگتی ہے

(بیکل اتساہی)

راحت کی واپسی کے بعد گھر کا نقشہ ہی بدل جاتا ہے لمحے بھر کے لئے جو خوشی اس گھر کو نصیب ہوئی تھی وہ یکلخت تباہ و برباد ہوگئی۔ ماں کے زیورات' حمیدہ کی عصمت' کبریٰ شادی کی حسرت دل میں لئے ہوئے اس دنیا سے چل بستی ہے۔' یہاں تک کہ راحت کی رخصتی نے بی اماں کی تمناؤں کا بھی خون کر دیا۔ اس کے بعد اس گھر میں کبھی انڈے تلے گئے نہ پراٹھے اور نہ ہی سوئیٹر بنے گئے۔ اقتباس۔

''صبح کی گاڑی سے راحت مہمان نوازی کا شکریہ ادا کرتا ہوا روانہ ہوگیا۔
اس کی شادی کی تاریخ طے ہو چکی تھی اور اسے جلدی تھی۔ اس کے بعد اس گھر میں کبھی
انڈے نہ تلے گئے۔ پراٹھے نہ بن سکے اور سوئیٹر نہ بنے گئے۔ دق نے جو ایک عر
صہ سے بی آپا کی تاک میں بھاگی پیچھے پیچھے آ رہی تھی ایک ہی جست میں انہیں دبوچ
لیا اور انہوں نے چپ چاپ اپنا نامراد وجود اس کی آغوش میں سونپ دیا۔''

کبریٰ بظاہر تو اس دنیا سے چل بسی لیکن یہ بھی حقیقت ہے کہ وہ مرگ مسلسل سے آزاد ہوگئی ۔ تمام عمر غموں اور دکھوں سے دوچار رہی اس نے کبھی خوشی کا منہ نہیں دیکھا ہوگا۔ نہ کبھی زور سے قہقہہ لگایا ہوگا نہ ہی شوق سنگار کیا ۔ وہ قسمت کی ماری بے چاری غریب ماں باپ کی اولاد تھی جو غریبی کے باعث اس کا گھر نہ بسا سکے۔ اور اس کی ڈولی اٹھنے کے بجائے اس کا جنازہ نکلتا ہے۔ کہانی کا المیہ یہ بھی ہے کہ بی اماں جو کپڑوں کی کتر بیونت میں مہارت رکھتی تھی۔ کہانی کے اختتام میں اس کا فن اسے اپنی ہی بیٹی کے کام آیا۔ وہ

شادی کا جوڑا یا چوتھی کا جوڑا سینے کے بجائے اپنی بیٹی کے لئے اپنے ہی ہاتھوں سے کفن سی لیتی ہے وہ بھی اس سکون واطمنان کے ساتھ کہ جو جوڑا سلا جا رہا ہے وہ اس کا آخری جوڑا یعنی کفن تھا۔

غریب شہر تو فاقے سے مر گیا عارف   امیر شہر نے ہیرے سے خودکشی کر لی

عارف شفیق

افسانے کے بین السطور سے یہ واضح ہو جاتا ہے کہ افسانہ نگار نے جہیز کے مسئلہ اور اس سے پیدا ہونے والے مسائل کو نمایاں انداز میں پیش کر کے قاری کے ذہن کو نہ صرف جھنجوڑا ہے بلکہ افسانے میں مسئلہ جہیز کے موضوع کی بدترین شکل پیش کر کے لوگوں کو اس مسئلہ پر غور وتدبر کرنے کی دعوت دی ہے اور ساتھ ہی ساتھ موقع پرست، خودغرض، لالچی لوگوں پر اعتماد نہ کرنے کی اپیل بھی کی ہے جو سماج کو صحت مند اور خوشگوار بنانے میں رکاوٹ کے باعث بن جاتے ہیں۔ افسانہ کا اختتام درد وغم سے لبریز تعجب خیز اور فکر انگیز ہے۔